CENT TABLEAUX

DE

GÉOGRAPHIE PITTORESQUE

DU MÊME AUTEUR

Cent récits d'histoire naturelle. — 1 vol. petit in-4°, illustré. Cartonné .... 4 fr.
— — Relié..... .... 6 fr.
A travers nos campagnes. — Histoire des animaux et des plantes de notre pays. 1 vol. petit
in-4°, illustré. Cartonné.. 4 fr.
— Relié.. 6 fr.
Lectures expliquées. — Tableaux et récits accompagnés de développements. 1 vol. in-12 illustré. Cart. 1 fr.
Simples lectures préparant à l'étude de l'histoire. 1 vol. in-12, illustré. Cart...... .... 1 fr.
Le Fer, la Fonte et l'Acier. — 1 vol. in-12, broché................ .... 50 cent.
Le Cuivre et le Bronze. — 1 vol. in-32, broché............................. .... 50 cent.
Mines et Carrières. — 1 vol. in-32, broché........ .:............................ .... 50 cent.
Le Sol. — Roches et minerais. 1 vol. in-32, broché................................. 50 cent.

BIBLIOTHÈQUE DES ÉCOLES ET DES FAMILLES

Histoire d'un livre. — In-8 illustré. Broché.. 1 fr. 50
— — Cartonné en papier gaufré.... .... 1 fr. 75
— — Relié toile gaufrée.................................. 2 fr. »
Promenades dans les nuages. — 1 vol. in-8, illustré. Broché................ 1 fr. 50
— — — Cartonné en papier gaufré........... 1 fr. 75
— — — Relié toile gaufrée.................. 2 fr. »

5466-82. — CORBEIL. Typ. et stér. CRÉTÉ.

CENT TABLEAUX
DE
GÉOGRAPHIE PITTORESQUE
AVEC UNE INTRODUCTION TOPOGRAPHIQUE

PAR

CH. DELON

DEUXIÈME ÉDITION

PARIS
LIBRAIRIE HACHETTE ET CIE
79, BOULEVARD SAINT-GERMAIN, 79
1882

Droits de propriété et de traduction réservés

A

M. FEYTAUD

Le sentier de la colline.

INTRODUCTION

PROMENADE TOPOGRAPHIQUE

DANS LA VALLÉE

« Ma petite vallée, disais-je, est un abrégé de l'uni-
« vers. Et quand j'ai fait le tour de ma commune, il me
« semble que j'ai fait le *tour du monde*... Tout ce qui
« existe en grand dans le vaste monde, je le vois ici en
« petit, représenté comme en miniature. Cette colline,
« par exemple, il ne lui manque que la taille pour être
« une montagne, — comme à vous autres pour être des
« géants ! Ce frais ruisseau est un fleuve en petit, qui
« a sa *source* et son *embouchure*, ses *affluents*, ses *cata-*
« *ractes*, tout comme un grand fleuve. »
— « Et la mer ? »
— « C'est l'étang du moulin ! j'y vois des *caps* et des
« *golfes*, des *îles* et des *presqu'îles*, des *détroits*... Te-
« nez, voici ma *forêt* en miniature : ce joli petit bois
« sur les pentes. Tout y est, vous dis-je ! »
— « Ah ! Et... un *désert* ? »
— « Un désert ?... je n'y avais pas pensé. — Le désert,
« eh bien ! ce sera, si vous voulez, la grande route, là-
« bas, empierrée et poudreuse. »
— « Où nous avions si grand chaud, en marchant,
« l'autre jour, en plein soleil de midi ! »
— Et ils riaient, insouciants, joyeux.

* *

L'aurore apparaissait seulement ; l'air était frais et

INTRODUCTION

calme, et tout plein de bonnes senteurs. Nous allions par les sentiers des champs, le long des haies ; les aubépines étaient en fleurs. Les oiseaux s'étaient encore éveillés avant nous, et gazouillaient par les buissons. Nous nous hâtions car il s'agissait d'arriver à temps pour voir le lever du soleil du haut de la colline. — Bientôt nous quittons les cultures ; et alors commence l'*ascension*, comme nous disions : nous gravissons le petit chemin étroit, rocailleux, qui monte insensiblement d'abord, puis de plus en plus raide et rude, avec des *lacets* en zig-zag inégaux.

De la roche la plus élevée on domine toute l'étendue de la vallée. D'un côté la vue atteint jusqu'aux bois lointains sur les hauteurs ; de l'autre le regard s'abaisse vers la plaine. A nos pieds descendaient les pentes : au fond, les bois, les prairies, l'étang entre les arbres ; puis, à demi cachés par un *pli* de terrain et la verdure touffue des vergers, la pointe d'un clocher d'ardoises, des cheminées, des bouts de toits de chaume : c'est le village. Le ciel brillait ; du côté où allait se montrer le soleil la lumière était maintenant vive et ardente. De légères vapeurs roses, à l'horizon, au-dessus des collines, se fondaient dans la clarté ; et quelques petits nuages flottants, violacés d'abord et puis rouges, étaient devenus dorés, bordés d'un trait de feu. De l'autre côté, en face du jour naissant, les sommets et les *croupes* des collines étaient gaiement éclairés ; mais le fond de la vallée et les pentes opposées étaient encore dans l'ombre. Sous le ciel brillant, par un effet de contraste, les bois paraissaient presque noirs.

Le jour grandissait. Soudain de derrière les bois sombres, à travers des trouées du feuillage, partent des traits de feu, qui traversent l'espace, minces, aigus, perçants comme des flèches ; un instant après le bord rond du disque du soleil, encore un peu rouge, apparaissait et s'élevait doucement par dessus les cimes des arbres. La belle journée qui commençait ! une vraie journée de mai, faite exprès pour nous, faite à souhait pour notre *grande excursion* depuis longtemps projetée.

Et quelle belle promenade nous fîmes ce jour-là ! quelle charmante *école buissonnière*, à travers collines et vallons, bois et taillis, par les prés, par les champs ! Et ce ne fut pas du temps perdu ! que de choses curieuses, intéressantes, nous observâmes ! que de *découvertes* firent mes jeunes compagnons ! Que de choses nouvelles — nouvelles pour eux, j'entends. — ils aperçurent ! — des choses qui avaient été là de tout temps, cependant, mais qu'ils n'avaient pas regardées. — Je m'en souviens, de cette *promenade autour de ma vallée*, comme si c'était d'hier. Depuis j'ai fait de plus grands voyages, j'ai parcouru de vastes régions. Ai-je eu plus de plaisir ? j'en doute. — C'est que pour voir de belles choses, des choses, disais-je, intéressantes et curieuses, charmantes ou surprenantes, il n'est pas nécessaire d'aller bien loin. Il suffit d'ouvrir l'œil… Il y en a partout. La nature, tout autour de nous, est

Lever de soleil sur la colline.

pleine de merveilles. Tenez, ce lever du soleil, par exemple, qui nous ravissait tous, dites, est-il rien de plus beau, de plus *merveilleux* ? Les plus splendides illuminations, les plus brillants feux d'artifice des grandes fêtes n'en approchent point ! Si c'était un phénomène rare, s'il fallait faire de longs voyages pour aller voir ce beau spectacle, comme on se récrierait, comme on l'admirerait !.. Mais parce que le soleil se lève tous les jours, parce que pour voir les éblouissements de l'aurore il suffit de choisir une belle journée et de se lever matin, — on y fait à peine attention. Fâcheuse habitude, que de négliger les choses *communes*, les choses de tous les

PROMENADE TOPOGRAPHIQUE

jours : ce sont souvent les plus belles, les plus curieuses à observer — et les moins connues, parfois ! — Nous l'avons parcourue bien des fois, notre petite vallée ; et chaque fois nous vîmes du nouveau : tantôt observant les plantes, avec leurs feuillages variés et leurs brillantes fleurs, tantôt les animaux, troupeaux paissant sur les collines, oiseaux dans les branches, insectes brillants dans la prairie, lézards aux fentes des rochers ; et tantôt les pierres elles-mêmes : les pierres, — qui en disent bien long, toutes muettes qu'elles sont, quand on sait les interroger !

Mais cette fois il s'agissait d'observer le pays lui-même ; nous étions partis pour une *excursion topographique*. — Que n'étiez-vous là, vous aussi, mon jeune lecteur ! Nous vous aurions invité ; vous auriez été un excursionniste de plus dans la joyeuse *caravane*. Vous auriez marché, gravi, observé, étudié avec nous, pris des notes, comme tout bon voyageur doit faire ; *esquissé* avec nous la *carte* du terrain, ce qui fut la grande œuvre de notre journée, et notre plus intéressante étude : je vous ferai voir tout à l'heure notre esquisse.

Mais, j'y songe, qui donc vous empêche d'en faire autant que nous? Est-ce qu'il n'y a pas dans la localité que vous habitez, une plaine, un *monticule*, un petit vallon, un ruisseau ou une mare, un bois, une route, des sentiers, des maisons? Allez, vous aussi, sur le terrain, comme on dit ; voyez de vos yeux, observez, notez. Savez-vous seulement tenir un crayon et tracer à peu près une ligne droite? mettez dans votre poche un crayon et un carnet, ou simplement quelques feuilles de papier entre les feuillets d'un de vos livres de classe : ce sera pour crayonner à peu près, pour *lever* comme on dit, approximativement, à l'œil, la carte du pays. Vous irez seul, ou mieux avec quelques amis. Ou bien, tenez, mieux encore : organisez entre vous la promenade pour un jour de congé ; puis vous inviterez votre instituteur à se mettre à la tête de la petite troupe. Cela ne vous empêchera pas de voir, et cela vous aidera à apprendre ; vous aurez autant de plaisir, et vous vous instruirez davantage : d'ailleurs en mainte occasion un petit conseil viendra à propos vous tirer d'embarras. Vous ferez ainsi l'apprentissage du gentil métier de voyageur : et cela vous servira plus tard. — Car vous voyagerez, mon cher lecteur, dans votre vie ; par ce temps de chemins de fer et de bateaux à vapeur, tout le monde voyage plus ou moins ; c'est si facile ! Et en voyageant pour vos affaires ou votre plaisir, vous voudrez aussi profiter de l'occasion pour vous instruire. Or, des promenades comme celles dont je vous parle sont une excellente préparation à de vrais et intéressants voyages, — absolument comme la TOPOGRAPHIE, c'est-à-dire l'étude un peu détaillée d'une médiocre étendue de terrain, est l'introduction naturelle à la GÉOGRAPHIE — la Science de la Terre, la description du vaste monde.

.*.

En attendant, et comme *initiation* première, voulez-vous repasser avec moi sur nos traces ? Voulez-vous, ne pouvant faire plus, nous suivre du moins par la pensée à travers notre facile excursion, que je vais refaire pour vous avec mes souvenirs, et à l'aide de notre carte, que j'ai conservée, heureusement ! — Hâtez-vous donc et venez nous rejoindre. Nous sommes déjà, il vous en souvient, sur le haut de la colline, d'où nous venons de contempler le lever du soleil. D'ici le regard embrasse tout l'ensemble du paysage à travers lequel nous allons nous élancer, aventureux *découvreurs*, sans souci des chemins frayés, comme dans l'inconnu…

L'étendue de terrain que la vue peut découvrir tout autour du lieu occupé par l'observateur est ce que nous appelons l'*horizon* (1) de ce lieu ; et la limite de cette étendue, qui forme pour nos yeux une ligne, un *bord*, et qui semble se découper sur le ciel, est la *ligne d'horizon*, souvent aussi désignée elle-même, par abréviation, sous le nom d'horizon. Un observateur placé sur une petite butte ou sur un arbre au milieu d'une vaste plaine parfaitement unie aurait pour horizon un large *cercle*, au centre duquel il serait placé : cet effet, dû à la courbure de la terre, je n'ai pas à vous l'expliquer ici. Par un jour clair, la *ligne d'horizon*, pour notre observateur, offrirait l'aspect d'un bord net et droit, d'un trait tiré dans le lointain grisâtre, limitant la terre et le ciel, *à la hauteur de l'œil* du spectateur. Mais sur le terrain *accidenté*, inégal, où nous sommes, où la vue est bornée par les *reliefs* du sol, l'étendue visible du terrain est très variable. La ligne d'horizon, vue du haut de la colline, nous apparaît irrégulière, dentelée, comme ébréchée. Ici c'est une pointe de rocher, un sommet de colline qui fait saillie, qui *pointe* dans le ciel ; là c'est la *silhouette* sombre des bois : une clairière, là-bas, à l'horizon, semble faire une brèche, comme un créneau. Une autre brèche, bien plus large, c'est l'ouverture de la vallée, vers la plaine. Là le regard se prolonge sur des étendues basses et nivelées ; la vue se perd en des fonds gris, tout voilés encore des vapeurs du matin.

Voilà le terrain d'excursion ouvert devant nous… Mais avant de nous mettre en route, apprenons à nous *orienter* ; la première chose que doit savoir un voyageur.

Vous connaissez ces quatre directions principales que l'on a appelées les *quatre points cardinaux* : le *nord*, le *sud* ou *midi*, l'*est* ou *orient*, l'*ouest* ou *occident* : il s'agit de les *déterminer* sur le terrain, en un lieu quelconque. L'une d'elles trouvée, bien entendu, les trois autres sont connues. Que feriez-vous, ici, par exemple? — « Ce n'est pas difficile, dites-vous ; le soleil vient de se lever : eh bien ; voilà l'*orient*. »

Fort juste. Donc vous étendez les bras en croix, et vous tournant de façon à montrer de la main *gauche* le lieu du soleil qui vient d'apparaître, vous avez à droite le couchant, à *sud* devant vous, le nord derrière. Maintenant, prenant le milieu, à l'œil, entre ces quatre directions principales, indiquez-nous, vers l'horizon, comme en tranchant de la main l'étendue, les quatre directions intermédiaires, *nord-est, nord-ouest, sud-ouest, sud-est*. Si nous étions au coucher du soleil, il nous suffirait d'é-

---

(1) Topographique.

tendre la main *droite* vers le couchant. Est-il midi ? la chose est plus simple encore : vous vous tournez en face du soleil. — Mais il faut savoir l'heure !

Eh bien, disons dès maintenant que cette façon de s'orienter n'est qu'un à peu près très grossier. Car le soleil ne se lève dans la direction exacte de l'orient et ne se couche juste au point de l'occident que deux fois dans l'année, au printemps et à l'automne, le 21 mars et le 21 septembre, aux jours dits d'*équinoxe*. En été, dans nos pays, le soleil paraît se lever non pas à l'est même, mais plus ou moins vers le nord-est ; il disparaît à l'horizon en un lieu plus ou moins rapproché du nord-ouest. C'est tout le contraire en hiver, quand le soleil paraissant décrire dans le ciel une course moins longue, se lève en un point de l'horizon entre l'est et le sud-est, se couche dans une direction intermédiaire entre l'ouest même et le sud-ouest. En sorte que, non pas même pour déterminer d'une façon exacte, mais seulement pour apprécier, pour *estimer* notre orientation, il nous faut tenir compte de ceci, et gagner un peu du bras étendu, soit vers le nord, soit vers le midi, et plus ou moins

trouée plus éclairée, la direction du soleil. Mais la nuit ? « Et c'est justement la nuit, direz-vous, qu'on est plus exposé à s'égarer. » — La nuit, il est beaucoup plus facile de s'orienter que le jour, et d'une façon bien plus exacte : à une seule condition, pourtant : c'est qu'on voie les étoiles. Ne vous souvient-il pas de l'*étoile du nord*, de l'*étoile polaire*, la *tramontane* des anciens marins ? Tandis que toutes les autres étoiles changent de position *apparente* suivant les heures de la nuit, suivant les saisons de l'année, elle seule est toujours là, fixe, immobile en plein ciel. C'est la « sentinelle du pôle. » Elle est située juste (1) au point du ciel qui correspond au *pôle nord* de la terre. Qui la voit, tient le nord — et par suite est orienté. Apprenons donc à reconnaître l'étoile polaire parmi les étoiles du ciel ; ce n'est pas difficile. Exercez-vous-y le soir, quand la nuit sera claire. Tout d'abord vous vous ferez montrer au ciel par la première personne venue un peu instruite un groupe de sept étoiles assez brillantes, que les paysans appellent le *chariot*. Je ne vois pas trop quel rapport de forme on peut trouver entre ce groupe d'étoiles et une voiture...

La Grande Ourse.

La Grande Ourse, la Petite Ourse et la Polaire.

suivant le moment de l'année pour indiquer, à peu près, toujours, l'est ou l'ouest véritable. De même aussi pour la direction du soleil à midi, j'entends à l'heure de midi telle que nous la donnent nos horloges (1), il y a une différence aussi, moindre cependant. Mais d'ailleurs il n'est pas toujours midi, ni l'heure exacte du lever et du coucher du soleil ; aux autres heures de la journée, que fait-on ? Sachant l'heure qu'il est, voyant le soleil, on calcule en soi, on estime dans quelle direction il peut être, plus ou moins près de son lever ou de son coucher, ou du milieu de sa course ; et tenant compte du chemin qu'il peut lui rester à faire pour arriver à l'un de ces points, on cherche vers l'horizon la position de ce point. Heureusement, ces à peu près nous suffisent bien des cas ; ils nous suffisent, par exemple, pour ne pas nous égarer, pour retrouver notre route à travers une campagne inconnue, et n'être pas exposés à tourner le dos au lieu que nous voulons atteindre : c'est déjà quelque chose !

Assez rarement le ciel est couvert de nuages si épais qu'on ne puisse deviner à une lueur plus vive, à une

Mais je vais vous donner pour la reconnaître une comparaison bien plus exacte avec un objet qui vous est familier : nous dirons qu'elle rappelle la forme d'un *cerf-volant* planant dans les airs... Quatre étoiles marquent les quatre coins du cerf-volant, trois autres figurent la queue. C'est la belle *constellation* (groupe d'étoiles) que les astronomes appellent la Grande Ourse — quoiqu'elle ne ressemble pas plus à une ourse qu'à un chariot. Dès que vous l'aurez vue une fois, vous la reconnaîtrez toujours, et du premier coup d'œil. Toutefois il faut être averti que changeant de position apparente suivant l'heure et la saison, tantôt vous la trouverez en haut du ciel, dans la situation du *cerf-volant* qui plane, tantôt près de l'horizon, et *renversée* ; tantôt elle monte, la tête droite, et tantôt elle semble plonger, la tête en bas, la queue en haut, comme le cerf-volant qui « *pique une tête...* » Quelle que soit sa position, quand vous l'avez reconnue, rien n'est plus facile que de trouver la *polaire*. Imaginez, entre les deux étoiles qui forment la tête du cerf-volant (à l'opposé de la queue) une ligne ; et prolongeant cette ligne imaginaire, suivez de l'œil et du

(1) Midi moyen.

(1) A une très petite différence près.

PROMENADE TOPOGRAPHIQUE

Position des étoiles dans le ciel d'été (Juillet)

Observée vers 10 heures du soir.

Le ciel étoilé : côté du nord. — 1, la Grande Ourse ; 2, la Petite Ourse et la Polaire.

doigt sa direction dans le ciel : vous arrivez bientôt à une étoile, d'un éclat moyen, facile à retrouver cependant parce qu'elle semble isolée dans un large espace du ciel, toutes celles qui l'entourent étant beaucoup moins brillantes qu'elle. C'est l'*étoile polaire*. Elle fait partie d'une constellation qu'on appelle la *Petite Ourse*, toute semblable de forme à la Grande — un autre cerf-volant — mais plus petite, formée d'étoiles moins brillantes, et tournée « à l'envers » de la grande.

— C'est donc par une belle nuit claire que vous cherchez votre *orientation ;* vous levez les yeux vers la *polaire*, et le point de l'horizon qui est en face de vous marque la direction du nord ; le midi est derrière. Et bien entendu, dans cette situation opposée à celle que nous avions prise pour observer le soleil, l'orient se trouve à droite, et le couchant à gauche.

Mais le soleil peut être caché par des nuages épais ; mais la nuit peut être sombre et sans étoiles. Alors pour nous orienter il nous reste la ressource de cet instrument, très utile et très commode dans tous les cas : la *boussole*. — Vous avez cent fois entendu parler de la boussole, guide du marin à travers les mers, à travers la nuit ; et sans connaître la *théorie* assez difficile de cet instrument, vous savez du moins que la boussole consiste en une *aiguille aimantée*, qui a, dit-on, vulgairement, la propriété de se *tourner vers le nord* — il vaut

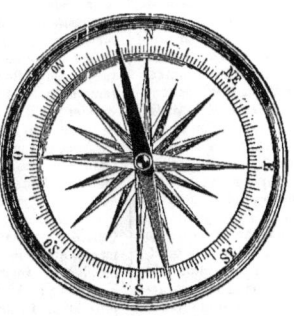

Boussole du voyageur

mieux dire de tourner vers le nord une de ses extrémités, tandis que l'autre pointe, nécessairement, se trouve dirigée vers le sud. Cela nous suffit ; l'explication du phénomène nous conduirait trop loin. L'instrument, du reste, est très simple ; on en fait de différentes grandeurs. Il en est de petites qui ont à peu près la forme et la dimension d'une montre, faciles à porter dans la poche, très commodes pour les voyageurs. Examinez la mienne : sur un petit pivot très aigu est posée, de façon à pouvoir tourner très librement, la petite aiguille aimantée, qui est d'acier ; on donne, pour la distinguer, la couleur bleue à celle des deux pointes qui se dirige vers le nord. Vous voyez en outre au fond de la boîte les indications en abrégé des *points cardinaux* et des points intermédiaires :

N. NO. O. SO. S. SE. E. NE.

Enfin un cercle y est tracé portant de fines *divisions :* il est divisé, suivant l'usage, en 360 parties égales qu'on appelle *degrés du cercle*. Apprenons maintenant à nous servir de la boussole. Je la pose bien horizontalement sur ma main, ou sur un appui quelconque ; la petite aiguille s'agite un instant, *oscille* à droite et à gauche. Puis son mouvement s'arrête ; la voilà fixée : sa pointe bleue me montre la direction du nord. D'un coup d'œil nous sommes orientés — à peu près.

Mais si nous voulons connaître d'une façon précise la direction du *méridien* — c'est-à-dire de la ligne qui va du nord au sud — il y a une petite correction à faire. En effet, l'aiguille de la boussole ne marque pas la direction exacte du nord ; elle *décline*, comme on dit : sa pointe bleue dévie un peu *à gauche* — c'est-à-dire vers l'ouest, quand on regarde le nord. Pour tenir compte de cette différence, pour corriger cette petite *déclinaison* qui, dans nos pays, est de 19 degrés environ, le procédé est très simple. Voyez : je fais tourner doucement la petite boîte de la boussole : l'aiguille ne tourne pas, elle ; elle reste immobile. J'amène donc lentement la boîte dans une position telle que l'aiguille indique de la pointe bleue, non pas la ligne marquée N et S au fond de la boîte, mais la 19ᵉ division du cercle, le 19ᵉ degré du *côté du nord-ouest*. Cela fait, la ligne Nord-Sud de ma boussole se trouve dirigée exactement dans le sens du *méridien*, c'est-à-dire dans la vraie direction du nord et du sud de la terre; les autres points marqués sur l'instrument sont également dans leurs vraies directions.

Et maintenant l'orientation étant trouvée par le soleil ou les étoiles, ou par la boussole, ou par quelque autre moyen, comment s'en sert-on pour se diriger dans sa marche ? — De la manière la plus simple. — Mais tout d'abord il faut que vous sachiez dans quelle direction vous devez vous avancer; la première chose, en voyage, c'est de savoir de quel côté on va... Donc vous savez, soit de souvenir, soit pour vous être informé auprès des habitants de la localité, ou mieux encore pour avoir consulté la carte du pays, vous savez, dis-je, que le lieu à atteindre est situé, par exemple, dans le *nord-est* de l'endroit où vous êtes. Prenant la direction du nord-est, nous sommes sûrs d'aller vers notre but. — Voici le nord que nous venons de trouver ; ici l'est : entre les deux, voici le nord-est. C'est suivant cette ligne que nous devons marcher; nous prendrons les routes, les sentiers qui s'en rapprochent le plus. Mais les sentiers ont fait des détours ; nous avons traversé des bois, nous nous sommes écartés de notre chemin pour observer quelque chose : enfin nous craignons de nous être détournés de la bonne direction. Nous nous orienterons à nouveau de la même manière, et autant de fois qu'il le faudra. Toutefois il y a un moyen de vous épargner cette peine : c'est de prendre ce qu'on appelle un *amer*, un *point de repère*. Vous venez, par exemple, de déterminer la direction que vous voulez suivre : le nord-est, je suppose. Cela fait, vous cherchez le plus loin possible, vers l'horizon, un clocher, une maison, un arbre, une pointe de rocher, un objet quelconque enfin, remarquable à l'œil, qui se trouve dans cette direction ou à peu près. Justement : j'aperçois dans le lointain grisâtre, une cime d'arbre qui se détache assez nettement sur le ciel au-dessus des bois, et qui est à peu près dans la direction du nord-est. Cet arbre sera notre *point de repère*. Il nous suffira de lever de temps en temps les yeux de ce côté. Tant que nous le voyons droit devant nous, nous sommes dans le bon chemin. Il nous semble passé un peu à gauche ? c'est que nous avons *obliqué* un peu trop à droite ; prenons ce sentier qui nous ramène vers lui. — La nuit, quand les objets lointains sont difficiles à distinguer, une étoile brillante ou un groupe d'étoiles facile à reconnaître peut servir de point de repère. Mais il ne faut pas oublier que les étoiles changent — en apparence — de place dans le ciel ; et alors il est nécessaire de reprendre son orientation d'heure en heure ou à peu près : pendant cet espace de temps l'étoile, dont le mouvement apparent est assez lent, n'a pas notablement changé de direction.

* *
*

Vous voici désormais, jeunes voyageurs, capables de vous orienter en tous temps et lieux ; on ne pourrait plus vous égarer, même dans une forêt sombre ou sur une lande déserte. — S'il en avait su seulement autant, ce chevalier des vieilles légendes, qui fit trois fois, en fuyant je ne sais quel fantôme ou lutin, le tour d'un lac, et trois fois se retrouva au même lieu... pareille mésaventure ne lui fût pas arrivée, non plus que tout ce qu'il lui en advint par la suite ! — Mais quoi ? la direction n'est pas tout, en voyage ; il est une autre chose qu'il importe de savoir estimer : c'est la distance.

Savoir quelle est la longueur d'un champ, d'un sentier, combien il y a de kilomètres ou de lieues de tel village à tel autre, c'est ce dont on a besoin à chaque instant. De même qu'il y a pour déterminer les directions certains instruments très délicats dont je ne vous ai point parlé, de même il y a, pour mesurer les distances d'une façon très exacte, des appareils fort ingénieux dont nous n'avons pas à nous occuper non plus. Souvenez-vous seulement de la simple *chaîne d'arpenteur*, dont il nous est parlé dans votre *système métrique*. Mais il ne s'agit même pas de cela pour nous ; nous ne sommes pas des arpenteurs, nous sommes des promeneurs. Ce n'est pas notre affaire de mesurer exactement les distances, mais bien seulement de les apprécier par un à peu près suffisant. S'il nous fallait traîner la chaîne d'arpenteur tout le long de notre chemin, *chaîner*, comme on dit, la route à mesure que nous la faisons, je vous demande ce que deviendrait notre promenade ! Nous n'irions pas loin, dans la journée ! Nous aurons donc recours à des procédés plus expéditifs.

Le premier et le meilleur consiste à compter ses pas. Quand vous marchez d'une façon régulière, sans vous forcer, sur une route qui n'est pas trop inégale, trop accidentée, vous faites, tout naturellement, sans y penser, des pas à peu près égaux ; ou, si l'un est un peu plus long, l'autre est un peu plus court, et cela se compense. — « Mais, direz-vous, tout le monde n'a pas le même pas. » — Sans doute : il y a de petits pas et de grands pas, parce qu'il y a de grandes jambes et de petites jambes... (1). Si mes compagnons, par exemple, surtout les plus jeunes, étaient obligés d'allonger la jambe pour faire des pas aussi grands que les miens, où en seraient-ils ! Donc la première chose à faire, c'est de

---

(1) Le pas *accéléré* du soldat est de 65 centimètres.

mesurer votre pas naturel, à vous. C'est facile. Vous vous trouverez, un jour, marchant sur une grande route où les kilomètres sont marqués par des bornes de distance en distance. Eh bien, comptez, en marchant, vos pas entre deux de ces bornes : vous trouverez, pour un kilomètre, un certain nombre de pas. Supposons 1500 pas ; vous raisonnez ainsi : puisque 1500 de mes pas valent mille mètres, cent cinquante font cent mètres ; quinze font dix mètres, un et demi font un mètre : c'est-à-dire que mon pas a soixante-quinze centimètres de longueur. Quelque soit le nombre de pas, par une simple division vous trouverez la longueur exacte. — Maintenant s'agit-il de mesurer, par exemple, la longueur d'une avenue? Vous comptez vos pas : puis, par un calcul très facile, une rapide multiplication, vous connaissez d'une façon suffisamment approchée la longueur de l'avenue.

Mais on ne peut pas compter ses pas toute une journée... Si donc il s'agit d'estimer une distance un peu grande, il vous restera un procédé familier aux voyageurs : apprécier le chemin fait par le temps de la marche. Pour cela, il faut d'abord savoir combien de temps vous mettez, avec ce pas moyen qui vous est naturel et commode, à faire un kilomètre entier. Un jour donc que vous marchez sur la route, tirez votre montre, et avançant d'un pas aussi égal que possible, vous notez le temps employé à faire un kilomètre : supposons douze minutes. Quand vous voudrez, étant en promenade, estimer la distance entre deux lieux donnés un peu éloignés, vous prendrez autant que possible la même marche, ni plus lente ni plus pressée : autant de fois douze minutes, autant de kilomètres. Si vous vous arrêtez en route, vous aurez soin de tenir compte de ce temps de repos. — Il est bien évident que ce moyen vous donne seulement une idée de la distance, et que nous ne pouvons pas y compter pour une mesure tant soit peu exacte. Encore faut-il que la route soit à peu près droite, qu'il n'y ait pas de détours trop grands à faire ni de pentes trop raides à gravir.

* *

Autre chose encore qu'il faut apprendre à estimer à simple vue : les dimensions des objets et particulièrement leurs hauteurs. Pour mesurer exactement, même

Mesure approximative de la hauteur d'un arbre, d'un édifice.

de loin, la hauteur d'un arbre, d'un édifice, d'une colline, d'une montagne, il y a des méthodes ingénieuses, des appareils délicats et toutes sortes de calculs assez compliqués parfois : mais ce n'est pas de cela qu'il s'agit en ce moment. — Plus les objets sont éloignés, plus ils nous paraissent petits ; mais nous savons cela, et instinctivement nous en tenons compte. Par l'habitude acquise de voir, d'observer, nous avons déjà une première notion de la grandeur d'un objet éloigné, d'un arbre, si vous voulez, en combinant en nous-mêmes la *dimension apparente* de cet arbre avec l'idée plus ou moins juste que nous nous faisons de sa distance. Mais cette idée vague ne suffit pas toujours, et d'ailleurs souvent nos yeux nous trompent. Pour avoir une appréciation un peu plus exacte il nous faut prendre des *termes de comparaison*, c'est-à-dire des objets dont les *dimensions vraies* nous sont à peu près connues, et auxquels nous comparerons, à l'œil, la *dimension apparente* des autres objets *vus à la même distance*. Ces objets connus seront de préférence ceux qui se rencontrent le plus souvent dans le paysage : les hommes, les bestiaux, les maisons. Voyez, par exemple, comment je raisonne. J'aperçois là-bas, sous un arbre, ou tout près, et à une distance à peu près égale, un homme, debout. Ce n'est pas un enfant, c'est un adulte. Je n'ai aucune raison pour supposer que ce soit un nain, ou bien un géant : j'admets un homme de taille moyenne. Or un homme de taille moyenne a 1m60 environ : c'est ce qu'on prend pour règle, ordinairement. Maintenant j'apprécie, à l'œil, que la hauteur de l'arbre est, approximativement, cinq fois celle du *bonhomme* debout à son ombre : en un clin d'œil, mon calcul est fait : 5 fois 16 = 80 ; mon arbre a 8 mètres. De la sorte, avec un peu d'habitude, je ne me tromperai pas de plus de trois ou quatre décimètres, un demi-mètre peut-être : *l'approximation* est suffisante. Seulement, j'insiste : il faut que mon terme de comparaison — mon bonhomme, cette fois — soit situé bien juste à même distance que l'objet à mesurer ; sans cela mon raisonnement pécherait, comme on dit, par la base, et mes conclusions seraient fausses. Tenez, ceci encore : en passant par le village, et regardant d'une certaine distance, j'ai comparé la hauteur du clocher avec celle d'une maison située en face. C'était une maison d'habitation ordinaire à deux étages au-dessous du toit ; or un étage de maison ordinaire compte pour 3 mètres environ. Et voilà que j'estime le clocher, depuis le sol jusqu'à sa pointe aiguë, trois fois et demie aussi haut que la façade de la maison sans le toit. La façade de la maison représente deux étages, donc 6 mètres; le clocher a 21 mètres de hauteur. — Nous pourrions de la même manière évaluer la hauteur d'une colline en la comparant à celle d'une maison située dessus, à mi-pente ou à son pied. Mais si la maison était en avant du pied de la colline, par conséquent plus rapprochée de l'observateur, il faudrait en tenir compte en augmentant en proportion la hauteur calculée de la colline, chose assez difficile à apprécier; notre calcul deviendrait plus douteux. — Le jour de notre « grande excursion » mes joyeux compagnons s'amusèrent longtemps, du haut de la colline où ils étaient assis sur le tapis ras de l'herbe, à mesurer tous les objets qui frappaient leurs yeux dans la vallée. Un peuplier au bord du ruisseau fut mesuré par rapport à un pêcheur à la ligne, qui se tenait debout sur la rive; une meule de foin, par comparaison avec les moutons qui paissaient dans le pré, un moulin à vent sur la hauteur au moyen de l'âne attaché à la porte... que sais-je ! S'il vous plaît de vous exercer au même jeu — ce qui pourra vous devenir très sérieusement utile, plus tard — je vais vous communiquer la liste de termes de comparaison que j'avais dressée pour eux, pour servir de *base* à leurs faciles calculs, et jusqu'aux croquis que je leur fis sur une page déchirée de mon calepin, pour leur démontrer le procédé....

Taille moyenne d'un homme	1^m60
Taille ordinaire d'une femme	1 55
Hauteur d'un cheval ordinaire, depuis le sol jusqu'à la ligne du dos (1)	1 45
Hauteur d'un âne moyen, de même	0 95
Hauteur d'un bœuf	1 35
Hauteur d'une vache	1 25
Hauteur d'un mouton	0 65
Hauteur d'un homme sur un cheval	2 30
Hauteur d'un étage de maison	3 00

. * .

Assez de théorie, passons à la pratique. Mais pourtant, avant de quitter notre lieu de rendez-vous, jetons encore un coup d'œil autour de nous. — Nous sommes ici sur une colline, disions-nous : car il ne faudrait pas donner le nom orgueilleux de *montagne*, comme le faisait un de mes jeunes voyageurs, à cette élévation de terrain que nous estimerons avoir tout au plus une soixantaine de mètres de hauteur : six fois la hauteur d'une maison à trois étages. « Mon cher compagnon, lui dis-je, plus on est petit — et c'était justement le plus petit de la caravane — plus on est disposé à trouver tout énorme... A ton âge j'en aurais dit autant; et je trou-

(1) Pour les animaux on ne mesure pas à partir de la tête, qu'ils peuvent lever ou baisser beaucoup ; on compte du sol au dos, qui est toujours à la même hauteur.

vais aussi que notre colline était «*une haute montagne!* » l'étang du moulin me semblait «*un grand lac.* » Maintenant je sais qu'il faut réserver les grands mots pour les grandes choses... Ainsi une montagne, pour mériter ce nom, doit avoir au moins cinq ou six fois la hauteur de cette colline ; et encore ! De même je te permets d'appeler *sommet* le point le plus élevé de la colline, que nous occupons en ce moment ; mais nous réserverons, par exemple, le nom de *cime* pour le sommet d'une vraie montagne. Ce sommet rocheux, assez élancé, pourrait être appelé un *pic*, s'il était seulement dix fois plus haut. Vois-tu, en face de nous, le sommet mollement arrondi de cette autre colline, couvert d'un fin tapis d'herbe rase, et que nous comparions l'autre jour à un dos de mouton laineux? Nous dirions aussi qu'il rappelle par sa forme le *dôme*, la coupole voûtée d'un édifice, et nous lui donnerions le nom de *dôme*, s'il appartenait à une puissante montagne. Une petite colline isolée est souvent désignée par les noms de *butte*, d'*éminence*, de *mamelon*, de *motte*, et autres semblables.

Examinons maintenant les terrains qui vont s'abaissant des deux côtés au-dessous de nous ; au sud, vers la plaine, la pente, verdoyante, boisée par endroits, s'incline doucement ; elle va rejoindre assez loin, en s'allongeant, le *plat* du terrain. C'est la *pente douce* que nous n'avons pas eu de peine à gravir par ce sentier. Mais vers l'est, au contraire, la pente est beaucoup plus rude, *escarpée*, presque partout montrant le roc entre les plaques d'herbe rase et les buissons rampants : cette pente est courte, et serait très raide à la montée. Quand l'inclinaison d'une pente est plus forte que la moitié d'un angle droit, il devient impossible de la gravir sans le secours de marches taillées dans le roc ou de sentiers en zigzag. Plus loin vous pouvez voir une haute paroi de roche taillée à pic, comme une gigantesque et massive muraille, ébréchée, demi-ruinée. Pourtant, pris en somme, l'ensemble des pentes de notre colline est plutôt allongé que raide ; et sa largeur à la *base*, au pied, est beaucoup plus grande que sa hauteur. Il en est ainsi presque toujours, même pour les plus hautes montagnes. Observons encore que cette colline sur laquelle nous sommes n'est pas également arrondie de toutes parts, comme il en est quelques-unes ; elle est beaucoup plus allongée dans une certaine direction — qui est ici la direction du nord au sud, à peu près. De plus elle n'est pas isolée ; être isolée complètement est chose rare pour les collines comme pour les montagnes. Elle se rattache à d'autres collines que vous voyez devant nous, et dont la suite se prolonge au loin vers l'horizon. Cette suite de hauteurs est ce que nous appelons une *chaîne* de collines. L'ensemble de ces pentes qui s'abaissent vers notre vallée est ce qu'on nomme un *versant* de la chaîne ; de l'autre côté s'incline l'autre versant. Lorsqu'il s'agit, comme ici, d'une simple colline, le nom de *versant*, le plus souvent réservé pour les montagnes, est volontiers remplacé par ceux de *côte* ou de *coteau*.

Le lieu le plus élevé, d'où partent les deux pentes qui s'abaissent en sens contraire, est souvent appelé le *faîte* de la hauteur. C'est pourquoi la ligne que nous supposons suivre la série des sommets de la chaîne des collines qui fuit là bas vers l'horizon, et qui marque la séparation des deux versants, nous l'appellerons la *ligne de faîte* de la chaîne. Elle n'est pas tout à fait droite, et pourrait être serpentante et très irrégulière. En suivant de l'œil la direction de cette ligne là où elle est à peu près droite, nous avons la direction de la chaîne elle-même; et nous dirons par exemple que la direction de notre chaîne de colline est du nord au sud à peu près. Et alors, des deux versants qui s'abaissent l'un à droite, l'autre à gauche de cette ligne, l'un sera le *versant oriental*, l'autre le *versant occidental*.

Nous sommes ici par un beau jour clair, par un ciel presque sans nuages. Mais imaginons qu'un orage éclate; l'averse croule, violente, prolongée. — L'eau trop abondante pour être bue par un terrain rocheux, comme celle d'une légère ondée est bue par la terre molle et meuble du jardin, ruisselle sur le sol. Évidemment toute l'eau qui tombera de ce côté de la colline coulera suivant la pente du versant; ce qui tombera là-bas, de l'autre côté, descendra par l'autre versant.

Je compare notre colline à un toit à deux pentes. Puisqu'une partie des eaux tombées sur les hauteurs mêmes de la colline, sur cette *croupe* arrondie où l'inclination est peu sensible, coule sur un des versants, le reste prenant de son chemin vers le versant opposé, il faut bien qu'il y ait un endroit où se fasse le partage : et cet endroit, c'est nécessairement la partie la plus élevée, qui nous représente le *faîte* ou, comme on dit

Collines, coteaux et vallons.

aussi, la *crête* du toit. Ce lieu de partage, c'est justement ici où nous sommes ; déjà à nos pieds la pente commence à gauche dans un sens, à droite dans l'autre. Supposez que nous marquions tout le long de la file des collines les points où les eaux se séparent pour couler sur les versants opposés : l'ensemble de ces points formera une ligne plus ou moins onduleuse ou brisée, que nous appellerons la *ligne de partage des eaux*. Elle diffère peu ici de ce que nous avons nommé la ligne de faîte.

Remarquons bien que la plus petite pente suffit pour faire couler les eaux dans un sens ou dans un autre. Ainsi, sur le terrain si plat de la *plaine* que nous apercevons là-bas, le plus léger relèvement du terrain, insensible à l'œil, suffit pour former deux pentes très douces, que les eaux suivront en sens contraire; et alors il existe là aussi une *ligne de partage des eaux* qu'on peut reconnaître, sans qu'il y ait pourtant ni colline, ni faîte.

Jetons les yeux au loin vers l'horizon; contemplons ces hauteurs ici boisées, plus loin nues et rocheuses, ailleurs couvertes de cultures, qui entourent notre petite vallée. Sur toutes ces hauteurs nous imaginons tracée une *ligne de partage des eaux*, qui, se suivant de colline en colline et se recourbant là-bas, fait le tour de notre vallée, et la renferme presque complètement, excepté d'un seul côté, où la vallée s'ouvre vers la plaine. Eh bien, toutes les eaux de pluies qui tomberont en dedans de ce contour formé par la ligne de partage, descendant les versants, finiront par se réunir vers la partie la plus basse de la vallée ; elles iront rejoindre le cours du ruisseau qui y serpente. Cette étendue de terrain forme ce qu'on appelle le *bassin* de notre ruisseau : c'est lui qui en recueille toutes les eaux de pluie, toutes les eaux aussi qui peuvent jaillir de terre par des sources. Remarquez bien que ce mot de *bassin* n'indique pas seulement la partie basse du terrain, le fond de la vallée puisqu'au contraire il comprend en outre toute l'étendue des versants qui l'entourent, en remontant jusqu'à la ligne de partage des eaux, c'est-à-dire jusqu'aux sommets.

Mais déjà le soleil monte dans le ciel ; la vallée s'éclaire largement. L'espace s'étend devant nous ; les lointains nous appellent. « En route ! » — Lors de notre excursion nous avions résolu de suivre la direction de la chaîne de collines, nous tenant sur les hauteurs afin de jouir de la belle vue sur notre vallée et les campagnes de l'autre versant, surtout pour *dominer* les terrains et juger de la disposition de l'ensemble. Nous marchions donc vers le nord, tantôt avançant à la file par les étroits et durs sentiers, vagues et onduleux, tantôt foulant l'herbe fine et rase. Nous suivions à peu près la *ligne de faîte* des hauteurs. Mais bientôt nous étions obligés de descendre, parce que la ligne de faîte elle-même s'abaissait. Notre colline est en effet séparée, non pas complètement toutefois, de la série des hauteurs, par une sorte de *pli transversal* (c'est-à-dire en travers de la direction de la ligne de faîte), qui descend d'un côté pour remonter de l'autre avec une courbe gracieuse. Mais cette *dépression* du faîte, cette sorte de brèche faite à la chaîne n'isole pas, disais-je, complètement notre colline. Elle ne descend pas jusqu'à la base des collines, jusqu'au niveau du fond de la vallée, mais comme à demi-hauteur seulement. Ce petit vallon, assez resserré vers son milieu, est ce que nous appellerions un *col*, s'il s'agissait d'une chaîne de montagnes ; c'est le passage naturel pour franchir la chaîne, et c'est par là que passent les gens de l'endroit lorsqu'ils vont travailler sur le terrain de l'autre versant ; cela leur épargne la moitié de la montée, ils n'ont pas à gravir les sommets. Aussi rencontrons-nous là un sentier plus large et plus battu que les autres. Nous le *coupons* en travers, et continuant notre route nous gravissons la pente opposée ; puis nous voici de nouveau sur les sommets. Nous continuons notre chemin, tantôt descendant un peu,

Le sommet de la colline.

tantôt nous élevant sur des pointes saillantes de rocher. Nous aurions pu nous épargner cette fatigue ; mais — êtes-vous comme moi ? — je ne puis passer au pied d'une montagne, d'une colline, d'une simple butte, sans être pris d'une envie irrésistible de grimper au plus haut sommet... Et je ne suis pas seul ainsi fait, comme vous le verrez plus tard. — Or, tout en suivant le faîte, nous observons que dans toute cette partie le sol est âpre, aride, dénudé. Le roc se montre presque partout ; des pointes percent le tapis d'herbage, des blocs énormes reposent là comme si on les y avait jetés. Même aux endroits couverts d'herbe et de mousse, si nous grattons de la pointe de nos bâtons, nous trouvons tout de suite le roc, sec et dur. Tandis que si nous abaissons nos regards, nous voyons les pentes couvertes de buissons verdoyants ; plus bas de grands arbres, de frais fouillis, pleins d'ombre, ou bien encore, vers la base des pentes, de riches cultures. Ici, sur les sommets, rien que de maigres herbes rases, qui jaunissent à la sécheresse. Il n'y a pour ainsi dire pas de *terre végétale* sur la pierre.

« Et qu'est-ce que la terre végétale ? comment se forme-t-elle ? » me demandait-on. — Baissez-vous, je vous prie ; grattez un peu sous l'herbe, prenez une pincée de cette terre. Écrasez-la entre vos doigts : vous sentez sous vos doigts des grains comme des grains de sable, et en même temps une poussière plus douce de fine argile. — « On dirait de la pierre écrasée. » — Très juste. C'est qu'en effet la terre végétale, cette précieuse *terre arable*, richesse et parure du globe, nourricière des plantes, des animaux et des hommes, n'est pas autre chose que de la pierre égrainée, décomposée, plus ou moins broyée et pulvérisée, engraissée en outre de quelques débris de végétaux, qui lui font une sorte de *fumier* naturel... « Mais, direz-vous, qui a pu ainsi broyer la pierre, l'égrainer, la réduire en poussière ? » — Voyez ; une pierre va me servir de marteau : je brise un angle de cette roche qui sort de terre. Observez la cassure : dans le cœur, la pierre est dure, difficile à entamer. Maintenant passez votre doigt sur cette surface du rocher qui est restée exposée à l'air, au soleil, aux pluies : vous en enlevez des grains de sable ; et si vous cherchez à en écraser un petit fragment entre vos doigts, il s'égraine facilement. L'air, la chaleur du soleil, la gelée, l'humidité, la pluie, attaquent la surface de la roche, et peu à peu,.. dure qu'elle soit, la rongent, la *désagrègent*, comme on dit ; elle tombe en sable, en poussière. Or ce sable mêlé de fines parcelles d'argile, ces débris de roche, c'est ce qui constitue la terre végétale. Ici sur le roc lisse, en pente raide, la minime quantité de terre végétale formée ainsi ne reste pas ; la moindre pluie qui lave ce roc l'entraine à mesure. Sur toute l'étendue de ces sommets que nous foulons, la terre végétale ne peut pas s'accumuler, former une épaisseur notable. Imaginez une averse, une pluie d'orage : l'eau fouette le sol, elle ruisselle, rapide et fangeuse ; elle se précipite, trouble, jaunie, sur les pentes ; elle gratte le sol, le *ravine* de mille petites coupures, enlève et emporte le sable, l'argile, — la terre, enfin ; cette terre ainsi emportée va se déposer au bas des versants, là où la pente est moins rapide, ou bien elle s'arrête sur les pentes mêmes, si quelque obstacle la retient. Ici — voyez — sous cette herbe rase il y a un peu, très peu de terre végétale, qui suffit à peine à la nourrir : c'est que chaque brin d'herbe empêche la pluie de fouetter si rudement le sol, chaque touffe retient la terre entre ses fines racines enchevêtrées. Là-bas, sur ces collines vers lesquelles nous nous dirigeons, les hauteurs sont couronnées de bois magnifiques. C'est que les arbres, nourris par la terre, protègent la terre ; leur feuillage empêche le choc des gouttes de pluie, et les racines des buissons, des herbes qui vivent sous leurs ombrages, retiennent la terre végétale, l'empêchent d'être enlevée par les pluies. Si on venait à abattre ce bois, en quelques années elle aurait entièrement disparu. Regardez ces sommets arides que nous foulons maintenant. Autrefois ils étaient couverts, eux aussi, de bois ombreux et productifs. Les gens du pays ont abattu les arbres sans mesure, sans précaution, sans remplacer ceux qu'ils coupaient. Ils ont conduit ici leurs chèvres, qui ont brouté les jeunes pousses, dévoré le feuillage des rejetons. Imprévoyance et ignorance ! Ils ont *déboisé* la colline, croyant peut-être qu'ils pourraient défricher cette terre, la labourer, y faire pâturer leurs bêtes. Le résultat... vous le voyez. Toute la terre a été emportée par les pluies ; il en reste à peine par endroits une couche mince pour nourrir ces maigres pâtures, qui jaunissent en été. Et encore, que cette herbe soit broutée trop court et trop foulée par des troupeaux trop nombreux, les eaux entraîneront le faible reste de terre, et le roc demeurera nu partout comme à cette place ; sur cette vaste étendue autrefois fertile, il n'y aura plus de quoi nourrir une chèvre. — Et maintenant que faire? Le remède est de *reboiser*, peu à peu. La commune est obligée de faire des plantations d'arbres ; c'est le plus sage, mais c'est une dépense considérable. Les jeunes arbres ont grand'peine à s'enraciner sur ces rochers dénudés ; beaucoup périssent, et ceux qui résistent sont frêles et minces. Les bois nouveaux ne donneront de produits que dans un siècle, peut-être. « L'instruction nous coûte cher, me disait l'autre jour le maire de la commune, qui vient de faire bâtir une école : mais voyez, monsieur, ce que nous coûte l'ignorance ! » Et il me montrait les dispendieux travaux de reboisement qu'on est en train de faire là-bas.

Jetez maintenant les yeux, disais-je encore, sur l'autre côté de la vallée. Les hauteurs qui la dominent là-bas sont toutes différentes de celles que nous avons gravies. Vous apercevez d'ici leur pente qui remonte à l'opposé, en apparence toute semblable à ce versant de notre colline qui s'incline vers la vallée. Mais si nous la gravissions, cette pente, au lieu de rencontrer au haut un sommet plus ou moins aigu ou arrondi, puis presque tout de suite, de l'autre côté de ce faîte, un autre versant s'abaissant en sens contraire, nous verrions s'étendre devant nous de vastes terrains, assez élevés au-dessus de la vallée, mais plats, peu *accidentés*, avec de petites rides seulement, de légères ondulations. Ceci n'est plus une colline : une telle étendue de hautes terres qui semble pour ainsi dire soulevée tout d'une pièce au-dessus des terrains environnants est ce qu'on nomme un *plateau*. Le contour de ce plateau plus ou moins irrégulier et denté offre des parties saillantes comme des caps, et des échancrures comme des baies ; ses pentes vont s'abaissant tantôt doucement inclinées vers le fond de la vallée, ailleurs escarpées et rocheuses. Du bas des pentes on croirait voir une chaîne de collines semblable à celle-ci ; mais d'ici, dominant le plateau, nous ne pouvons plus nous y tromper, puisque notre regard se prolonge sur son étendue plate. Certaines parties, de ce côté, sont rocheuses et nues ; mais partout ailleurs la faible inclinaison du sol a retenu une couche assez épaisse de terre végétale, et le plateau est couvert de cultures et de bois touffus. »

* * *

Tout en devisant ainsi et nous arrêtant par intervalles pour observer les formes des terrains, la structure des *reliefs* du sol, nous avancions. Nous suivions toujours la ligne de faîte, mais cette ligne onduleuse s'élevait de plus en plus. Enfin nous arrivons vers un sommet, une pointe rocheuse que nous regardions depuis longtemps avec envie, et qui semblait bien s'approcher, à mesure que nous marchions, mais lentement, lentement. Ce lieu, nous l'avions désigné d'avance pour être notre principale station, pour commencer le grand travail de la carte, et nous l'avions nommé, en conséquence, « la *roche de l'Observatoire*. » Nous l'avions choisi parce que c'est le sommet le plus élevé, le *point culminant* de toute la petite chaîne, atteignant environ une centaine de mètres de hauteur ; puis il se trouve situé à peu près à mi-chemin de la longueur de la vallée ; de là, la vue s'étend d'un bout à l'autre, planant, pour ainsi dire, au-dessus, en sorte qu'on la découvre tout entière, et comme à vol d'oiseau : on saisit parfaitement, d'un coup d'œil, sa forme d'ensemble. — Transportez-vous avec nous, par la pensée, sur notre observatoire, et exerçons-nous ensemble à faire à grands traits, comme de consciencieux voyageurs décrivant le pays qu'ils ont parcouru, la description du « petit monde » étendu sous nos yeux.

« Notre vallée, dirons-nous, prise dans son ensemble, est une *dépression* de terrain en forme de sillon légèrement onduleux, dirigée à peu près du nord au sud. Elle s'étend entre les versants d'une chaîne de collines un peu sinueuse qui la borne vers l'est, et les bords d'un plateau, plus irrégulièrement découpé, du côté de l'ouest ; à son *origine* la vallée est étroite, *encaissée* entre des pentes raides ; vers le milieu de sa longueur, elle s'élargit, et le fond est formé de terrains plats ; à son *débouché* dans la plaine elle se resserre entre la colline et une avancée du plateau. Au-delà le terrain ouvert se prolonge sous forme de plaine, à perte de vue. Vers le premier tiers de la longueur du sillon une échancrure du plateau forme un vallon, une *vallée secondaire, transversale*, aux contours arrondis, et dirigée à peu près du nord-ouest au sud-est, qui vient déboucher obliquement dans la *vallée principale*. — La vallée est arrosée par un ruisseau principal et quelques petits affluents ; un étang occupe la partie la plus profonde, vers l'ouverture. Les sommets et les pentes des collines sont en partie boisées, en partie arides et dénudées ; le plateau est partagé entre les cultures et les bois, le fond de la vallée est surtout occupé par des prairies, et la plaine se montre couverte de moissons. »

Voici une brève description, qui, sans s'arrêter à aucun détail, nous donne une idée de la forme d'ensemble et de l'aspect général du terrain : si quelques expressions nouvelles pour vous vous ont arrêtés à la lecture, attendez : vous en aurez l'explication un peu plus loin. Mais, voyez-vous, pour faire connaître un pays, la meilleure description ne vaut pas une carte, une simple esquisse de carte, même grossièrement faite, comme on peut la faire en voyage, sans mesures, sans instruments. Dresser la carte exacte d'une contrée ou même celle d'une petite étendue de terrain est une opération très longue, très laborieuse, qui nécessite l'emploi d'instruments délicats et coûteux, et toute l'habileté d'un savant ingénieur. Mais un simple croquis de carte, levé *à vue*, sans instruments ou à l'aide de la boussole seulement et par les procédés les plus simples et les plus rapides, peut suffire pour nous diriger dans une promenade ; il peut rendre, en temps de guerre, les plus grands services à la défense du pays. C'est pourquoi il faut apprendre à le tracer.

On appelle *carte topographique* une sorte de plan représentant une étendue moyenne de terrain, telle par exemple que le territoire d'une commune, sur une feuille de papier un peu grande, de telle sorte qu'on puisse y marquer les principaux détails du paysage : un bouquet d'arbres, un ruisselet, une ferme isolée. Au contraire, une carte *géographique* proprement dite représente sur une feuille toujours de dimension restreinte de très vastes étendues de pays tout une contrée, par exemple ; on ne peut donc y marquer que les traits principaux de l'ensemble. On n'indique pas sur les cartes géographiques de vos atlas une simple

Le rocher de *l'Observatoire*.

colline, un faible ruisseau, une maison ou même un hameau ; mais seulement les montagnes, les rivières et les fleuves, les villes et peut-être les villages un peu importants. — C'est donc une carte topographique que *nous avons intention de lever* (dessiner). Mais avant de tirer le premier trait, il est une opération préliminaire à laquelle il faut s'exercer : il s'agit d'apprendre à *relever* la situation d'un objet quelconque.

Relever un lieu, un objet, cela veut dire déterminer la direction dans laquelle ce lieu, cet objet sont aperçus de l'endroit où l'on observe. Nous avons déjà, s'il vous en souvient, fait quelque chose d'analogue en déterminant un point de repère pour notre marche. S'agit-il d'une appréciation grossière, après nous être orientés, nous indiquons de notre bras tendu la direction des quatre points cardinaux ; ou, ce qui vaut mieux encore, nous la marquons sur le sol, soit en traçant sur le sable avec la pointe d'un bâton, soit en couchant à terre deux baguettes droites, disposées en croix. Cela fait, nous dirigeons nos regards sur l'objet à relever, soit par exemple un moulin à vent : et comparant la direction de notre *visée* aux directions que nous avons déterminées, nous dirons, par exemple : le moulin nous apparaît entre le sud et l'ouest, à peu près à égale distance entre les deux directions : le moulin est situé au sud-ouest de notre station d'observation. Nous ferions de même pour un village, une ferme, un pont, etc.

Mais si une certaine exactitude nous est nécessaire, il faut avoir recours à la boussole. Il y a, pour cet usage, des boussoles spécialement disposées et très commodes (dites boussoles de *relèvement*) ; mais je dois supposer que nous en sommes réduits à notre simple petite boussole de voyageurs. Apprenons à en tirer le meilleur parti possible.

Tout d'abord, l'ayant posée bien horizontalement sur un objet un peu élevé et immobile, sur une pointe saillante du rocher par exemple, nous cherchons l'orientation exacte, en tenant compte de la déclinaison ainsi que nous savons déjà le faire. Cela fait, il s'agit de relever un point apparent et remarquable de notre paysage : par exemple un gros arbre isolé que je vois là-bas sur le plateau, en face de nous. Je prends une mince et droite brindille de bois, ou de paille, la tige grêle d'une herbe, qui ait tout au plus la grosseur d'une allumette, et soit un peu plus longue. Je la couche en travers ma boussole, de telle sorte qu'elle traverse par le centre, droit au-dessus du *pivot* de l'aiguille. Puis, me penchant, et fermant un œil, de l'autre œil je vise l'objet ; je fais doucement tourner ma brindille, jusqu'à ce que mon regard, ma *visée*, dirigée vers l'arbre lointain, me paraisse raser exactement cette brindille suivant sa longueur. C'est fait : je me redresse, et j'observe sur le cadran de ma boussole la direction que marque la petite paille restée en place. Or il se trouve, cette fois, qu'elle est couchée, traversant toujours bien par le centre, juste sur la ligne est-ouest. C'est vers le côté ouest que l'arbre m'apparaît : je dis donc : l'arbre est *relevé* vers l'ouest.

Visons maintenant de même le clocher du village. Mais cette fois voici que la paille qui marque la visée, couchée sur la boussole, ne coïncide avec aucune des grandes lignes marquées sur le cadran ; elle est dirigée entre le sud-ouest et le sud, plus près du sud... C'est alors que vont nous servir ces petites divisions du contour que nous avons appelées degrés : il y en a, disions-nous, 360 dans le cercle entier, 90 dans chaque quart de cercle, entre l'est et le nord ; par exemple, 45 dans chaque demi-quart, comme entre le sud-ouest et le sud. Je regarde d'abord de laquelle des huit grandes divisions la visée marquée se rapproche le plus : c'est le sud. Puis je compte de combien de degrés elle s'écarte de la direction principale : je trouve, par exemple, 15 degrés. Ce n'est pas tout encore : une visée peut s'écarter d'un certain nombre de degrés d'une des directions principales d'un côté ou de l'autre de cette direction ; il faut dire de quel côté elle dévie. Ici, c'est du côté de l'ouest. J'exprime tout ceci en trois mots, par cette formule abrégée : le relèvement du clocher est *sud, 15 degrés ouest*. Or, quand on veut dresser une carte topographique, la première chose à faire c'est de relever, le plus exactement possible, un certain nombre des points les plus remarquables et les plus apparents du paysage, qui nous serviront de points de comparaison pour *mettre en place* sur notre dessin les autres objets. C'est justement ce que nous venons de faire : nous avons déjà relevé le moulin à vent : sud-ouest ; un arbre au milieu du plateau : ouest. Le clocher : sud 15° ouest. Prenons deux ou trois autres points encore : un arbre, notre point de repère d'orientation, en plein dans le nord ; le sommet d'une petite *éminence* qui se rattache au plateau : ouest, 22 degrés nord. — C'est assez.

A l'œuvre maintenant ! vite le crayon, la feuille de papier. Et tout d'abord préparons notre travail en traçant sur la feuille, pour marquer les huit directions principales, Nord, Nord-Est, etc., huit lignes rayonnant autour d'un même point qui représentera le lieu d'où nous observons. Il s'agit de former huit angles égaux : c'est facile. — Je plie ma feuille en deux, en marquant le pli ; je la plie une seconde fois en travers, ayant soin de faire retomber exactement l'une sur l'autre les deux moitiés du premier pli : voilà quatre angles droits repliés l'un sur l'autre : cela me fait une sorte d'équerre improvisée assez exacte, et qui peut être utile à diverses choses : en voyage, il faut être homme d'expédients ! Je rabats maintenant des deux côtés chacun des derniers plis sur les précédents ; j'obtiens un angle aigu, moitié de l'angle droit. Je déplie ma feuille : les huit directions sont marquées par les plis ; suivant l'usage des *cartographes* j'écris au haut de ma feuille un N abrégé du mot *nord*, la lettre S au bas ; un O à gauche, un E à droite ; et voilà ma feuille préparée. Il n'est pas nécessaire que les plis se croisent au centre de la feuille ; il vaut même mieux ordinairement que le point de croisement soit un peu de côté, pour ne pas embarrasser le milieu de la feuille, où nous devons dessiner.

Observez bien, maintenant. J'étale ma feuille de papier sur le dessus d'un livre mince, apporté pour cet usage, et qui nous servira de pupitre. Je me mets bien en face du paysage : et surtout j'ai soin d'*orienter* mon papier, c'est-à-dire de le placer de telle sorte que les lignes tracées (par les plis) pour figurer les directions du nord, de l'est, etc., soient en réalité dirigées le plus exactement possible vers ces points de l'horizon, que nous avons reconnus : c'est toujours ainsi qu'il faut se placer quand on veut comparer le terrain à la carte ou la carte au terrain. Je commence par reporter sur ma feuille nos *relèvements*, les directions observées de nos points de repère choisis. Plusieurs se trouvent correspondre aux directions principales et sont déjà marqués par les plis : je ne m'en occupe plus. Mais nous avons relevé le sommet d'une éminence est 22 degrés nord, entre l'ouest et le nord-ouest. Or 22 degrés sont, à peu près, la moitié des 45 degrés compris entre les

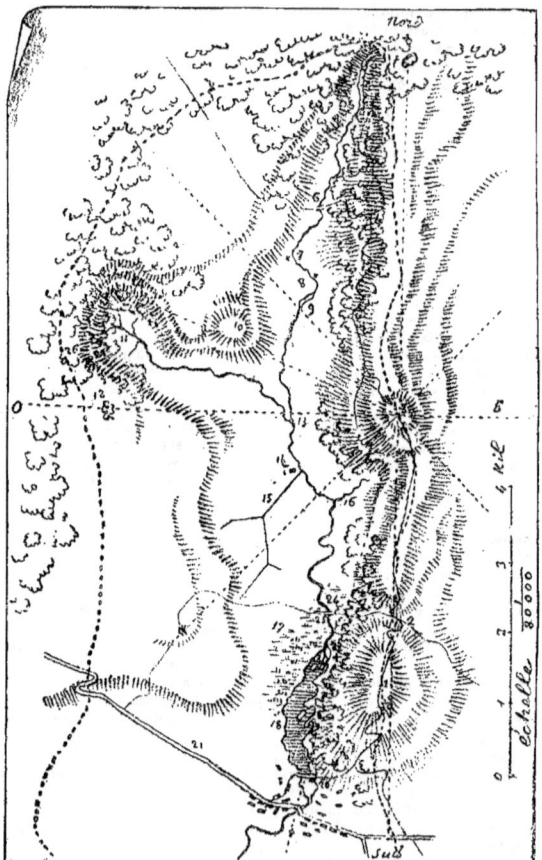

LA CARTE DE LA VALLÉE

Croquis fait au crayon en cours d'excursion.

deux directions ouest et nord-ouest. Je trace donc, à partir du point de croisement des lignes (3) qui représente, comme vous savez, notre observatoire[1], une ligne droite au crayon, en léger *pointillé*, au milieu entre les deux plis ouest et nord-ouest, partageant ce demi-angle droit en deux parties égales pour l'œil : c'est la direction cherchée. Passons au clocher : il a été relevé sud 15 degrés ouest. Or 15 degrés sont le tiers des 45 degrés compris entre les directions sud et sud-ouest ; je trace, à partir du point de croisement, une ligne pointillée qui me paraisse prendre à peu près le tiers du demi-angle droit, à partir du sud ; et pour vérifier, si je veux, je tracerai aussi une ligne au second tiers de l'angle : de la sorte j'apprécierai si cet angle est bien partagé en trois parties sensiblement égales. — Si nous avions fait d'autres relèvements, je les aurais reportés de même.

Si nous avions voulu faire notre carte en deux stations, en relevant les mêmes objets de deux lieux différents, le croisement des lignes de relèvement nous eût donné assez exactement la place que doit occuper chaque objet sur notre carte ; mais ce moyen n'est pas toujours praticable, et d'ailleurs il était entendu que nous devions tracer notre carte à vue au moyen d'une seule station. Je commence donc par tracer d'un trait de crayon léger, à peine marqué, afin de pouvoir le corriger plus tard au besoin sans faire trop de barbouillage, le contour de la vallée tel qu'il apparaît à mes yeux : d'un côté la ligne de faîte des collines, que je suis de l'œil, légèrement onduleuse ; puis de l'autre côté, le bord inégal du plateau. Mes directions marquées et mes relèvements m'aident beaucoup à donner à peu près contours une forme à peu près correspondante à celle du terrain. Ainsi, par exemple, lorsque j'en étais à tracer le contour du plateau, j'observais qu'une petite échancrure est à peu près dans la ligne du nord-ouest ; je la trace à la rencontre du pli. En suivant mon contour, j'arrive au relèvement du sommet de l'éminence : c'est là que je dois tourner pour former cette sorte de cap arrondi qui s'avance (10) ; puis je fais le pli profond du vallon à peu près suivant la même direction oblique (11). De même je remarque qu'une pointe avancée du plateau se trouve un peu au sud du moulin à vent que nous avons relevé ; je vais prolonger mon trait, avant de tourner, un peu au delà de la ligne de relèvement du moulin. Pour la partie déjà parcourue par nous (1) de la chaîne de collines, nous avions, pour nous aider, nos souvenirs, « Le petit col (2), disions-nous, le pli que nous ne voyons pas d'ici, doit être juste en face de la saillie du plateau que nous apercevons devant nous. — La courbure rentrante qui forme une sorte de petit vallon et que nous avons contournée en venant, ajoutait quelqu'un, me semble plus creuse qu'elle n'est marquée sur la carte. Nous avons fait un assez grand détour... — « Vous croyez ? » — « Oui. » — Il me semble aussi : retouchons notre trait. On n'arrive pas toujours du premier coup ;

(1) Les numéros entre parenthèses intercalés dans le texte renvoient aux points marqués des chiffres correspondants sur la carte.

eh bien, si on se trompe, on se corrige. J'avais fait au premier trait ma vallée trop étroite dans son milieu ; je dus reculer un peu, pour gagner de la largeur, le trait qui marquait le bord du plateau. Tous nous regardions alternativement le dessin et le paysage, comparant la situation, la forme de chaque trait : chacun faisait ses observations. Enfin quand le *tracé* léger nous parut *rendre* d'une façon passable le contour de la vallée, je commençai à indiquer les reliefs du terrain ; les versants des collines, d'abord, puis les pentes du plateau, de la manière convenue et bien connue de vous, au moyen de *hachures*, de petits traits de crayon « en barbes de plume » comme disait un de nos promeneurs. J'avais soin de faire mes hachures à peu près dans le sens de l'inclinaison du terrain en chaque lieu, plus légères et plus espacées là où la pente me paraissait douce, plus noires et plus serrées là où nous la voyions plus escarpée. Certaines parties du terrain nous étaient cachées par les arbres, par les *croupes* des collines ; nous ne pouvions voir s'il y avait, à tel endroit, une avancée de la colline, ou bien une échancrure : alors nous laissions la place en blanc, nous réservant de retoucher notre trait et d'achever le tracé quand nous serions plus loin, en un endroit d'où ces parties de terrain, cachées pour notre station, nous paraîtraient à découvert. Nous remîmes à plus tard pour marquer les « eaux de la carte », c'est-à-dire pour indiquer les ruisseaux, l'étang : notre intention étant de suivre le cours du ruisseau au retour et les rives de l'étang, nous serions mieux à même de les représenter lorsque nous les aurions examinés de près. C'était, au contraire, le moment d'indiquer, au moyen de petits traits *pommelés* qui sont censés figurer le feuillage, les bois que nous apercevions très bien sur les pentes, sur les hauteurs : nous n'y manquâmes pas. Nous indiquâmes aussi la position du village, celle du hameau dans le vallon, par quelques petits rectangles figurant des maisons, mais sans chercher à représenter exactement la position de chaque maison : cela nous eût été impossible ; il nous suffisait de marquer la place du groupe d'habitations. — Nous marquâmes cependant encore une ferme isolée, dans la prairie (14), à peu près sur la ligne de visée du moulin à vent ; enfin « une maison champêtre, à mi-pente du vallon, dont la façade blanche, aux volets verts, se cache derrière les grands arbres (26). »

Ce fut le soir, au retour, vous disais-je, que nous marquâmes les eaux, le ruisseau principal et ses affluents, l'étang avec ses rives dentelées, le marécage ; puis quelques indications de culture, la route du village dans la plaine, quelques sentiers. Et pour ne pas y revenir, je vais vous dire de suite comment nous y prenions. S'agissait-il du cours du ruisseau ? nous le marquions dans le pli de la vallée, allongeant le trait à mesure que nous avancions, imitant ses détours. Et pour que ce trait occupât bien le lieu convenable, nous comparions chaque point remarquable du cours d'eau aux reliefs du sol déjà marqués sur notre carte. Exemple : soit le lieu de réunion des deux ruisseaux (13). Nous observâmes qu'il se trouvait sur la ligne allant du sommet de la colline qui nous avait servi d'observatoire à un angle saillant du plateau, au débouché du petit vallon ; de plus, nous jugeâmes ce point à peu près au milieu de la largeur de la vallée, un peu plus près cependant de la colline que du plateau. Nous cherchâmes, à l'œil, sur notre carte, un point à mi-distance entre les deux points déjà marqués de la colline et du plateau ; puis nous fîmes passer par ce point le trait figurant le cours du ruisseau. Nous faisions de même, à mesure que nous avancions, pour chaque repli remarquable du cours d'eau ; et nous eûmes ainsi un tracé passablement fidèle. Quand il s'agit de tracer le contour de l'étang, nous procédâmes absolument de même que nous avions fait pour tracer à vue le contour de la vallée : c'était la même opération en plus petit. Nous choisîmes une pointe avancée et assez élevée, assez *dominante*, d'où nous pouvions apercevoir à peu près tout le contour des rives, et nous la dessinâmes le mieux possible, en nous aidant de quelques remarques sur les directions, de quelques points de repère : le clocher, le moulin à vent, par exemple. Nous traçâmes le parcours de la route (21) par le même moyen que celui du cours d'eau, en le suivant et marquant la place approximative de trois ou quatre points : le village, un coude de la route, le lieu où elle serpente en sinuosités pour monter la pente du plateau.

.*.

Vous avez compris, n'est-ce pas, nos procédés : ils sont bien simples. Mais peut-être — est-ce excès de modestie ? — peut-être vous dites-vous en vous-même que vous ne seriez pas capable d'en faire autant. Vous savez toujours comment on s'y prend, et c'est déjà quelque chose. Du moins, si vous n'êtes pas encore en état de dessiner à vue une esquisse de carte topographique, — chose bien utile, cependant, — il est indispensable pour vous, dès maintenant, de savoir *lire* une carte toute tracée ; et de même, vous l'avouerai-je, pour mieux vous faire comprendre comment on *lit* une carte, que je vous ai expliqué comment on peut s'y prendre pour l'esquisser. Lire une carte, c'est reconnaître sur le terrain les formes, les situations indiquées par la carte, se rendre compte des lieux en voyant le dessin qui les figure. — Vous avez maintes fois jeté les yeux sur une carte de géographie : vous connaissez donc la signification des principaux *signes* convenus qu'on y emploie. Ainsi, vous n'hésitez pas à reconnaître les montagnes aux petites *hachures* déliées qui représentent les pentes. Vous savez que la pente est douce en tel lieu, si les traits marqués sur le papier sont fins, légers, espacés ; qu'elle est raide, escarpée, là où ils sont noirs et serrés ; rocheuse et abrupte quand ils sont, en outre, coupés en travers de petits traits noirs. Vous savez reconnaître les cours d'eau aux longs traits sinueux qui les représentent, et qui sont toujours au fond des vallées, c'est-à-dire entre deux pentes indiquées par les hachures. Les eaux dormantes, lacs, étangs ou mers, sont dessinées par des traits parallèles, ou bien encore par des lignes fines suivant les contours des rivages et qui figurent des vagues. Vous n'hésitez pas à distinguer les bois et forêts aux petits traits *pommelés* qui représentent le *feuillé*. Les édifices, sur les cartes topographiques où on a assez de place pour les marquer, sont représentés par de petits rectangles noirs ou gris, qui en marquent l'emplacement (19). Et alors les villages et les villes sont désignés par l'ensemble, le groupe des petits rectangles figurant les maisons ; tandis que sur les cartes géographiques où la place manque, on figure seulement les villes ou les villages par de petits ronds. Les routes et les chemins sont dessinés par deux petits traits fins qui se suivent parallèlement (21), ou par un seul trait fin, s'il s'agit de petits chemins ou de sentiers. Un chemin de fer se marque par un gros trait noir, quelquefois par deux qui se suivent, mais toujours plus gros et plus noirs que ceux qui figurent de simples routes. — Faut-il ajouter que les *landes*, les *bruyères* sont souvent indiquées par de petites hachures figurant des *touffes* de plantes ; les *marécages* par des touffes semblables accompagnées des petits traits parallèles qui représentent les eaux (17) ? Faut-il rappeler qu'un *canal* se dessine par un gros trait noir accompagné de deux petits traits fins, et que sa direction, toujours plus droite, moins sinueuse, aide aussi à le distinguer des cours d'eau naturels ? Comment marquerez-vous un *pont* ? Par deux traits, semblables à ceux des routes, coupant en travers la ligne noire qui figure le cours d'eau ou le chemin de fer que le pont traverse (6). Les limites des territoires, comme les limites des départements, des contrées sur les cartes géographiques, et autres lignes semblables qui ne sont pas des objets réels, mais des choses de convention, se marquent par des lignes pointillées de diverses formes. Il est d'autres signes encore, usités dans les cartes topographiques ; mais ceux-ci, bien compris, peuvent nous suffire pour le moment.

.*.

Une chose importante à considérer dans une carte, c'est ce qu'on appelle l'*échelle*. L'échelle, c'est le rapport des dimensions vraies du terrrain avec les dimensions de la carte. — Supposez que nous dessinions un objet quelconque de telle sorte que chaque longueur d'*un mètre* sur l'objet soit représentée sur le dessin par une ligne d'un centimètre de longueur : en d'autres termes, le dessin est cent fois plus petit que l'objet réel ; nous disons que le dessin est à l'*échelle* (c'est-à-dire à la proportion) de *un centième* ($\frac{1}{100}$). On procède absolument de même pour les cartes.

Un jour j'eus besoin de dessiner en *plan* le petit jardinet que je vois en ce moment même sous ma fenêtre. Je convins de représenter chaque mètre de longueur mesurée sur le terrain par une longueur de $\frac{1}{2}$ centimètre sur le papier ; ou, si vous aimez mieux, un centimètre mesuré sur le plan représente deux mètres de mon terrain — en d'autres termes encore, mon plan est, dans tous les sens, deux cents fois plus petit que mon jardin. Ce plan est à l'échelle de *un deux centième*

($\frac{1}{200}$). Le jardinet a la forme d'un rectangle, et le grand côté de ce rectangle a 14 mètres : chaque mètre devant être représenté par un demi-centimètre, le grand côté du rectangle, sur le plan, devra avoir 7 centimètres. La largeur du jardin est en réalité de 8 mètres ; sur le plan, cette largeur sera représentée par une ligne de 4 centimètres. — Et maintenant, ceci étant bien compris, voyez l'utilité pratique de l'échelle. Voici le plan de mon jardinet : au milieu, vous voyez un petit cercle gris ; il représente un *rond* entouré d'une bordure, avec un arbre planté au centre. J'imagine que, pour une raison quelconque, il vous prenne envie de savoir quel est le diamètre de ce rond dans mon jardin. — Vous prenez votre décimètre divisé, vous l'appliquez sur le papier, et vous mesurez le diamètre du petit cercle gris : vous trouvez 15 millimètres. Chaque dimension étant deux cents fois plus grande sur le terrain que sur le papier, mon rond a en réalité 200 fois 15 centimètres, c'est-à-dire 3 mètres de diamètre.

Lorsque sur le plan d'une commune, d'une ville, chaque mètre est représenté par un millimètre, nous disons que l'échelle est au *millième*. De la sorte, par exemple, une route d'un kilomètre de longueur sur le terrain tiendrait une longueur d'un mètre sur la carte. Si le terrain à représenter avait une étendue un peu plus grande, quelques lieues seulement, il faudrait encore, à ce compte, une énorme feuille de papier. Convenons de représenter chaque kilomètre par un décimètre seulement : l'échelle du plan sera un dix millième ($\frac{1}{10000}$). Si, pour pouvoir faire tenir sur une feuille de papier moyenne la représentation d'une vaste étendue de terrain, nous convenons de figurer chaque kilomètre de distance par un centimètre de longueur sur le papier, la carte ainsi dressée sera à l'échelle de un cent millième. Enfin si nous adoptions la petite longueur de un millimètre pour représenter un kilomètre, notre carte serait *au millionième* ($\frac{1}{1000000}$).

Remarquez maintenant que, selon l'échelle choisie, les conditions, les formes, toute l'apparence du dessin sera changée. Si par exemple nous adoptons pour représenter un terrain l'échelle de *un centième* ou de *deux centièmes*, comme j'ai fait pour mon jardinet, ou même celle de *un millième*, le dessin étant encore assez grand par rapport au terrain, nous pourrons y marquer tous les détails. Ainsi sur le dessin du jardinet j'ai pu marquer facilement les formes des allées, des plates-bandes, la place de chaque arbre : tout cela se distingue très bien. Un tel dessin est dit *à grande échelle*; et on lui donne ordinairement le nom de *plan*. Mais quand le dessin est à échelle plus petite, entre *un dix mil-* *lième*, je suppose, et *un cent millième*, on ne peut plus marquer sur le papier les petits objets : ils tiendraient trop peu de place et deviendraient imperceptibles ; le dessin serait *chargé* de traits, confus, impossible à lire. On ne représentera donc que les formes du terrain et quelques détails principaux. On n'y marquera pas, par exemple, un arbre isolé ; on y figurera un bouquet d'arbres un peu étendu, un bois. On négligera peut-être d'y figurer une maison : mais on n'omettra pas un groupe de maisons, un village, un hameau. Avec cette échelle *moyenne*, le dessin sera appelé une *carte topographique*; une carte semblable convient pour bien faire connaître une localité. Enfin, quand on représente une très grande étendue de terrain, une province, une contrée, un continent tout entier, on est bien forcé d'employer une *petite échelle*, l'échelle d'un *millionième*, d'*un dix millionième*, afin de faire tenir l'ensemble sur une moyenne feuille : vous avez alors une de ces *cartes géographiques* que vous connaissez. La carte géographique ne peut pas indiquer les détails ; mais elle donne l'ensemble de la configuration du pays. Les fleuves et les rivières, par exemple, les lacs y sont marqués, les ruisseaux, les petits étangs sont omis ; les villes et les villages y sont figurés par de petits ronds, et encore souvent on n'indique que les villes principales.

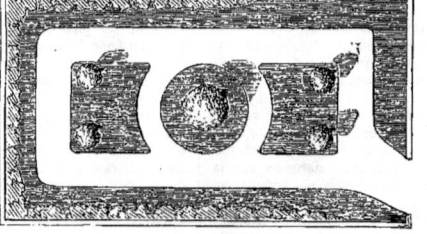

Plan d'un jardinet.

L'importance pratique de tout ceci, vous allez la comprendre : c'est que par le moyen de l'échelle, en jetant un coup d'œil sur la carte, on peut connaître la vraie dimension des objets, la vraie distance des lieux qui y sont figurés. Et quelle chose précieuse, en voyage ! « De Paris à telle ville, à Beauvais, à Rouen, — ou si vous aimez mieux, de Pékin à Canton, de New-York à Philadelphie — quelle est la distance ? Je veux aller, en me promenant, jusqu'à tel village : combien de lieues ai-je à faire pour y arriver ? Nous voudrions faire tel tour, telle excursion, pour voir ceci, cela, en tels lieux ; revenir par ce bois, par cette colline : n'est-ce pas trop pour notre journée ou notre demi-journée de promenade ? Pourrons-nous être revenus à temps ? » — Voilà des questions de tous les jours. Eh bien, la carte est là, qui répond. Par un calcul très simple.... mais que dis-je ? non : sans calcul aucun, au moyen d'un ingénieux artifice, nous allons savoir ce qui nous intéresse. — Avez-vous un compas ? — « Non. » — Eh bien, une simple bande de papier va nous en tenir lieu.

En bas ou au côté de presque toutes les cartes, avez-vous remarqué une ligne avec de petites divisions marquées, qui porte aussi le nom d'*échelle*? Apprenons à en faire usage.

Prenons pour exemple notre petite carte. Elle est faite à l'échelle de *un quatre-vingt millième :* c'est-à-dire que les longueurs sont, sur le terrain, quatre-vingt mille fois plus grandes que sur le papier. Chaque kilomètre de distance y est représenté par une longueur de 12 millimètres et demi. — Vous voyez, à droite, en côté, la ligne divisée; chacune de ces divisions a la longueur de 12 millimètres et demi, et représente un kilomètre; la longueur entière de la barre comprend quatre divisions : elle représente une lieue. — Vous plaît-il de savoir, par exemple, combien il y a de distance, en ligne droite, du village au pied de la colline jusqu'au moulin à vent qui est sur le plateau? Vous taillez une petite bande étroite de papier : c'est ce qu'on appelle une *bande de tailleur*, vous devinez bien pourquoi. Couchez votre *bande de tailleur*, donc, sur la carte; une de ses extrémités est posée sur le milieu du village, à l'endroit du pont; au point qui correspond au moulin vous faites un petit pli. Portez maintenant votre bandelette sur l'*échelle*, en la couchant le long de la ligne divisée, à partir de l'extrémité marquée *o*; vous voyez que votre bandelette arrive à peu près juste à la troisième division, et vous dites : « donc du village au moulin il y a trois kilomètres. » Voulez-vous savoir quelle est la longueur totale de notre vallée, depuis son *origine*, à l'endroit le plus rétréci, jusqu'à son *débouché*? Étendez la bande de tailleur suivant la longueur depuis la source du ruisseau (5) jusqu'à l'extrémité de l'étang, par exemple : portez-la sur l'échelle. Il faudra vous y reprendre à trois fois pour la mesurer, parce que cette distance est plus grande que la ligne divisée : peu importe. Vous trouvez que la longueur marquée sur la bande vaut 10 kilomètres : deux lieues et demie. C'est la longueur de notre vallée, en effet. — La parcourir d'un bout à l'autre, aller et retour, avec les petits circuits inévitables qui allongent la route, cela fait une gentille promenade, pour une fois; — d'autres, moins vaillants marcheurs que nous, diraient peut-être « une bonne course ! »

Je n'ai pas besoin maintenant de vous dire comment il faudra vous y prendre pour mesurer les distances d'un pays à l'autre, d'une ville à une ville, sur une carte géographique; le procédé est le même, à cela près que les divisions marquées sur l'échelle sont plus petites.

Mais la chose la plus attrayante, c'est d'apprendre à se diriger, en voyage, en promenade, à l'aide de la carte. Aller à travers champs et bois, par routes et sentiers, sans guide, sans crainte de s'égarer; deviner d'avance ce qu'on va voir; calculer la marche pour arriver à l'heure, apprécier les distances, le temps nécessaire pour les parcourir, n'est-ce pas chose charmante? On a sa carte dans sa poche : plus d'indécision, plus de surprise ; nul besoin de demander sa route. — Parfois aussi il s'agit d'autre chose que d'une simple promenade; on a besoin de connaître en détail le pays. Il faut l'*explorer*, en observant sur le terrain tous les accidents, les objets marqués sur la carte. C'est ce qu'on appelle *reconnaître* une localité, faire une *reconnaissance*. Savoir le faire est une chose très importante en mainte occasion, par exemple en temps de guerre... Nous pouvons tous être appelés, à un moment, à défendre le sol de notre patrie. Eh bien, tous ceux qui ont l'expérience des choses de la guerre vous diront comme moi que la première condition pour défendre un pays c'est de le connaître. — Apprenons donc à *explorer* une localité, à nous guider en *pays inconnu* à l'aide de la carte. Qui sait combien cela pourra nous être précieux, en un temps qui peut venir?

Vous avez sous vos yeux notre petite carte, achevée, telle qu'elle nous est restée après notre excursion finie. Elle va nous servir de guide pour le reste de notre promenade : vous verrez combien c'est chose simple et commode que de se diriger ainsi. — Quel est en ce moment notre projet? Nous voulons *remonter*, en suivant les collines, jusqu'au haut de la vallée ; et notre intention est surtout d'aller voir la source du ruisseau. Vous suivez du doigt sur le papier le trait onduleux qui représente le ruisseau; vous arrivez à l'extrémité (5) : là, évidemment, doit être la source. « Ce lieu est situé vers le nord, en inclinant cependant un peu à l'ouest : c'est la direction générale qu'il nous faudra prendre. Sur la carte, je vois au nord du point où nous sommes (3) se prolonger la chaîne des collines. Nous pouvons donc la suivre ; puis nous descendrons le versant en tournant un peu vers l'ouest, c'est-à-dire vers notre gauche, puisque nous regardons le nord. Mais la carte m'avertit : le faîte des collines est dénudé, tandis que les pentes sont boisées. Or, je suppose, le soleil est haut dans le ciel, la journée est ardente; la marche serait pénible pour nous sur ces hauteurs: nous prendrons les sentiers des bois. — De plus j'ai recours à l'échelle de la carte. Au moyen d'une bande de papier, ou tout simplement à l'œil, j'estime qu'il y a, de notre observatoire (3), jusqu'au point où commence le feuillé du bois, une longueur à peu près égale à celle qui représente, sur l'échelle, un kilomètre; et au-delà, jusqu'à la source, (5) une longueur environ quatre fois plus grande; en tout cinq kilomètres à peu près. — Calculons enfin le temps nécessaire pour arriver là-bas. Nous marcherons de notre petit pas tranquille, sans nous forcer; comptons 15 minutes par kilomètre. Dans un quart d'heure nous serons sous l'ombrage; dans une heure un quart nous nous rafraîchirons à la source. » Voilà comment on raisonne à l'aide de la carte. — Suivez-y du doigt notre route : cela vous sera facile, grâce à la ligne *déliée* qui, par convention, figure notre sentier. Ceci est encore une autre utilité de la carte. C'est un exercice extrêmement utile et fort intéressant, que de suivre sur une carte la route d'un voyageur, à mesure qu'on lit le récit de ses aventures et de ses observations. S'agit-il d'un pays éloigné, nouveau — du moins nouveau pour nous — quel charme de suivre pas à pas le hardi découvreur ! C'est ici, près de cette rivière, de cette montagne que telle aventure pittoresque, ou joyeuse, ou tragique, lui arriva ; c'est à ce lieu, que je touche sur la carte, qu'il observa tel curieux phénomène; voilà le sommet d'où il contempla ce paysage magnifique qu'il décrit avec tant d'enthousiasme ! Ces petits traits noirs m'aident merveilleusement à me représenter le lieu de la scène et à comprendre le récit ; la forme des lieux m'explique les circonstances des faits racontés. S'agit-il d'une modeste excursion comme la nôtre, l'attrait n'est pas le même, j'en conviens humblement... mais ce n'est pas sans plaisir cependant qu'on se promène en imagination sur le papier... Et d'ailleurs c'est l'exercice préliminaire qui vous prépare à de plus brillantes excursions. C'est donc entendu ; suivez du doigt nos traces. Cherchez, à partir de la *Roche de l'Observatoire* (3), le chemin que nous prîmes, et quittant la ligne de faîte descendez un peu vers l'ouest (à gauche). Ici nous rejoignons un sentier qui suit, à mi-pente, les ondulations du coteau, et qui est figuré sur notre carte par un simple trait fin. Bientôt le gentil sentier atteint les bois et s'enfonce sous le couvert. Maintenant les arbres nous dérobent le paysage : la trace grisâtre va montant et descendant, tournant et retournant, se repliant comme un serpent entre les troncs des arbres ; nous avons perdu de vue notre but, et quelque peu aussi, avec tous ces détours, la conscience de notre direction ; nous allons toujours, nous confiant au sentier. Une fraîcheur délicieuse nous récrée, et fait disparaître toute fatigue. Nous admirons les *taillis* touffus, que l'on coupe tous les cinq ou six ans au ras du sol, et dont les souches vivaces restées en terre poussent sans cesse de nouveaux rejetons qui s'élancent droits, vigoureux, serrés. Puis le chemin nous conduit sous les grands arbres dans les *futaies* : là des chênes, des hêtres au tronc énorme, des frênes élancés, plantés à distance assez grande, se rejoignent par leurs cimes touffues et leurs grandes branches étalées, produisant au-dessous d'eux une ombre si épaisse que les herbes et les buissons n'y peuvent pousser, étouffés qu'ils seraient, faute d'air et de lumière. Seulement le sol est couvert d'un épais tapis de mousse verte, et çà et là pointent des fleurettes des bois, de frêles jacinthes sauvages à fleurs bleues, de pâles anémones.

— « Quel silence dans le bois, à l'heure de midi ! La belle salle d'étude, verte et fraîche ! Les troncs d'arbres, droits, élancés, sont les colonnes ; la voûte est de feuillage touffu. Quelques rayons de soleil qui ont trouvé moyen de se glisser entre les feuilles font sur la mousse de petites taches arrondies de clarté vive, flottante, qui au moindre souffle dansent et sautillent, paraissent et disparaissent comme en se jouant. Voici une vieille souche renversée et moussue : il ne faut pas d'autre siège. Comment ne pas bien étudier dans une si belle salle, si paisible et si gaiement éclairée !

— Combien de fois je m'égarai, par les petits sentiers de ce bois sans songer à retrouver ma route ! Combien de fois j'oubliai l'heure et la distance ! Le jour baissait et les lignes commençaient à s'effacer sur la page ; je levais les yeux et je voyais les lueurs rouges du couchant derrière les grands arbres... » (*Histoire d'un livre.*)

Ici un petit problème, voyageur. Le sentier que nous avons suivi jusqu'ici se *bifurque*, se divise en deux branches ; l'une à droite, l'autre à gauche. Laquelle pren-

drons-nous ? Ceci demande réflexion ; car toutes deux, à l'endroit de la *fourche* (4), s'écartant peu l'une de l'autre, semblent se diriger à peu près également bien vers notre but ; plus loin, les arbres nous les cachent, et nous ne voyons pas si l'un ou l'autre des sentiers se détourne. C'est dans ce cas qu'il est commode d'avoir une carte ! Voyez : le petit trait qui figure le sentier de gauche se replie bientôt ; il indique le chemin qui descend en lacets la pente rapide, passe le ruisseau en un lieu où je vois marqué un pont (6), puis se dirige vers les bois de l'autre rive. Le sentier de droite, au contraire, qui, à son départ, semblait justement s'écarter davantage de notre direction et remonter vers les sommets, après quelques détours reprend la direction de la vallée. Nous ne pouvons penser à *percer* en ligne droite à travers les bois ; nous pourrions nous égarer, des fourrés épais pourraient nous barrer le passage. Donc nous prendrons le chemin de droite.

A mesure que nous avançons, la vallée, de plus en plus resserrée, se détourne un peu, puis revient ; les pentes, escarpées et rocheuses, se rapprochent ; bientôt ce n'est plus qu'une étroite coupure qui va remontant et se terminant en coin. Le sentier est maintenant au fond du pli ; il a peine parfois à trouver sa place entre de gros blocs éboulés. Des buissons enfoncent leurs racines dans les joints de la pierre ; de grandes herbes rampent aux flancs inégaux du rocher, ou retombent, ou se balancent. Là-bas, ces grands arbres plantés à mi-pente des versants, qui s'inclinent et semblent tendre les uns vers les autres leurs branches comme de grands bras ; s'ils les allongeaient, encore un peu plus ils se toucheraient par dessus cette sorte de fossé profond, plein d'ombre humide. Ainsi que vous l'indiquent sur la carte les hachures étroites, courtes et serrées, notre vallée se termine ici en pointe, par un petit *ravin*, inégal, rocheux, un peu sauvage, et gracieux cependant.

Je sais là (5), sous le rocher, une charmante fontaine. Trois ormes l'abritent de leur feuillage. L'eau coule d'une fente de la pierre, tombe dans un petit creux qu'elle remplit. Deux ou trois pierres à demi descellées retiennent un peu l'eau avant qu'elle déborde par une brèche, et s'enfuie à travers les cailloux avec un petit bruit frais. Vive et froide, limpide comme le cristal, elle laisse voir le fond sablonneux de son petit bassin ; en même temps elle reflète comme un miroir le rocher sombre, le feuillage, et, par une brèche du feuillage, une petite échappée de ciel bleu.

.*.

Faisons halte un instant sous l'ombrage auprès de la fontaine. — D'où vient-elle, cette eau claire, qui coule sans cesse et jamais ne tarit ? Ne vous l'êtes-vous jamais demandé ? — Elle vient du ciel, quoiqu'elle sorte de la terre ! Cette source n'est que l'écoulement d'une partie des eaux de pluie tombée sur une certaine étendue des terrains environnants, de niveau plus élevé. Quand une ondée tombe sur les hauteurs qui nous entourent et sur les pentes, une partie ruisselle sur le

Le sentier sous les bois.

sol et se précipite au fond de notre petit ravin ; mais une autre partie s'imbibe dans le terrain toujours plus ou moins *perméable* et spongieux. Puis cette eau pénètre par les fentes, par les mille petites fissures dont la roche est fendillée. A travers ces fissures elle descend, elle s'insinue lentement, retardée dans son parcours étroit et tortueux : à travers les sables, les roches *poreuses* comme la brique, l'eau filtre, s'épure et se clarifie. Puis plusieurs de ces petits filets liquides, se réunissant dans une fente plus large, forment un courant un peu plus fort et plus rapide. Que cette fente se prolonge jusqu'à la paroi du rocher, comme un conduit qui débouche au dehors, l'eau coule par cet orifice : voilà toute l'histoire de notre source. Il est donc bien entendu que la source ne peut nous donner que l'eau tombée sur les terrains plus élevés des environs ; car l'eau, qui a suivi des conduits plus ou moins tortueux, parfois montant ou descendant, ne peut pas, au moins, remonter plus haut que les lieux d'où elle vient ; elle tend toujours à descendre le plus possible, comme tout liquide, comme toute chose pesante. Cette masse de rocher, en définitive, ne produit point d'eau ; elle ne fait que rendre, lentement et d'une façon continue, en un mince filet, l'eau qu'elle a reçue, par intervalles, à grandes ondées : figurez-vous un grand réservoir, un vaste filtre dans lequel on verserait de temps en temps de l'eau à pleins seaux, et qui coulerait continuellement par un très petit fossé percé au bas.

Suivons de l'œil le filet d'eau qui déborde par la brèche de la fontaine, et fuit entre les pierres moussues. Il se détourne un peu, et le voilà au fond du ravin. Grossi par les eaux de quelques autres sources qui jaillissent entre les pierres, il forme déjà un ruisselet clair et murmurant, assez abondant. Un enfant de trois ans le franchirait pourtant d'une enjambée. L'eau glisse dans un étroit canal, irrégulier, tout encombré de pierres, qui est le *lit* du ruisseau. Mais dans ce lit il ne dort pas... tout au contraire, il se précipite : il mérite parfaitement le nom d'*eau courante* qu'on donne aux ruisseaux, aux rivières et aux fleuves, par opposition à l'*eau dormante* des étangs et des lacs. L'eau suit la pente du ravin ; nous la voyons fuir rapide, parce qu'ici l'inclinaison est forte, comme elle l'est d'ordinaire à l'origine des vallées ; là-bas, au contraire, vers la plaine, nous verrons un endroit où dans son lit large et profond l'eau du même ruisseau coule si lentement qu'on la dirait immobile. Ici, les bords du lit, les deux *rives* du ruisseau sont également encombrées de pierres, couvertes de hautes herbes et de buissons; souvent même l'eau disparaît cachée sous le lacis entremêlé des ronces et des houblons sauvages.

Suivons un étroit sentier sur l'une des rives, en marchant dans le sens de l'eau qui coule : nous *descendons*, comme on dit, le cours du ruisseau ; nous dirions que nous *remontons* le ruisseau si nous nous dirigions en sens contraire de son courant. Descendre un cours d'eau se dit aussi se diriger *en aval* : — *à val*, c'est-à-dire *vers le val*, vers la partie profonde de la vallée ; tandis que les lieux plus élevés, d'où descendent les eaux, sont dits situés *en amont* — *à mont*, vers le mont, c'est-à-dire vers les hauteurs de la montagne ou des collines. Observons encore que l'eau, abandonnée à sa pente, occupe toujours la partie la plus profonde du *pli* de terrain ; et ce fond du pli, chemin naturel des eaux, est ce qu'on appelle le *thalweg* (1).

Il n'est pas de promenade plus charmante que de descendre ou de remonter les rivières ou les ruisseaux : là sont les sentiers frais, les ombrages, l'eau, les plantes aquatiques, les nappes paisibles des étangs. Fi des grandes routes ! c'est le chemin des gens pressés : mais on n'y voit rien. Nous, tout en marchant, nous considérons le mouvement des eaux, la forme du lit ; nous recueillons une foule de petites observations que nous allons *discuter*, et résumer tout à l'heure. — Mais notre intention est de traverser le ruisseau pour passer sur l'autre rive. Trouverons-nous, plus loin là-bas, un passage commode, un pont? Un coup d'œil sur la carte. Oui, voilà le double trait coupant le trait noir du cours d'eau (6). Nous pouvons nous engager sans crainte ; nous traverserons le ruisseau par le pont. — Nous marchons quelques minutes le long des rives ; et déjà le voici, le gentil pont rustique, fait de deux troncs d'arbres jetés en travers d'une rive à l'autre, et de quelques planches clouées dessus. Ici, un instant d'arrêt.

La source du ruisseau.

Mettons-nous sur le milieu du pont et regardons l'eau couler : tournons-nous du côté où elle fuit, comme nous étions naturellement tournés en descendant son cours. Dans cette position une des deux rives est à notre droite : c'est la *rive droite* du ruisseau ; l'autre est à notre gauche, c'est la *rive gauche*. Vous savez très bien qu'il nous suffirait de nous retourner et de regarder *en amont*, pour que la droite passât à la gauche et récipro-

(1) Prononcez *talwègue*.

quement; mais il est bien convenu, n'est-ce pas, que pour reconnaître la *rive droite* et la *rive gauche* d'un cours d'eau quelconque, ruisseau, rivière ou fleuve, il faut imaginer qu'on est sur un pont ou sur un bateau, au milieu du courant, et qu'on regarde du côté où l'eau s'en va. — Nous traversons le pont, et maintenant nous descendons le long de la rive droite, en suivant tous les détours du cours de l'eau qui, ainsi que vous le voyez sur la carte, va tantôt se rapprochant d'une pente, tantôt de l'autre, cherchant toujours son *thalweg*. Là-bas sous les vieux aunes, au sortir d'un taillis, la pente douce du lit s'interrompt; le fond s'abaisse tout à coup, formant comme une marche d'escalier. L'eau se précipite en écumant par dessus quelques blocs de pierre éboulés qui obstruent son passage; elle fait entendre un bruissement — non pas grondeur, mais joyeux au contraire. Admirez cette *chute* en petit, ce diminutif de *cascade!* Au-dessous, l'eau se calme et s'étale dans son lit plus large, parce que la pente est faible en cet endroit. Mais voilà que plus loin encore la pente redevient plus forte; en un petit passage l'eau glisse avec vitesse sur le fond incliné, en bouillonnant sur les cailloux avec des glouglous frais : nous appellerons ce passage un *rapide* — un rapide en miniature, bien entendu, à proportion de notre fleuve... Puis voici que le ruisseau se sépare en deux *branches*. Entre les deux un bloc de ro-

La cascade du ruisseau.

cher, puis un lambeau de terrain couvert de hautes herbes, avec quelques buissons et deux ou trois arbres : le courant divisé l'entoure de droite et de gauche, l'embrasse, puis les deux branches du lit se rejoignant, notre parcelle de terrain, environnée d'eau de toutes parts, forme un petit *îlot* (9).

Plus loin voici que le sentier nous est coupé par le lit d'un autre ruisselet, qui vient joindre ses eaux à celui dont nous suivons les rives ombreuses. Le ruisseau que nous avons descendu, plus abondant, venant de plus loin, occupant le thalweg de la vallée dans toute sa longueur, est le cours d'eau principal de notre vallée; l'autre, — le *ruisselet des Saules*, comme on l'appelle, parce que son lit, ici près, est caché sous de gros saules au feuillage grisâtre — ayant moins d'eau, un cours moins long, est l'*affluent*, le courant secondaire qui vient grossir de ses eaux le courant principal. Ici près est la jonction des deux lits, le *confluent* des eaux (13). — Sans remonter jusqu'à sa source cet *affluent de rive droite* de notre ruisselet, jetons du moins un coup d'œil sur son cours. Nous voyons d'ici se creuser sous les bois le petit vallon *latéral* d'où il vient. C'est, avons-nous dit, une échancrure du plateau qui domine de ce côté notre vallée. Les bords de ce plateau, tantôt escarpés, tantôt doucement inclinés, forment ses pentes : l'endroit où cette coulée s'ouvre et vient rejoindre la vallée principale est

Le ruisselet des Saules.

ce que nous appellerons le *débouché* de la vallée latérale. Cette petite vallée, comme vous pouvez le reconnaître sur notre esquisse de carte, ne se termine pas par un étroit ravin; à son origine, au contraire, elle est élargie et arrondie (11). — Vous est-il arrivé, parfois, d'assister à des exercices d'équitation dans un de ces lieux que l'on nomme *cirques*? L'*arène*, où courent les chevaux, est plate, en fond de cuve; et des gradins sont disposés en cercle alentour pour les spectateurs. Eh bien, vous trouveriez que notre vallon aux formes arrondies rappelle cette disposition : le fond, avec ses prairies, figure l'arène, les pentes représentent les gradins; et vous trouverez tout naturel qu'une vallée ainsi faite porte, par comparaison, le nom de *cirque*. — J'aimerais mieux encore la comparer à un bassin : seulement il faut admettre que ce bassin est échancré d'une large brèche, qui emporte tout un côté de ses bords : j'entends par là l'ouverture par laquelle passe le ruisseau. — Ce fond de cuve avec ses pentes boisées est d'une fraîcheur charmante; les maisonnettes rustiques d'un petit hameau y sont abritées. Plusieurs sources, au bas des pentes, forment des ruisselets qui se réunissent vers le milieu du cirque : l'une de ces sources, la plus forte et la plus belle, remplit une large fontaine, un peu recreusée et nettoyée par la main des hommes : c'est elle qui fournit l'eau aux habitants du hameau.

En aval du confluent, notre ruisseau, grossi par les

Le ruisseau en aval du confluent.

eaux que lui apporte son affluent, coule plus abondant dans son lit plus large. En suivant son cours nous arrivons bientôt à l'endroit où la vallée, elle aussi, s'élargit beaucoup. De plus, à partir de cet endroit, le fond de la vallée n'est plus en forme de pli, à la rencontre de deux pentes opposées : tout le milieu est occupé par d'assez vastes terrains plats qui s'étendent jusqu'au pied des pentes des collines : c'est ce qu'on nomme suivant les lieux le *plan* ou le *plat de la vallée*. — Les belles prairies qu'il y a là! Comme sur ce terrain profond, fertile, l'herbe croît épaisse, fraîche, de verdure sombre, toute semée de fleurettes en été!

Jetons aussi un coup d'œil seulement sur ce *canal* (15), sorte de *ruisseau artificiel* creusé par les cultivateurs pour conduire l'eau dans cette partie des prairies que n'arrose pas le ruisseau naturel. Un tel emprunt fait à un cours d'eau est ce qu'on appelle une *dérivation*, parce que l'eau est *dérivée*, détournée de sa direction naturelle; on dit aussi parfois une *saignée*, par comparaison avec une coupure qui ferait couler au dehors de son conduit le sang d'une veine. Le canal lui-même est un simple fossé assez peu profond, où l'eau coule avec lenteur. Beaucoup moins sinueux que le ruisseau, il va presque en ligne droite vers les parties qu'il doit arroser. Ses rives, taillées en pente afin qu'elles s'éboulent moins facilement, sont ce que nous appellerons les *berges* de notre petit canal. Ici (14) est la *prise d'eau*, le lieu où est faite la coupure à la rive du ruisseau, où le canal est, comme on dit, *branché* sur le cours d'eau : mot qui exprime une autre comparaison facile à comprendre. Un peu plus loin vous apercevez, près de la ferme, la *vanne*, sorte de petite *écluse* destinée à règler la quantité d'eau dérivée suivant la mesure du besoin. C'est une sorte de porte ou plutôt de *trappe* à coulisse, que l'on peut soulever ou abaisser, pour agrandir ou diminuer, ou même fermer totalement le passage de l'eau.

Le long du ruisseau croissent de hauts peupliers, des saules, des aunes noirs. Notre ruisseau, n'étant plus emprisonné, pour ainsi dire, comme là-haut, dans le pli du thalweg, prend ses aises et se donne de la liberté. Il se promène, il erre à travers le plan des prairies, entre les saules. Nous suivons fidèlement tous ces *méandres*, c'est-à-dire ces courbes gracieusement arrondies,
ces replis de serpent que le ruisseau trace au fond de la vallée, et que vous voyez marqués par un trait sinueux sur la carte. — Nous notons en passant un petit affluent de rive gauche (16). Mais en même temps qu'il allonge à plaisir son parcours, comme fait le promeneur qui vague par les champs pour ne pas arriver trop tôt, notre ruisseau, en outre, ralentit son courant. Il ne se presse plus, comme là-haut, en amont; il se traine. Le lit est plus large: ici il est tapissé au fond d'un sable fin et blond, mollement étendu en une couche bien nivelée; on pourrait franchir le ruisseau, peu profond à cet endroit, en se mouillant à peine les jambes : c'est ce qu'on appelle un *gué*. Ce lieu, qu'il peut être utile de connaître, est marqué d'un chiffre (24) sur la carte. Plus loin, au contraire, l'eau est profonde, le lit vaseux, tout

La ferme dans la vallée. — La vanne du canal d'arrosage.

encombré de plantes aquatiques et de larges feuilles flottantes; là s'étalent les beaux nénuphars, les *lys des étangs* aux fleurs blanches et parfumées. Ici le cours de l'eau est si paresseux qu'on ne discerne pas au premier coup d'œil en quel sens elle coule. Où se dirige-t-elle? De quel côté va la pente du terrain ? — Si nous nous trouvions un instant désorientés, nous pourrions résoudre en même temps ces deux problèmes par un moyen des plus simples. Voyez: je jette au ruisseau une feuille légère. Elle va glissant lentement au fil de l'eau; nos yeux qui ne distinguaient pas le mouvement de l'eau saisissent très bien celui du petit objet flottant. Ce n'est pas le vent qui le pousse: l'air est calme, la rive est abritée sous les arbres : c'est l'eau qui l'emmène dans son cours. Donc voici le sens du courant : de ce côté le
terrain va s'inclinant, quoique d'une façon insensible.

Un léger pont de bois nous offre ici encore le passage (25). Arrêtons-nous-y un instant par la pensée, et avant d'aller plus loin devisons encore un peu de cette eau que nous regardons couler. Nous venons de la traiter de paresseuse... grande injustice, mon cher compagnon, et qu'il nous faut réparer au plus vite. L'eau, tout au contraire, est une grande travailleuse : et vous allez en juger. Ici, il est vrai, un moment elle se repose — c'est bien permis. De ce ruisseau dont nous venons de suivre le cours vous avez admiré les eaux fraîches et limpides ; mais comme je l'ai vu trouble, et jaune, et fougueux, et grondeur ! Il a, ce paisible ruisselet, — vous ne l'en croiriez pas capable, — il a ses jours de colère. C'est quand un orage a éclaté sur notre tranquille vallée, versant la

Le pont rustique.

pluie à torrents; ou bien encore, quand la neige s'est entassée, épaisse et molle couverture, pendant de longues journées d'hiver, sur les prés et les collines, et qu'un dégel subit vient rendre la liberté à ces eaux que le froid tenait comme enchaînées sous forme de parcelles glacées. — Plus d'une fois, j'ai vu, par les grandes averses d'automne, l'eau ruisseler de toutes parts sur les versants des collines, enlevant les terres, les sables, sillonnant les sentiers et mettant à nu le roc, trouble, fougueuse, descendant vers le fond de la vallée; là-bas surtout, dans notre ravin où les pentes sont très raides, l'eau se précipitait en cascades : un vrai déluge! Alors le ruisseau, subitement grossi, se gonfle dans son lit : c'est la *crue* soudaine et violente. Vous ne le reconnaîtriez plus : impétueux, grondant, prêt à déborder, il précipite son élan; il fouille et ronge ses rives trop étroites, dégarnissant les racines des arbres qui les bordent. Dans sa course folle sur la pente rapide de son thalweg, il entraîne des cailloux, des fragments de roches éboulés; il les roule, les froisse les uns contre les autres, les broie;

l'eau jaune, épaisse, chargée de sable, tourbillonne en remous violents. Puis il emporte plus ou moins loin vers le bas de la vallée ces débris, cailloux, graviers, sables, fines parcelles argileuses de terre, tout ce que les eaux d'orage, ravinant les pentes, lui ont apporté, et ce qu'il a lui-même arraché à ses rives. Pendant les beaux jours même, lorsqu'il est à l'*étiage*, c'est-à-dire lors de ses *basses eaux*, le ruisseau, plus tranquille, travaille encore; il continue, il achève patiemment l'ouvrage ébauché en ses jours de colère. Incapable de remuer les cailloux, il entraîne un à un les grains de sable; et nous avons vu, là-haut, ces grains de sable, de petits graviers même, rouler doucement, glisser sur la roche polie au fond du lit. Peu à peu, insensiblement, mais sans cesse, le courant de l'eau creuse la coupure déjà profonde où il fuit, minant, rongeant, détachant un grain, puis l'autre. Vous étonnerai-je en vous disant que c'est l'eau elle-même qui a creusé le roc, *scié* pour ainsi dire cette étroite entaille qui est son lit? Me croirez-vous enfin, si je vous dis que ce sont les pluies et le ruisseau, qui travaillant de concert, ont, sinon creusé à eux seuls, du moins considérablement approfondi le ravin lui-même? Ajouterai-je encore que ces mêmes eaux ont rongé une partie notable des collines, fait reculer les pentes? qu'à leur travail enfin est due la forme actuelle de toute notre vallée, et qu'elles sont en train de la changer encore? — « C'est bien peu de chose, diriez-vous, ce qu'on un jour d'orage les pluies peuvent enlever aux versants des collines ; c'est bien peu de chose, ces grains de sable qu'entraîne le courant du ruisseau! » Oui ; mais pensez aux siècles, aux milliers d'années... et alors vous comprendrez qu'à la fin ce travail incessant ait pu modifier considérablement le *relief* du sol. — On donne le nom d'*érosion* à cette action destructive des eaux.

Mais que dis-je? rien n'est détruit. La matière du rocher, réduite en fragments, en graviers, broyée en sable ou en fin limon, n'est pas anéantie. Elle est seulement transformée, changée de forme, et surtout transportée, changée de place. Ce que les eaux ont pris en un endroit, il faut bien qu'elles le déposent ailleurs. Le travail du ruisseau ne consiste donc pas seulement en une action d'*érosion*; c'est en même temps une action de *transport* et une action de *dépôt*. Chose curieuse, facile à comprendre pourtant, notre ruisseau, parmi tous ces débris, commence par faire un triage, mieux qu'on ne le ferait avec un crible ! Ainsi au fond du ravin, là où l'inclinaison du thalweg est rapide, les eaux qui se précipitent peuvent bien entraîner d'assez gros fragments de roche. Mais plus bas la pente est moindre ; la vitesse du courant diminue. Les cailloux s'y arrêtent forcément, parce que l'eau n'a plus la force de les entraîner au delà. Et nous avons pu observer en effet qu'à cet endroit le fond du lit est formé de cailloux. Mais avez-vous remarqué que ces cailloux sont tous arrondis et polis ? C'est qu'à force d'être roulés les uns contre les autres, traînés, froissés, ces fragments, qui étaient d'abord anguleux comme les cailloux frais cassés dont on empierre nos routes, ont brisé, usé leurs angles, émoussé leurs bords ; le frottement les a polis : ils sont devenus ce qu'on appelle des *cailloux roulés*, des *galets*. — Cette eau, qui ne peut plus entraîner au delà les pierres assez lourdes, a bien encore la force de rouler les graviers ; elle les emporte plus loin, vers le lieu où la vallée s'élargit, où le lit n'a plus qu'une pente insensible. Là les graviers s'arrêtent, à leur tour ; le fond du lit, à cet endroit, est tapissé. Les grains de sable broyés plus menus, plus légers, iront un peu plus loin encore ; l'eau, qui les a apportés, les étale, les nivelle ; et vous vous souvenez que nous avons admiré, aux plis des méandres, ces petits *bancs* de sable si fin, si égal, si bien tamisé, si bien dressé. Nulle trace de limon ne le souille ; car les limons dont les parcelles imperceptibles troublent, lors des crues, la transparence de l'eau, et lui donnent une teinte jaunâtre, plus légers encore que le sable sont emportés au delà. Suivez-nous encore un peu en aval, et nous allons voir ce qu'ils deviennent.

Mais ici les promeneurs sont obligés de s'écarter un peu de la rive, qui est basse, glissante et molle sous le pied, bordée de roseaux et par endroits à demi submergée. A l'autre bord s'étendent des prairies basses et humides, spongieuses, coupées de petits fossés pleins d'eau dormante (17). Au milieu des herbages se montrent de toutes parts des touffes de joncs, des prêles, des glaïeuls, plantes des terrains humides ; puis, çà et là, ce sont d'épais buissons d'osier, aux longs rameaux flexibles, au feuillage vert grisâtre. Un peu plus loin le sol est parsemé de petites *flaques* très peu profondes, mares dormantes, dont les eaux brunes sont encombrées de toutes sortes de plantes aquatiques aux feuilles flottantes, et les rives couvertes des tiges serrées des roseaux : séjour de prédilection de milliers de grenouilles, dont nous entendrons ce soir les chœurs coassants... Entre les mares le terrain détrempé cède sous le pied, tremble, s'enfonce presque ; l'eau suinte des herbes comme d'une éponge que l'on presse. Après les pluies d'automne, lorsque le ruisseau déborde, tout ce terrain est couvert d'une mince *lame* (couche) d'eau ; puis, quand les eaux se sont retirées, le terrain s'égoutte lentement, et, vers l'été, se dessèche sous les chauds rayons du soleil. C'est un *marécage*, un petit *marais* dans les *bas-fonds* de la vallée ; petit, dis-je, et heureusement : car s'il avait une grande étendue, les vapeurs humides, malsaines, les gaz mal odorants, les *miasmes* qui se dégagent des eaux croupissantes empesteraient l'air de notre vallée et causeraient des fièvres dangereuses aux habitants des hameaux voisins. Mais ces terrains marécageux sont de peu d'étendue ; le vent balaie les vapeurs qui s'en élèvent, les arbres touffus, serrés et vigoureux qui croissent aux alentours les *absorbent* et purifient l'air : pourtant, je ne voudrais pas établir ma maison au milieu de ce sol fangeux. — Là-bas, près des rives de l'étang, le terrain, plus *mouillé*, couvert de flaques plus larges et tout encombré de roseaux, va se confondre insensiblement avec la partie la moins profonde de notre jolie *nappe d'eau*, de sorte qu'il est impossible de dire au juste où commence l'étang, où finit le marécage.

Sur la rive gauche, au contraire, les terres sont un peu plus raffermies. Il me souvient encore que le jour de notre grande excursion, — c'était en été, vous ne l'avez pas oublié, — nous rencontrâmes dans un coin de la prairie quelques paysans en train de creuser un large fossé, peu profond. Au moyen d'une bêche tranchante ils découpaient la terre en mottes ; puis, enlevant ces mottes humides, ils en formaient sur le sol, auprès de l'*excavation*, de petits tas qu'ils laissaient égoutter et sécher au grand air et au soleil. Nos compagnons purent vérifier alors que cette sorte de *terreau* de couleur brune, enlevé au sol de la prairie, n'était pas de la terre véritable, formée, comme plus loin là-haut, de parcelles d'argile et de grains de sable. Dans cette matière spongieuse nos yeux discernaient très facilement une multitude de *fibres végétales*, débris de racines, de minces tiges, de feuilles, entremêlés, comprimés et comme feutrés. — « Ah ! dis-je, observez bien ceci : c'est de la *tourbe ;* nous sommes ici sur une petite *tourbière*. » — Vous avez admiré tout à l'heure, sur le terrain à demi submergé, autour des mares, ce tapis mousseux d'un si

Le marécage aux abords de l'étang.

beau vert à la surface, spongieux et imbibé d'eau, qui fléchissait mollement sous nos pieds. Ici où nous sommes, sur ce terrain maintenant plus ferme, ont autrefois végété de la même manière des plantes aquatiques de toute sorte, surtout des espèces de *mousses d'eau* que les naturalistes appellent des *sphaignes*. A la surface, ces plantes verdoyantes, touffues, entremêlées, croissaient avec rapidité ; mais sous cette couche mousseuse les débris des racines, des tiges et des feuilles s'accumulaient avec le temps, se tassaient. Se décomposant, non pas complètement comme à l'air libre, mais à demi seulement, ils se transformaient graduellement en cette sorte de *terreau* que vous voyez, assez semblable à celui qui se forme avec les débris de bois pourri dans le creux des vieux arbres vermoulus. Cette masse terreuse formée ainsi, non pas de parcelles minérales, mais de *matières végétales*, doit être et est en effet *combustible*. Il suffit de l'extraire comme vous voyez, d'en laisser les mottes sécher à l'air, pour fournir aux habitants des hameaux voisins un combustible économique qu'ils utiliseront cet hiver. De plus, les cendres de cette tourbe, répandues sur les champs, seront un excellent *amendement*, une sorte d'engrais pour les cultures. — « Et quand ils l'auront toute enlevée ? » s'écria un de nos promeneurs. — Il s'en reforme sans cesse de nouvelle dans toute cette partie du marécage, couverte des mêmes végétaux aquatiques qui ont produit celle-ci. Ils ont là, nos braves cultivateurs, une mine de combustible inépuisable, qui se reproduit à mesure qu'on l'exploite.

A l'époque des crues, après les grandes pluies, souvent le ruisseau, grossi et troublé, sort de son lit trop étroit ; ses eaux *débordées* se répandent sur ces terrains bas et plats que nous venons de parcourir, *inondant* les prairies humides, le marécage. Parfois j'ai vu le fond de la vallée tout entier transformé en un lac très peu profond. Le lit du ruisseau, les canaux, les herbages, tout a disparu, et du milieu de la nappe liquide se dressent des touffes de hauts buissons, les arbres : on ne reconnaît plus la place du ruisselet qu'aux rangs de peupliers et de saules qui le bordent. C'est l'image, en petit, des débordements et des inondations des grands fleuves, phénomènes parfois si terribles et si désastreux. Mais ici les débordements du ruisseau n'ont rien de destructeur, au contraire. Ses eaux troubles, en se répandant sur les prairies, puis s'y reposant immobiles, déposent à la surface une mince couche de fins et gras limons, qui sont tout simplement les plus fines parcelles de terre végétale enlevées aux pentes du bassin. Lorsque les eaux sont retirées, l'herbe, engraissée par ces dépôts, croîtra plus vive et plus épaisse ; de plus, le sol ainsi exhaussé d'une petite quantité se raffermit, devient moins marécageux. Cet effet du dépôt des limons fertilisants sur des étendues de terres basses est ce qu'on appelle en agriculture le *colmatage*. Souvent même les cultivateurs, reconnaissant le bienfait de ces dépôts, aident eux-mêmes la nature, et creusent des *canaux* de colmatage pour amener les eaux limoneuses sur leurs terres.

Un chiffre (23) marque sur notre carte l'endroit où

nous nous arrêtâmes pour observer l'entrée du ruisseau dans l'étang, « l'*embouchure* de notre fleuve, » comme nous disions. C'est vers la partie la moins profonde de l'eau, là où les rives sont basses et marécageuses. Le *débouché* des eaux est à demi obstrué par des *bas-fonds* vaseux, des touffes de joncs et de roseaux. Le ruisseau se divise en trois ou quatre branches, entourant de petits îlots plantés d'osiers. En face même de l'embouchure sont d'autres îlots bas et limoneux, dépassant à peine la surface. Ces îlots, disais-je, nous offrent quelque chose de curieux à observer : c'est qu'ils vont sans cesse croissant... — Vous vous demandiez ce que deviennent les fins limons entraînés par le ruisseau lorsque les eaux sont troublées par les pluies : eh bien, voici ce qu'il en advient. Ici il n'y a presque plus de courant, puisque l'eau du ruisseau s'étale sans vitesse dans le large *bassin* de l'étang. Les parcelles de limon entraînées par le mouvement de l'eau tombent au fond, alors, et se déposent en une couche plate, molle, largement étalée, qui comble peu à peu le creux si peu profond déjà. Puis, lorsque le fond, graduellement exhaussé en cet endroit, est arrivé jusqu'à la surface de l'eau, les joncs, les roseaux, toutes sortes de plantes des marécages s'emparent de ce lambeau de terrain si bien fait pour elles. Elles retiennent la vase entre leurs racines entrelacées, elles consolident les limons : et voilà une petite *île basse* verdoyante, que nous appellerons une

Ilot d'alluvion dans l'étang.

île d'alluvion, pour rappeler qu'elle a été construite à l'aide de débris de roches décomposées, broyés en fine bouillie, délayés par les eaux, apportés de loin et déposés par elles. Cet îlot, naturellement, ira s'allongeant et s'élargissant à mesure que les eaux apporteront et déposeront alentour de nouveaux limons. Et c'est ainsi que notre ruisseau se bouche passage à lui-même et obstrue sa propre embouchure. Ainsi sont nés les îlots plus serrés que vous observez un peu en amont, plus anciennement formés et mieux consolidés, entre lesquels les eaux, obligées de se trouver passage, se divisent comme vous le voyez en plusieurs branches étalées en éventail, ou, si vous aimez mieux, comme les doigts d'une main ouverte. Cette étendue de terrain bas d'*alluvion*, à travers laquelle sont frayés les petits canaux qui forment les *bouches* du ruisseau, offre, comme vous le voyez, un contour à peu près triangulaire : nous l'appellerons un *delta*, — le delta en miniature de notre miniature de fleuve. — Ce nom, ajoutai-je en passant, nous vient de ces Grecs ingénieux qui, ayant observé la figure à peu près triangulaire des terrains bas entre les branches étalées d'un grand fleuve, la comparèrent aussitôt à celles d'une des lettres de leur alphabet, le *delta* (Δ).

* *

Nous voici suivant la rive de l'étang par le sentier étroit, au bas des pentes de la colline, tantôt sur le terrain découvert, puis sous l'ombrage des bois. Ce versant est escarpé et rocheux ; l'autre rive, au contraire (18), remonte en pente très douce vers le pied du plateau. La jolie nappe s'arrondit en forme de croissant. Nos plus jeunes excursionnistes surtout prenaient plaisir à comparer notre modeste pièce d'eau à un lac, à une mer ! puis à retrouver, comme je l'avais annoncé, dans les inégalités de son contour, la reproduction en petit des formes des continents et des mers. Ceci, la rive de l'étang, figure le rivage : nous l'appellerons la *côte*... Ici rocheuse, abrupte, escarpée, elle domine l'eau d'une certaine hauteur : elle nous représente les *falaises*, les hautes murailles escarpées de rochers qui bordent certains rivages. Là, le sol s'abaisse en pente douce jusqu'au niveau de l'eau ; c'est une *côte basse*, en proportion. Souvenez-vous des *bas-fonds* vaseux que nous avons remarqués à l'embouchure du ruisseau : voulez-vous que nous les comparions aux vastes *bancs* de sable ou de vase, formés d'une façon toute semblable en certains endroits du lit des mers, et qui s'élevant jusqu'à la surface de l'eau, deviennent fort dangereux pour les navigateurs ? Ici, dans ce petit repli de la rive où l'eau dort si transparente, voyez-vous s'étaler cette couche de fin gravier — débris, vous le savez, des rochers de la colline, que les averses ont entraînés jusqu'au bas des pentes ? A partir de quelques centimètres au-dessus du niveau actuel de l'eau, il descend jusqu'à la nappe liquide, puis se prolonge sous l'eau à une distance de plusieurs mètres avec une pente insensible : c'est une petite *plage*, une grève de sable, qu'il suffit d'agrandir, par la pensée, quelques milliers de fois seulement... pour avoir l'idée d'une plage sablonneuse au bord des vastes mers.

— Puis, c'est mon petit ami, le plus jeune de nos promeneurs, qui vient de découvrir une *baie*... L'eau, s'étalant dans une échancrure de la rive, forme une *anse* minuscule ; oui, en effet, c'est une *baie* ; mais si petite, si petite, qu'elle est tout entière abritée sous le feuillage touffu de cinq ou six gros châtaigniers qui, se penchant sur l'eau, la couvrent de leur ombre. Une anse, une baie... nous pourrions aussi bien dire un *port* car justement c'est le lieu où un pêcheur à la ligne du voisinage attache son batelet ! Mais quoi ? Faites un effort d'imagination, et cette échancrure de la rive nous représentera très exactement un *golfe*. — « Puisqu'il en est ainsi, je réclame le nom de *cap*, pour cette petite pointe de terre qui s'avance dans l'étang, » — Pourquoi non ? Et tenez, puisque nous y sommes, décorons du nom de *promontoire* cet autre cap, cette pointe de roc qui s'avance au-dessus des eaux, plus haute et plus escarpée. — « Une île ! il nous faut une île. Qui nous donnera une île ? » — Avez-vous donc oublié nos *îlots d'alluvion*, à l'embouchure du ruisseau ? Mais voici autre chose : une île encore, mais tout autrement formée. Tournons seulement cet épais fourré qui nous la cache. Vous voyez ce bloc de roche isolé que l'eau entoure. C'est là, vous le comprenez, n'est-ce pas, une simple saillie du rocher, toute semblable à d'autres blocs qui percent la terre autour de nous ; l'eau, remplissant la cavité qui forme l'étang, s'est répandue à l'entour, baignant sa base, ou comme nous pourrions dire encore, ses *racines*, par lesquelles elle tient au fond, au terrain submergé, et laissant dépasser sa pointe. Entre les fissures de la pierre quelques buissons ont enfoncé leurs racines ; un peu de terre végétale est retenue à sa surface, des herbes y croissent, abreuvées par les vapeurs qui s'élèvent des eaux, et, par les nuits fraîches, se condensent en un léger brouillard : notre bloc rocheux est ainsi devenu un îlot verdoyant, paré de charmantes fleurettes. — Voulez-vous avoir l'image d'un *détroit* ? Cette étendue d'eau resserrée entre la rive et l'îlot nous l'offrira. Tout près, voyez encore cet autre bloc rocheux, éboulé probablement, et roulé des pentes de la colline dans l'étang. Mais celui-ci n'est pas séparé de la rive ; quelques pierres entassées, un peu de terre, forment un passage par lequel vous pourriez vous donner le plaisir de vous rendre à pied sec sur cette minime *presqu'île* ; mais faites attention : l'*isthme*... je veux dire cette étroite bande de terre qui rattache notre presqu'île à la rive et forme le passage, est étroit et glissant ! Ceci encore suffit pour notre carte : cherchez dans les dentelures de la rive, l'îlot, la presqu'île avec son isthme resserré, les caps, la petite baie.

Et maintenant, tandis que nous sommes en train de faire des comparaisons, observons encore ces petites rides qui fuient, mollement arrondies, à la surface de l'étang, et font trembloter dans l'eau les reflets du ciel et l'image renversée des arbres de la rive. Ces vaguelettes que pousse devant elle une brise légère qui de temps en temps rase l'eau, — ce sont bien encore, sauf la dimension, les *vagues* de la mer : même cause, l'action du vent ; une forme, une marche toute semblable. Chacune de ces petites vagues est un pli de la surface liquide allongé en un sens, étroit et arrondi dans l'autre, comparable au pli « en tuyau » d'une étoffe souple ; entre deux rides gonflées est une ride creuse, en forme de vallée... Tous ces plis se suivent parallèlement, ou à peu près ; ils marchent tous ensemble dans la direction du souffle qui les soulève. On croirait que l'eau elle-même court avec vitesse. Mais c'est une illusion de nos yeux. L'eau ne se déplace pas sensiblement ; c'est le *plissement* seul, l'*ondulation* qui se déplace. Et, tenez, la preuve : regardez cet objet léger, un petit fragment de bois mort qui flotte sur l'eau. Si l'eau courait, il serait entraîné aussi, comme une feuille morte dérive au cours du ruisseau ; et voyez, il n'en est rien. Quand une onde gonflée arrive, il est soulevé un peu ; il monte sur le dos de la petite vague. Puis la vague passe, se dérobe en dessous : il descend dans la « vallée d'eau. » A chaque vague il se soulève et redescend, sans changer sensiblement de place à la surface de l'étang. Ainsi font autour de lui, et sur toute l'étendue de la nappe d'eau, les particules liquides : l'ondulation n'est qu'une élévation et un abaissement successif de la surface de l'eau en chaque endroit. — Lorsque nul souffle ne ride la surface des eaux, vous pouvez, comme vous le savez, produire à votre gré de petites vagues : il suffit de jeter une pierre dans l'étang... Au point ébranlé par le choc se forment cinq ou six petites rides arrondies, qui vont se suivant, s'élargissant en cercle, et s'effaçant à mesure qu'elles s'étendent davantage. Il y a longtemps que le lieu ébranlé par la chute de la pierre est redevenu tranquille, et les petites ondulations continuent de rouler en vastes cercles, fuyant au loin. Expérience d'enfant, que vous avez faite cent fois : mais je veux que vous la répétiez, ne fût-ce que pour admirer la beauté de ces cercles merveilleusement réguliers, leur courbe d'une pureté charmante : je ne sais rien de plus gracieux. Et c'est chose fort intéressante aussi de voir comment le mouvement d'*ondulation* produit en un seul point va se propageant également en tous sens ; comment il se prolonge et se propage encore lorsque la cause qui l'a produit a cessé. Le souvenir de cette observation nous aidera plus tard à comprendre bien d'autres phénomènes, dont je ne puis ici vous entretenir.

Seulement une expérience encore. Nous jetons en même temps deux pierres dans l'étang, à quelque distance l'une de l'autre. De chacun de ces deux *centres d'ébranlement* partent des ondulations en cercle. Ces cercles marchent l'un vers l'autre : ils se touchent, ils se croisent ; admirez comment ces ondes se traversent, se pénètrent, continuent leur chemin sans se troubler, sans se brouiller aucunement. A l'endroit du croisement, la surface de l'eau se trouve agitée à la fois par les mouvements de chaque ondulation, qui s'ajoutent ou se combattent, se contrecoupent : cet effet de croisement de deux ondulations est ce qu'on appelle l'*interférence*. De semblables effets se produisent également à la surface des mers, quand de grosses vagues, venant en divers sens, se rencontrent et se heurtent, soulevant parfois, dans leur choc terrible, de véritables montagnes d'eau.

**

Un petit bruit de tic-tac, régulier et monotone, en-

L'étang et le moulin.

tendu à travers les bois, annonce le moulin, situé à l'extrémité de l'étang (20). Le meunier est venu s'installer là avec sa simple et rustique machine, bien ingénieuse pourtant, afin de tirer parti de la force de l'eau, ou plutôt, pour parler plus exactement, du mouvement rapide et puissant que la pesanteur donne à l'eau. Et cette force est grande ! Voyez : ce simple ruisselet, ce filet d'eau courante empruntée à l'étang, s'élançant à travers cet étroit canal qu'on appelle le *coursier*, ébranle et fait tourner cette grande et lourde roue, entraînant tout le mécanisme intérieur du moulin. Ici, c'est pour notre propre compte que l'*eau travailleuse* est à l'œuvre. Et c'est là aussi un des plus grands services que nous rendent les cours d'eau, qui font pour nous tant de choses ! Ils arrosent nos champs, abreuvent nos cultures, rafraîchissent l'air autour de nous ; ils portent nos bateaux, ils mettent en mouvement nos machines. Une rivière est une source de force motrice, ou, si vous voulez, une *réserve de mouvement, de travail*, que nous pouvons utiliser à notre gré. Une rivière donne à elle seule le mouvement à un grand nombre de moulins et d'usines de toutes sortes, échelonnés de distance en distance tout le long de son cours : c'est une force qui vaut souvent celle de plusieurs milliers de chevaux — et qui ne coûte presque rien. Il faut cependant que le cours d'eau soit convenablement *aménagé* pour cet usage.

L'eau, abandonnée à la pente ordinaire de son lit, n'aurait pas assez d'élan pour faire tourner de grandes roues, de grosses meules ; sa force est grande là où se forme une *chute*, là où l'eau, chose lourde, vous le savez, se précipite avec vitesse, et peut heurter d'un choc puissant les palettes de la roue. C'est pourquoi, lorsqu'il n'y a pas de chutes naturelles le long d'une rivière, il faut en créer en disposant le lit du cours d'eau de telle sorte qu'au lieu de couler sur une pente continue il suive un canal presque de niveau, interrompu de distance en distance par des chutes. Ainsi, au lieu de glisser sur un *plan incliné*, l'eau descend de cascade en cascade, comme par des marches d'escalier... À chaque chute peut être installée une usine. — Eh bien, c'est ce qu'on a fait ici, et de la manière la plus simple.

Une *digue*, une sorte de muraille épaisse et très solide, forme un *barrage* et retient les eaux de l'étang. Le niveau de l'eau est ainsi plus élevé que celui de la plaine située *en aval* ; pour descendre de l'un à l'autre l'eau forme une chute. Près du moulin est creusé le canal qui amène l'eau, fermé à volonté au moyen d'une *vanne*; quand la vanne est ouverte, l'eau s'élance sur la roue et la met en marche ; puis elle fuit par un étroit conduit. Un peu plus loin est le *déversoir* : c'est une simple brèche de la digue, par dessus laquelle l'eau de l'étang déborde. — Pour le meunier, notre étang est

Le gué de l'étang.

simplement un *réservoir*, qui lui garde en réserve l'eau nécessaire pour faire tourner sa roue; et le surplus, l'excédant des eaux dont il n'a pas besoin, s'écoule par le déversoir; en sorte que le niveau de l'étang ne peut pas s'élever au delà d'une certaine limite. — Au déversoir, l'eau qui s'élance par la brèche se précipite en une gentille cascade, s'enfuit par un canal et va rejoindre un peu plus loin celle qui a passé sous la roue. — Enfin remarquons, à l'endroit le plus profond, une sorte de *vanne* qui permet, lorsqu'on la lève, de faire écouler toute l'eau et de vider complètement l'étang : cette écluse est ce qu'on appelle la *pelle* ou la *bonde de fond*.

Mais pour comprendre tout ceci, il faut d'abord savoir comment l'étang se forme et s'*alimente*. Imaginez, au bas des pentes de la colline, un petit *relèvement* du terrain, qui interrompt la pente continue du thalweg de la vallée, et ferme le passage aux eaux. Naturellement, l'eau des ruisseaux arrivant sans cesse s'accumule dans le creux formé en amont de cet obstacle, qui est un *barrage* naturel. Elle s'étend, s'élargit : voilà l'étang. Mais l'eau, affluant sans cesse, a bientôt fait de remplir le creux; elle s'élève jusqu'au niveau du barrage, et enfin déborde par-dessus, absolument comme un vase déjà plein dans lequel on continuerait à verser de l'eau : c'est le *déversoir* naturel. La digue en maçonnerie, que nous avons observée en passant, n'a été faite ici que pour consolider et régulariser le barrage naturel qui existait déjà ; mais les hommes, imitant la nature, peuvent barrer de même un ruisseau ou une rivière, et créer ainsi un étang, un réservoir là où on veut, en construisant un *barrage artificiel*, une digue, une *levée* suffisamment haute et résistante, capable de retenir les eaux et les forçant à s'étaler en nappe. Outre l'eau apportée par le ruisseau de la vallée, il y a encore pour *alimenter*, c'est-à-dire pour remplir l'étang, deux ou trois petits ruisselets qui viennent s'y jeter, l'égout des terrains humides environnants, enfin les averses qui tombent sur l'étendue de l'étang lui-même ou lui arrivent en descendant les versants : peut-être encore quelques sources cachées surgissent au fond, sous les eaux. Mais, d'un autre côté, une certaine quantité d'eau s'évapore continuellement, et davantage pendant les jours chauds et secs, de toute la surface de l'étang. L'excédant des eaux s'écoulant par le déversoir et par le canal du moulin se réunit un peu plus loin, disons-nous, en un seul cours d'eau : ce cours d'eau sera pour nous la continuation du ruisseau de la vallée, qui, entrant dans l'étang par une extrémité, en sort par l'autre, un peu augmenté ou diminué, mais peu importe. — Puis, après avoir passé sous un pont que franchit la route et que vous voyez marqué par un double trait sur notre carte, il s'en va serpentant au loin dans la plaine.

.*.

Tout change, enfants, tout se transforme. Nous changeons, nous passons; la terre aussi se transforme, la terre qui nous porte. — Oh! elle a bien changé d'aspect, notre terre, depuis le temps où elle était une immense boule de feu, une masse ardente et brillante! — C'est là une grandiose, une merveilleuse histoire, plus merveilleuse cent fois que les contes les plus dorés — et que peut-être un jour je vous raconterai. Mais de nos temps aussi, autour de nous et devant nos yeux, insensiblement toutes choses se modifient. Les contours des continents et des mers, les montagnes elles-mêmes changent... Et sans sortir de notre gentille vallée, ne vous ai-je pas dit déjà que les collines peu à peu s'abaissent, que le travail du ruisseau creuse son lit et approfondit son petit ravin? Et tenez, cette gracieuse nappe d'eau claire aux rives ombreuses, l'ornement, la beauté de la vallée, elle est destinée à disparaître. A moins que le travail de l'homme n'y mette obstacle, le travail de la nature finira par la combler, ainsi qu'ont été comblés les milliers de lacs et d'étangs, qui existaient autrefois, qui n'existent plus. — Comment cela se fait-il? Souvenez-vous des bas-fonds et des îlots d'alluvion, à l'embouchure du ruisseau. Ne vous disais-je pas que ces îlots s'accroissent, sans cesse, de nouveaux limons chaque année ajoutés par le ruisseau; que le fond s'élève peu à peu et s'envase? Ce qui était eau devient marécage. Ces terres basses et demi-submergées, encombrées de joncs et de roseaux, que nous avons observées, elles firent jadis partie de l'étang dont la nappe s'étendait

Le soir au bord de l'eau.

jusque là-bas, et qui était bien plus vaste alors qu'aujourd'hui. Graduellement, les dépôts apportés par le ruisseau, les terres descendues de toutes ces collines sont venues combler cette partie et l'ont changée en marais. elles continuent leur œuvre encore maintenant. En même temps et par compensation, la partie du marécage située en *amont* est en train de se dessécher. Les couches de limon étalées sur le sol bas, chaque année, lorsque les eaux fougueuses du ruisseau débordé le recouvrent, élèvent peu à peu son niveau; le terrain s'égoutte lentement et se raffermit: les molles *rosières* (1) se transforment en prairies. — Ainsi le marécage gagne sans cesse sur l'étang, la prairie sur le marécage. Graduellement envahi, l'étang diminue; et il ne serait pas impossible de calculer au bout de combien d'années — ou

(1) Marécages couverts de roseaux.

de siècles — il aura totalement disparu. Il ne restera plus à la place que des prairies couvertes de frais herbages, au milieu desquelles le ruisseau ira serpentant; « et les enfants du village, dis-je à mes compagnons, viendront cueillir des fleurs là où le meunier pêche aujourd'hui des poissons... » C'est de la même façon, ajoutai-je, que se sont étalées au fond de la vallée et là-bas sur les plats terrains, dans la plaine, la couche de terre végétale qui nourrit ces beaux herbages et ces riches moissons.

.*.

Le jour baissait quand nous dîmes adieu aux rives de l'étang. Le soleil avait disparu pour nous derrière la colline; mais du sommet on eût pu le voir encore, et ses rayons rougeâtres doraient la tour ronde du moulin à vent, en face de nous, sur le plateau. De légers nuages

PROMENADE TOPOGRAPHIQUE

épars dans le bleu du ciel, se bordaient de traits de feu; l'eau de l'étang, calme et sans rides, reflétait comme un miroir la masse sombre des arbres et de la colline, au couchant, et brillait à nos pieds de reflets dorés. Sous le feuillage au bord de l'eau une fraîcheur humide tombait ; de frêles insectes ailés dansaient leurs rondes du soir. — Nous nous dirigeâmes vers le débouché de la vallée, cheminant doucement, causant, échangeant, résumant nos observations. Nous arrivâmes sur la route; et nous profitâmes de la circonstance pour faire remarquer à nos plus jeunes compagnons la *chaussée* du chemin, empierrée, légèrement bombée au milieu pour faire écouler les eaux, les *accôtements* pour les piétons, semblables à des trottoirs, les *fossés* creusés de chaque côté de la route pour recevoir et emporter les eaux pluviales tombées sur la chaussée. Nous nous trouvions sur une de ces parties du chemin horizontales, dressées à *niveau*, que les ingénieurs appellent des *paliers*; tandis que les parties inclinées se nomment *rampes* lorsqu'elles sont montantes, *pentes* quand elles sont descendantes. Or la même inclinaison que l'on monte quand on suit le chemin dans un sens, va *descendant* quand on marche en sens contraire : ce sont là deux mots différents pour une seule et même chose. Plus loin, pour gravir la pente raide du plateau, la route serpente en *lacets*, en zigzags arrondis ; j'expliquais comment ces replis sinueux, en allongeant le chemin, adoucissent l'inclinaison et rendent la voie praticable aux voitures ; ta dis qu'un petit sentier de piétons, raide et montant au plus court, en coupant les lacets épargne les détours aux voyageurs pourvus de bonnes jambes... Enfin nous observâmes comment, pour ne pas faire suivre à la route toutes les petites ondulations du terrain, on a redressé, en partie nivelé la chaussée, qui se trouve tantôt un peu plus haut, tantôt un peu plus bas que la surface des terres, tantôt en creux, tantôt en saillie, ou, comme disent les ingénieurs, tantôt en *déblai*, tantôt en *remblai*. — Lorsque la route est en *déblai*, tranchée plus ou moins profondément dans l'épaisseur du terrain, comme un large fossé, — les terres ayant été *déblayées* sur son passage — les pentes obliquement taillées du terrain qui l'encaissent sont appelées les *berges*, comme pour une rivière ou un canal; lors, au contraire, que le sol *viable* est en *remblai* (*remblayé*, c'est-à-dire exhaussé au moyen des terres rapportées, prises justement dans les déblais voisins); les *talus* s'abaissent à droite et à gauche en pentes raides, souvent ravinées par les pluies. Enfin un chemin au flanc d'une colline peut être en déblai d'un côté, en remblai de l'autre; il est dit alors chemin à *mi-côte*.

Bientôt nous quittâmes la route pour reprendre les petits chemins à travers les cultures. Nous *débouchions* de la vallée, et nous entrions enfin en *plaine*. Un paysage tranquille et agreste s'étendait autour de nous, ouvert, mais sans horizon : je veux dire que sur ce sol plat les moindres arbres, des broussailles suffisaient pour nous

Le village au bord de l'eau.

La route.

Le soir dans la plaine.

cacher le lointain. Le soir tombait, les lueurs du couchant s'éteignaient ; une teinte grisâtre enveloppait toutes choses, et de légères vapeurs, s'élevant des terres, flottaient sur les champs. Nous rencontrions le long des sentiers des paysans qui rentraient, le pas alourdi, le hoyau sur l'épaule ; un laboureur se hâtait pour achever le dernier sillon.

La tâche du jour pour nous aussi est finie, tâche heureuse et facile; notre excursion est terminée. Souvenez-vous seulement, mes chers compagnons, de ce que nous avons observé ensemble, des termes que nous avons appris. Étudiez-vous à reconnaître sur le terrain, les formes et les accidents, les lignes de faîte et les thalwegs ; à lire ces formes sur la carte. Exercez-vous à vous diriger en pays inconnu — et le pays inconnu, pour vous, commence à une demi-lieue de votre demeure — à l'aide de la carte ; essayez-vous à crayonner librement les contours des reliefs du sol, des cours d'eau, à apprécier les hauteurs et les distances : et votre apprentissage de futur voyageur sera terminé. En attendant que l'occasion se présente de mettre à profit vos talents acquis, après vous être promenés avec nous, en esprit, dans notre humble vallée, suivez-nous par la pensée aussi à travers le vaste monde.

CENT RÉCITS

DE GÉOGRAPHIE PITTORESQUE

I. — LA PLAINE

Une vaste étendue de terrains plats et bas, nivelée comme une mer, se prolonge en tous sens jusqu'au pied des collines qui bordent l'horizon. Partout de frais herbages, des champs, de riches cultures. — J'ai comparé cette étendue à une mer; et, en effet, on dirait un océan de verdure; quand un souffle de vent fait onduler les hautes herbes et les moissons, on dirait des vagues qui se soulèvent, roulent et se poursuivent, s'effacent dans le lointain. Çà et là des bouquets d'arbres touffus, d'une verdure plus sombre, font comme des îles; puis ce sont deux ou trois villages aux maisonnettes blanches, des fermes isolées au milieu de ces cultures. Vues du haut de la colline, les routes semblent de grands rubans gris, déroulés à travers les champs verts. Au milieu coule une rivière large, au cours lent, aux eaux claires, qui serpente en grandes courbes, va là-bas, revient ; puis on la perd de vue entre les peupliers. Dans cette *perspective* tout est large et étendu, toutes les grandes lignes sont horizontales; le paysage est vaste et tranquille. C'est la *plaine*. — Si ce pays est si fertile, si ces cultures sont si riches, c'est que toutes les conditions favorables sont réunies. En nos climats la chaleur est suffisante, sans être extrême; les pluies sont assez abondantes pour abreuver les plantes. Sans les pluies, sans la rivière qui l'arrose, la

La plaine (Marnia, Algérie).

plaine serait aride et nue : ce serait un désert. Mais de plus il faut que le sol ait une pente insensible, suffisante cependant pour que les eaux puissent s'écouler; sans quoi le terrain, trop humide, détrempé, presque submergé, serait couvert de flaques bourbeuses, et la plaine deviendrait un marécage. Il faut surtout que le sol y soit formé d'un terrain convenable; s'il est trop rocheux, on ne peut le cultiver; s'il est sablonneux, les eaux des pluies filtrent trop vite dans la *profondeur*, et la surface se dessèche et demeure aride; les plantes, les herbages jaunissent et périssent. Il faut qu'une couche de *terre végétale* suffisamment épaisse recouvre partout le *sous-sol*. Avec ces conditions un terrain plat ou légèrement ondulé est plus favorable à la culture, parce que la terre végétale y demeure; elle n'est pas enlevée par les pluies comme sur les versants raides, sur les terres dont la pente est trop rapide. En outre le sol y est plus facile à labourer; les chemins, faciles à parcourir, permettent d'apporter les engrais et d'emporter les produits de la terre. C'est pourquoi dans nos pays les régions de plaines sont les terres de culture par excellence. Dans les pays plus froids, en Angleterre, en Irlande, par exemple, elles sont surtout couvertes d'herbages, et nourrissent de nombreux troupeaux.

PAYSAGE DE PLAINE, SUR LES RIVES DU MISSISSIPI (AMÉRIQUE). EAUX, BOIS ET PRAIRIES

II. — LES DÉSERTS

« Une plaine immense, dont l'œil n'entrevoit nulle part la limite, un sol brûlé de roche nue ou de sable aride ; pas un arbre, pas un buisson : à peine, dans quelque fente de roc, de maigres chardons, gris de poussière ; pas d'eau, ni mares, ni ruisseaux, ni vive verdure, rien qui rafraîchisse ou repose le regard ; partout, sous le soleil torride, la surface blanchâtre ou rougeâtre de la roche ou du sable, renvoyant un reflet mat qui éblouit l'œil, une chaleur sèche qui brûle la peau. Un seul horizon, tout autour : la ligne droite. Une seule saison toute l'année : l'été, un été dévorant, implacable... — C'est le *désert*. » Le plus vaste, le plus effrayant des déserts, celui auquel on pense toujours lorsque ce mot est prononcé, c'est l'immense *Sahara*, le grand désert africain. Les lignes qui précèdent décrivent un de ses aspects : car cette étendue, égale aux deux tiers de la surface de l'Europe, n'est pas absolument uniforme dans toutes ses parties. Le Sahara, pris dans son ensemble, est une région de plaines et de plateaux arides. En certaines parties, les plus souvent parcourues et décrites, le sol, formé d'un sable fin, se déroule à perte de vue, pendant des

La « Mer de sable » dans le désert du Sahara.

jours et des jours de marche, comme une plaine absolument rase et nivelée ; et là, le désert mérite en effet le nom qu'on lui donne parfois de *mer de sable*. En d'autres parties, au contraire, le sol est de roc ou de cailloux, ou bien encore d'argile séchée et durcie au soleil. En ces régions la surface est inégale, accidentée ; on y rencontre des collines, des montagnes même, rocheuses et dénudées, avec des vallées arides. Le Sahara est un ancien fond de mer, dont les eaux se sont retirées, il y a des milliers d'années, et ont laissé à sec leurs bancs de sable, leurs rochers. — Ce qui fait le désert, c'est le manque d'eau, non pas la nature du sol ni même l'extrême chaleur ; car si ce sable était arrosé par les pluies, peu à peu, avec les siècles, il s'y formerait de la terre végétale ; les plantes pourraient y croître. Mais il ne pleut presque point sur cette immense étendue. En ces régions stériles les animaux sont très rares ; les hommes n'y peuvent habiter ; les traverser seulement est chose difficile, pleine de fatigue et de périls. Il existe en Asie d'immenses déserts, ayant aussi leurs plateaux rocheux et leurs plaines de sable. La région centrale de l'Arabie, une grande partie du territoire de la Perse et des contrées environnantes sont des déserts. Enfin en Mongolie s'étend le vaste désert de *Chamo*, dont la température, au lieu d'être brûlante, est extrêmement froide.

LE DÉSERT DU SAHARA. PARTIE ROCHEUSE

III. — LES PHÉNOMÈNES DU DÉSERT

La traversée des déserts est un rude et pénible voyage, hérissé de difficultés, plein de fatigues et même de dangers. Sur ces étendues sans chemins jamais un voyageur ne s'aventurerait seul ; il serait sûr d'y périr. Les voyageurs et les marchands se réunissent en nombreuses troupes qu'on nomme *caravanes*. Des chameaux, les seules bêtes de somme qui puissent résister aux fatigues et aux privations de telles traversées, portent sur leur dos bossu les hommes, les marchandises, les tentes et les couvertures pour servir d'abri la nuit, les vivres, et surtout l'eau ; car les rares puits des déserts, éloignés l'un de l'autre à grandes distances, sont le plus souvent taris...
La caravane, parfois composée de plusieurs centaines de voyageurs et de milliers de chameaux, défile sur une ligne légèrement onduleuse, semblable à un serpent. Des guides, gens du pays, connaissant parfaitement ces régions du désert, sur les plus légers indices, — une pointe de roc perçant les sables, les bouquets de palmiers d'une *oasis* apparaissant comme une tache brun rougeâtre à l'horizon en feu, — savent trouver la route et guident la caravane. Le jour, la chaleur est dévorante, intolérable ; nul abri contre les rayons du soleil, perçants comme des flèches. L'air est étouffant et d'une sécheresse extrême, le sable brûlant sous les pieds. L'immense surface blanche ou rougeâtre renvoie les rayons du soleil avec une intensité telle que la vue est éblouie. La couche d'air, échauffée au contact de ces sables ardents, ondule et vacille. A travers cet air ondoyant

Effet de mirage au désert.

on croit voir flotter vers l'horizon des vapeurs représentant des groupes de palmiers, des tentes, des montagnes. Parfois cette couche d'air échauffée réfléchit dans le lointain la teinte bleue du ciel ; on voit s'y mirer, comme dans un étang, les cimes des collines grisâtres ou les stipes de quelques palmiers élancés. Et alors il est presque impossible de ne pas croire qu'on a devant soi, au lieu du sable altéré des déserts, une vaste nappe aux contours vagues d'eau limpide et bleue, légèrement ridée par la brise ; c'est ce qu'on appelle le *mirage* : illusion cruelle pour des hommes tourmentés par la chaleur et la soif. — Un nuage noir semble surgir de dessous l'horizon. Il monte, il s'étend, il s'étale, il couvre tout le ciel. Tout à coup un vent d'ouragan soulève comme une trombe le sable du désert. De sombres tourbillons épaississent l'air, comme une nuée opaque. Le jour est voilé ; le soleil lui-même, obscurci, n'offre plus qu'un disque d'une couleur rougeâtre, comme celle d'un fer rouge déjà demi-refroidi : c'est le *simoun*, la tempête au désert ; le *vent de poison*, comme disent les Arabes. L'air, tout rempli de poussières ardentes, devient irrespirable. Si la caravane est surprise par la tempête, on se hâte de faire agenouiller à terre les chameaux ; les hommes se couchent sur le sol, se voilant la face de leurs vêtements, pour ne pas respirer ces poussières étouffantes. Parfois, en des tourmentes extraordinaires, les masses de sable soulevées par la tempête ont enseveli des caravanes, et même, dit-on, des armées entières

LA TEMPÊTE AU DÉSERT

IV. — LES OASIS

Au milieu de l'immense étendue brûlée et stérile du Grand-Désert africain sont situés les Oasis, semblables à des îles de verdure sur une mer de sable. La comparaison est exacte en plusieurs manières. Nous savons en effet que le Sahara n'est pas autre chose qu'un vaste fond de mer dont les eaux se sont retirées ; ce lit rocheux et sablonneux, desséché sous le soleil ardent de ces régions, est resté dépouillé de végétation parce qu'il manque d'eau. Cependant, en certaines parties, il existe encore de distance en distance des sources d'eau douce ou de petits ruisseaux ; et, partout où il y a de l'eau, de la terre végétale se forme, des plantes croissent : il naît une oasis. Les palmiers-*dattiers* se plaisent à étaler leur bouquet de feuilles en parasol dans cet air brûlant ; ils prospèrent, pourvu que leurs racines soient abondamment arrosées. Alors sous leur ombrage croissent des herbes vives et touffues, des buissons verts ; on peut y cultiver le maïs, le blé, l'orge. Des arbres fruitiers, les abricotiers, les orangers, la vigne, y produisent les

Vue d'une oasis du Sahara.

fruits les plus rafraîchissants et les plus sucrés. Quelques familles d'Arabes construisent leurs maisonnettes à l'abri de ces mêmes palmiers, à peu de distance de la source, et vivent du produit de leurs cultures. — Ces *jardins des déserts* doivent paraître merveilleux et délicieux surtout aux voyageurs qui viennent de franchir de vastes étendues de sables arides, sous l'ardeur du soleil, et qui arrivent accablés de chaleur, de fatigue et de soif. Les oasis en effet sont les lieux de *station* des *caravanes* qui traversent le désert. De loin les *chameliers* qui conduisent la longue file aperçoivent à l'horizon les hautes têtes des palmiers : ils se dirigent vers eux pour atteindre le lieu où tous, hommes et bêtes de somme, trouveront le repos, la fraîcheur, — et de l'eau. La caravane s'arrête et campe sous les premiers palmiers ; les bêtes vont boire, les hommes remplir leurs *outres* à la source. — Cette fraîcheur, cette végétation, cette fécondité, tous ces bienfaits sont les effets de ce petit filet d'eau. Que la source vienne à tarir, les plantes se dessèchent et meurent, l'herbe jaunit et tombe en poussière ; les palmiers eux-même périssent, et le sable aride du désert s'étend sur leurs stipes renversés : l'oasis a disparu.

UNE OASIS DANS LE GRAND-DÉSERT

V. — LES LANDES

Dans nos contrées de l'Europe occidentale on donne le nom de *landes* ou parfois de *bruyères* à de vastes étendues de plaines ou de plateaux incultes, arides ou marécageux, dépouillées de verdure ou recouvertes d'une végétation basse de plantes sauvages et de rudes buissons : ce sont pour ainsi dire de petits déserts, moins stériles, cependant, et moins effrayants que les déserts véritables. Les landes de Gascogne, qui ont donné leur nom à l'un de nos départements, sont les plus remarquables. Imaginez une immense plaine, d'un sol sablonneux blanc ou grisâtre, aride et pelée à l'été, à l'hiver détrempée et toute parsemée de petites flaques d'eau très peu profondes. Sur de vastes étendues le sol est couvert de maigres *bruyères* au feuillage grêle, aux petites fleurs en clochettes, blanches, violettes ou roses, ailleurs, de petits buissons d'ajoncs et de genêts à fleurs dorées. Au printemps, quand toutes ces plantes sauvages sont en fleurs, la plaine paraît au loin comme un tapis irrégulièrement dessiné à grandes taches roses, jaunes et vertes. En certaines parties plus humides croissent des herbes grêles, des mousses ; dans les petites mares ce sont des joncs et autres plantes aquatiques. Enfin des forêts de pins aux gros troncs ébranchés, au feuillage rude et sombre, forment comme des îles. Ni champs, ni villages ni chemins, pas même de sentiers ; seulement de distance en distance, au coin d'une forêt de pins, on rencontre un hameau de pauvres maisonnettes avec des toits de bruyère, semblables aux huttes des bûcherons dans nos bois. Ceux qui vivent là, ce sont des *résiniers* qui récoltent la résine des pins, ou des bergers qui font paître sur la lande leurs grands troupeaux de brebis maigres. Et comme ces étendues sans chemins frayés, couvertes de buissons ras et épineux, de larges mares, sont très difficiles à parcourir, les bergers landais ont pris l'habitude bizarre de marcher sur de hautes échasses, en s'appuyant d'un long bâton. Veulent-ils se reposer, ils vont s'asseoir en équilibre sur une étroite planchette de bois qui termine leur bâton ; ainsi perchés, ils ont l'air d'être assis sur un énorme trépied... De là ils voient au loin et surveillent leurs troupeaux. Les landes de Gascogne occupaient autrefois tout l'espace entre la Garonne, l'Adour et la mer ; mais depuis un siècle environ on a planté de pins de très vastes terrains, défriché d'autres parties, de sorte que l'étendue stérile de la lande est beaucoup diminuée. — En Belgique, en Hollande, en Allemagne il existe des plaines sablonneuses et incultes, envahies aussi par les bruyères, et toutes semblables aux landes de Gascogne. Mais les *landes* de Bretagne ne sont pas de vastes plaines arides ou marécageuses ; ce sont des plateaux

Berger landais sur ses échasses.

rocheux et des collines couvertes d'herbe rase et de maigres buissons, d'ajoncs et de bruyères, servant également de pâturage. Le sol n'est pas sablonneux, mais formé d'un roc très dur appelé *granit*, et recouvert d'une couche très mince de terre maigre et brune. Enfin, en certaines parties de la Champagne, le sol, formé de craie blanche, tendre, toute fendillée et craquelée, boit pour ainsi dire l'eau des pluies, la laisse filtrer à l'intérieur comme un crible... La surface, trop vite desséchée, demeure aride, presque dépourvue de végétation ; la couche de terre végétale est trop mince pour nourrir des moissons et de beaux herbages. Il y croît seulement une herbe courte et rase, qui jaunit à l'été ; des chardons, des plantes rudes et maigres : ce sont les *landes crayeuses* de Champagne.

LA LANDE DE GASCOGNE

VI. — STEPPES, SAVANES ET PAMPAS

Dans les régions de l'est de l'Europe il est d'immenses plaines auxquelles on a donné le nom de *steppes*. Sur ces étendues de terrains plats, vastes comme des mers et qui semblent aussi parfaitement de niveau que la surface même des eaux, on peut faire des centaines et des centaines de lieues sans rencontrer ni la moindre colline, ni une forêt, pas même un arbre. Mais l'aspect de ces plaines est très différent suivant la nature du terrain et le climat. Aux environs de la mer Noire, entre le Dnieper et le Wolga, s'étendent des *steppes herbeuses* qui sont de merveilleuses prairies. La terre est grasse et fertile, arrosée par des pluies abondantes, par de nombreuses rivières ; elle a une pente insensible à l'œil, mais suffisante pour que les eaux des pluies s'écoulent : c'est une « mer d'herbage » qui ondule au vent. L'herbe fraîche, touffue, semée de fleurs, vive et haute, engraisse de nombreux troupeaux ; certaines parties cultivées en blé portent de magnifiques moissons. — Mais voyez ce sol pelé, couvert de plantes rudes et hérissées, de buissons rampants. A perte de vue s'étendent les solitudes tristes, monotones, stériles. Point de routes à travers, ni hameaux ; seulement, de distance en distance, une pauvre cabane isolée marque le chemin et sert de relais

La savane (Amérique du Nord).

aux rares voyageurs, aux courtiers. Encore la steppe n'offre-t-elle cette maigre verdure qu'au printemps ; à l'été, la chaleur du soleil, brûlante dans ces plaines sans ombre, dessèche, calcine le sol ; les herbes jaunissent, tombent en poussière ; leurs touffes sèches sont arrachées par le vent qui les roule en boule et les fait courir à travers la plaine rase. L'hiver vient, et l'étendue immense, couverte de son manteau blanc de neige, paraît plus désolée, plus effrayante encore. Ce sont des plaines nues et sauvages, comme celles qui bordent la mer Caspienne et s'étendent vers l'Asie. Le sol est sablonneux et rocailleux, ou formé d'argile qui durcit au soleil ; l'eau manque : la steppe est un désert. Vers le centre de la Russie, au contraire, les steppes sont des marais, parce que le sol plat n'a pas assez de pente et que les eaux des pluies ne peuvent s'écouler. — Dans l'Amérique du Nord on nomme *savanes* ou *prairies* de vastes plaines couvertes de hautes herbes et de buissons, tout à fait comparables aux *steppes herbeuses* de la Russie. Mais les grandes prairies centrales de l'Amérique du Sud, plus vastes encore, appelées *pampas* ou *llanos*, changent d'aspect de la façon la plus étonnante suivant l'époque de l'année. Après la saison des pluies la pampa est une prairie fraîche, touffue, couverte de hautes herbes et de plantes délicates. A l'été, toute trace de verdure a disparu ; l'herbe est tombée en poussière, le sol sec et fendillé craque sous le pied : c'est un désert effrayant et sauvage.

LA STEPPE RUSSE

VII. — LES DÉSERTS GLACÉS

Une immense étendue de bas plateaux et de plaines descendant en pente insensible vers la mer occupe toute la partie septentrionale de la Russie d'Europe et de la Sibérie, faisant à l'Océan glacial une large ceinture de terres stériles. C'est la région sinistre des *toundras* : déserts glacés, plus affreux, plus inabordables que les déserts brûlants de l'Afrique. A l'hiver — et l'hiver, dans la Sibérie, dure les deux tiers de l'année, — le sol a partout disparu sous l'immense linceul de neige jeté sur toutes les terres du Nord. Un vent glacé soulève en tourbillons cette neige fine et poudreuse comme celle des montagnes, tantôt l'étale en nappes, tantôt l'amasse en collines. A l'été, le soleil des longs jours fait fondre la neige ; un dégel rapide change la plaine blanche en marécage : encore la surface seule est dégelée ; dans la profondeur la terre reste glacée. Lorsque les eaux de dégel se sont à peu près écoulées, faisant déborder les rivières et les fleuves, dégelés eux-mêmes et entraînant les glaces en d'effrayantes débâcles, certaines parties de la toundra, à demi dénoyées seulement, et dont le sol reste gonflé d'eau comme une éponge, se couvrent de

Paysage des plateaux de Sibérie. — Traîneau attelé de chiens.

mousses des marais et de plantes rases à la verdure fraîche et vive. Mais dans la plus grande partie de son étendue le désert n'offre qu'un sol rocheux ou sablonneux recouvert d'un *lichen* qu'on nomme le lichen des rennes, parce que ces animaux, habitants des contrées glaciales, en font leur nourriture ; plante étrange, ressemblant à une sorte de mousse rude, d'un blanc grisâtre, croissant en petites touffes rares et hérissées. « On dirait qu'on a encore devant les yeux la nappe interminable des neiges de l'hiver. »

Les plaines et les plateaux de la Sibérie plus rapprochés du centre de l'Asie, sous les versants de l'Altaï, ont un climat froid encore, mais bien moins rigoureux. Également ensevelis sous la neige pendant une partie de l'année, ils sont changés, à l'été, en riches pâturages, en prairies à l'herbe touffue et semée de fleurettes. Les parties les plus accidentées ont des arbres, des bouleaux, des saules, surtout des sapins. — Les habitants demi-sauvages de ces contrées ont pour ressources la chasse aux ours et autres bêtes à fourrures, et l'élevage des rennes. S'ils veulent traverser les plaines glacées, ils attèlent à de légers traîneaux quelques-uns de ces animaux, ou bien encore des chiens dressés à ce service ; le traîneau vole sur la neige, et en peu d'heures de grandes distances sont franchies.

PAYSAGE DES PLATEAUX DE LA SIBÉRIE. — TRAINEAU ATTELÉ DE RENNES

VIII. — LES PLATEAUX

Une étendue de terres moins basse que les plaines, moins élevée et surtout moins inégale, moins accidentée que les montagnes, constitue ce que l'on nomme un *plateau*. Imaginez, si vous voulez, qu'un mouvement égal ait soulevé, exhaussé d'un bloc une vaste surface de terrains plats, au-dessus de son niveau. Sur tout le contour du plateau, une pente plus ou moins escarpée forme ses bords, et se dresse au-dessus des terres basses environnantes. Seulement, si l'on gravit cette pente, au lieu de rencontrer un sommet plus ou moins étroit, puis au delà un autre *versant*, s'abaissant en sens opposé, on voit se dérouler devant soi de larges espaces de terrains plats. Beaucoup de hauteurs, vues du fond de la vallée ou de la plaine, semblent des collines, et ne sont en réalité que des bords dentelés de plateaux. — Toutefois il ne faudrait pas croire que la surface d'un plateau soit aussi plane, aussi unie que celle d'une plaine basse; elle offre toujours, au contraire, des inégalités assez fortes. A travers la masse des terres soulevées sont creusés des vallées ou même des ravins étroits et profonds, dans lesquels coulent des rivières; ailleurs on observe des dépressions, des cavités plus ou moins profondes, où les eaux peuvent s'amasser et

Vue sur le grand plateau de Pamir (Asie).

former des étangs ou des lacs; plus loin au contraire la surface ondulée présente des hauteurs comparables à des collines. — Même sur un vaste plateau peuvent se dresser des collines véritables, des montagnes et des chaînes de montagnes; mais alors on doit distinguer ces montagnes du plateau sur lequel elles sont pour ainsi dire posées comme sur un *socle*. Dans toutes les régions des continents on rencontre des plateaux, des massifs de hautes terres, plus ou moins élevés. En France on donne pour exemple le grand Plateau central, qui occupe presque toute la région du milieu : il comprend l'Auvergne et les pays environnants. Je ne puis mieux vous en donner une idée qu'en vous disant que si la mer, s'élevant de cinq ou six cents mètres au-dessus de son niveau, venait submerger notre pays, le plateau central resterait, isolé au milieu de cet océan, comme une île très vaste toute semblable à l'Islande. Les bords irréguliers deviendraient les rivages de l'île, ayant leurs saillies et leurs échancrures, leurs caps et leurs golfes. Sur ce plateau rocheux, déjà très élevé, se dressent de hautes montagnes, qui sont des *volcans éteints*. Il est creusé de plusieurs vallées au fond desquelles coulent de belles rivières.

UNE VUE SUR LE GRAND PLATEAU CENTRAL DE LA FRANCE, PRÈS DU MONT DORE

IX. — LES MONTAGNES

Les deux plus belles choses de la terre sont la mer et la montagne : la mer, sinueuse et étendue, horizontale, mobile et sans cesse agitée à la surface ; la montagne, énorme de masse, se dressant en hauteur, immobile, et qui semble immuable. En face de ces grandes choses nous paraissons par trop petits... Il est des montagnes, dont on voit les sommets se dresser dans le ciel d'une distance de plus de cent lieues ; et si on s'avance vers le géant, pendant des jours et des jours de marche, il semble toujours à la même distance : elle ne semble pas grandir et s'approcher à vue d'œil comme fait un objet de hauteur ordinaire vers lequel on se dirige. Au seul aspect de ces masses énormes, fières et majestueuses, le voyageur, est saisi d'admiration, comme effrayé. Celui qui n'a pas vu de hautes montagnes cherche à s'en faire une idée par la réflexion ; il tâche d'imaginer, au moyen de chiffres, de comparaisons, ce que sa vue ne peut atteindre. Ainsi vous vous souvenez, par exemple, que les sommets des grands monts se dressent dans le ciel au-dessus des nuages, de ces nuages que vous voyez passer là-haut — si haut — sur vos têtes : vous vous représentez, entourée d'une vaste cou-

Le mont Blanc, la plus haute montagne des Alpes (vu du Jura).

che de nuages, la montagne dont la tête blanche de neige disparaît, enveloppée, comme perdue dans les vapeurs...Vous songez que, pour en gravir les pentes, il faut souvent aux plus hardis montagnards plusieurs journées de marche, et que beaucoup de hauts sommets sont même absolument inaccessibles. Vous savez que les montagnes atteignent des hauteurs de 4 000, 6 000, 8 000 mètres, ou même davantage. — Eh bien, si effrayante que soit la hauteur des montagnes en proportion de notre taille, comparées aux dimensions du globe qui les porte, elles ne sont rien, rien en vérité : de petites aspérités insensibles. Pour vous en faire une idée, imaginez-vous que nous ayons, pour figurer la terre, une sphère de un mètre de diamètre : un très beau globe géographique, n'est-ce pas ? Or, sur un pareil globe les plus hautes montagnes, *figurées à proportion*, paraîtraient à peine... Le *Gaurisankar*, la montagne la plus élevée de la terre (8 840 m.), serait représenté par une saillie de sept dixièmes de millimètre seulement : un petit grain de sable ! La plus haute montagne d'Europe, notre beau *mont blanc* (4 810 m.) serait représenté par un grain de sable moitié plus petit encore ; et quant aux montagnes médiocres, elles seraient absolument imperceptibles.

LA PLUS HAUTE MONTAGNE DU MONDE (LE GAURISANKAR, DANS L'HIMALAYA, EN ASIE)

X. — LA CHAINE DE MONTAGNES

Presque jamais une haute montagne, à moins que ce ne soit un volcan, ne se dresse toute seule, isolée, au milieu d'un pays plat. Les montagnes sont disposées par groupes, amassées, comme entassées en certaines régions. Sont-elles amoncelées de toutes parts autour d'un bloc principal, vous avez un *massif*; si elles sont rangées les unes à la suite des autres en ligne, formant une sorte de sillon irrégulier, c'est ce qu'on nomme une *chaîne de montagnes*; et, en effet, cette disposition rappelle « l'enfilade » des anneaux d'une grosse chaîne étendue à terre. — Voulez-vous avoir une idée exacte d'une chaîne de montagnes? Nous ne pouvons pas trouver de meilleur exemple que cette belle chaîne des Pyrénées, qui forme comme une immense barrière entre la France et l'Espagne. Si vous apercevez de bien loin, à l'horizon, par un beau jour clair, ses hautes cimes couvertes de neige, vous croiriez voir se dresser, par-dessus les collines, un immense mur blanc ébréché. Mais, à mesure que vous approchez, cette apparence s'évanouit; vous reconnaissez que la chaîne ne ressemble aucunement à un mur; on pourrait plutôt la comparer à un sillon que la charrue

Chaîne de montagnes avec ses contreforts (montagnes Rocheuses, Amérique).

vient de former, lorsque les grosses mottes de terre soulevées, renversées, écroulées les unes sur les autres, n'ont pas encore été brisées par la herse. Mais quel sillon formidable et quelle charrue de géant! Arrivé au pied, vous êtes comme effrayé en apercevant cet énorme entassement de montagnes. Les plus rapprochées et les plus basses sont couvertes de verdure, couronnées de sombres forêts de sapins; derrière celles-ci se montrent des cimes de roche nue plus élevées, et enfin par delà, plus loin, plus haut encore, se dressent les blancs sommets. En même temps vous voyez s'ouvrir devant vous, entre ces montagnes, des vallées étroites, tortueuses, comme des couloirs en pente raide, au fond desquelles grondent des torrents. — La série des masses les plus *puissantes* et les plus élevées du sillon gigantesque se nomme l'*arête principale*; les parties les plus saillantes forment la *crête*, et la ligne que suit cette crête est dite la *ligne de faîte*, par comparaison avec le faîte d'un toit. Des deux côtés de la ligne de faîte s'abaissent les deux *versants* de la chaîne. — Les montagnes moins élevées qui semblent adossées contre celles de la chaîne principale, et qui, vues d'en bas, ont l'air d'être là pour les appuyer, sont ce qu'on appelle les *contreforts*.

LA CHAINE DES PYRÉNÉES VUE DE LA PLAINE

XI. — LES MASSIFS DE MONTAGNES

Quand, au lieu d'être rangées en chaînes plus ou moins régulières, les montagnes sont groupées, comme entassées en un amas énorme, c'est ce qu'on appelle un *massif montagneux*. Comme nous prenons pour exemple d'une chaîne les Pyrénées, de même nous chercherons dans les Alpes des exemples de montagnes groupées en massifs. — Les Alpes, en effet, ne sont pas une chaîne, mais un immense ensemble de massifs et de chaînes qui se mêlent, se croisent, s'étalent et se prolongent en différents sens ; en sorte que tout ce *chaos* de roches couvre une étendue extrêmement vaste de terrains. Un tel ensemble est ce qu'on nomme un *système* de montagnes. Dans les Alpes on distingue un grand nombre de massifs, très rapprochés les uns des autres, et séparés de certains côtés seulement par de profondes vallées, qui forment comme des chemins praticables au milieu de cet entassement de cimes. Je vous citerai seulement le massif du mont Gotthard, à peu près au milieu des Alpes ; ceux du mont Blanc et de son voisin le mont Rose ; celui du mont Viso, entre la France et l'Italie. — Examinons, par exemple, le groupe du

Vue du Mont Rose, partie centrale du massif.

mont Blanc. Figurez-vous une masse énorme, allongée, formant comme un dos voûté. Autour du bloc principal et serrées contre lui, pour ainsi dire accolées à ses flancs, sont des montagnes moins élevées, qui semblent l'appuyer de toutes parts, et qui sont les *contreforts* de la montagne centrale. Autour de ce beau groupe, semblables à des fossés creusés autour d'une forteresse, sont des vallées profondes qui l'isolent presque de toutes parts des autres massifs. — Le groupe du mont Rose, un peu moins élevé, est plus étendu, et sa masse est plus puissante encore. De même, dans la chaîne des Pyrénées, la *Maladetta*, entourée de cimes secondaires, forme un massif distinct. — Lorsque deux chaînes de montagnes se croisent, le lieu de leur croisement est appelé le *nœud* des chaînes. Là, d'ordinaire, il existe un massif remarquable. Parfois aussi on voit, partant d'une montagne principale, plusieurs *chaînons* (petites chaînes) de *contreforts* qui s'étendent en diverses directions, comme les fêlures d'une vitre *étoilée* par un choc, et qui vont diminuant de hauteur à mesure qu'ils s'éloignent du bloc central : on dit alors que ces chaînons sont *rayonnants*, c'est-à-dire disposés autour du massif comme les rayons d'un cercle autour de son centre ; et le massif lui-même est appelé massif *rayonnant*.

LE MASSIF DE LA MALADETTA (MONT MAUDIT) DANS LES PYRÉNÉES

XII. — LES FORMES DES MONTAGNES — DOMES ET BALLONS

Les montagnes ont les formes les plus diverses et les aspects les plus variés. Toutes ont leur beauté, mais chacune est belle à sa manière. — Nous n'avons, pour peindre les principaux traits de la forme des montagnes, qu'un petit nombre de termes, de mots consacrés, les uns exprimant l'aspect d'ensemble, les autres servant à désigner certains détails. Mettons tout d'abord de côté les *volcans* : ces étonnantes *montagnes à feu*, bâties par le feu, ont dans leurs formes aussi quelque chose de tout à fait particulier et de saisissant, qui frappe au premier coup d'œil. Les volcans donc mis à part, supposons une montagne qui s'offre bien à découvert à notre vue. Tâchons d'embrasser l'ensemble d'un coup d'œil sans nous occuper aucunement des détails. Ou sa masse présente l'aspect arrondi, son sommet, comme un dos immense, se recourbe en large voûte, rappelant la *coupole* d'un édifice, — ou bien, tenez, mieux encore : la montagne toute entière ressemble à une carapace de tortue... Ou bien, tout au contraire, elle est plus élancée et

Le Kinchinjinga dans l'Himalaya (Asie).

plus svelte, et se termine par un sommet plus ou moins aigu. Le mont en pointe élancée portera le nom de *pic*; le sommet arrondi en vaste dos est souvent désigné par celui de *dôme*, c'est-à-dire de *coupole*. Ainsi on dit le *dôme du mont Blanc*. Le sommet du mont Rose, presque aussi élevé que celui du mont Blanc, a la même forme massive. Beaucoup de montagnes, des plus hautes et des plus majestueuses, sont ainsi terminées ; l'une des cimes les plus élevées de la grande chaîne de l'Himalaya et du monde entier, la montagne qui porte le nom difficile à prononcer de *Kinchinjinga*, est aussi un dôme immense, sur la rondeur duquel cependant se dressent plusieurs pointes. Dans les Vosges, on donne à certaines montagnes moyennement élevées, de formes massives, et terminées par un sommet arrondi en coupole, le nom pittoresque de *ballons*, comme pour dire que ce sommet représente la *calotte* sphérique d'un ballon à jouer, coupé par la moitié. Au contraire, les montagnes du Jura, arrondies en un sens, allongées dans l'autre, ont la forme de *dos de sillons* ; et ce nom même de *sillons* exprime parfaitement leur aspect et leur disposition.

LE BALLON D'INSELSBERG DANS LES MONTAGNES DU HARTZ (ALLEMAGNE)

XIII. — LES PICS

Lorsque la masse d'une montagne, prise dans son ensemble, au lieu de rappeler à l'œil la voûte arrondie et le contour obtus d'un dôme, d'une coupole, offre une forme élancée et se termine par un sommet aigu, elle mérite le nom de *pic*.

Un grand nombre des hautes montagnes qui composent les plus grandes chaînes, celles qui se dressent, isolées, au-dessus de la ligne de faîte, sont des pics plus ou moins aigus. — Or les montagnes qui ont cette forme, alors même qu'elles sont moins élevées, ont toujours un aspect plus fier qui frappe davantage les yeux et aussi l'imagination du spectateur, quand leur cime pointue, souvent entourée de nuages, semble se dresser dans le ciel, comme le toit hardi de quelque tour gigantesque. Le plus bel exemple que l'on puisse citer d'un pic aux formes très élancées, c'est la belle cime du mont Cervin dans les Alpes. —

Le pic du Cervin dans les Alpes.

Voyez ce sommet escarpé, taillé en forme de pyramide, à la pointe aiguë, aux *arêtes* (bords) tranchantes, si *à pic* que les neiges ne peuvent y séjourner : en sorte que ce bloc de rocher se dresse nu et sombre au-dessus des neiges étendues à son pied. Comme il semble menaçant, inaccessible ! De hardis voyageurs, cependant, ont escaladé cette muraille de rochers, et sont parvenus à la cime. — De là, dominant d'un côté les *versants* montagneux de la Suisse, ils pouvaient apercevoir de l'autre, à perte de vue, les plaines de l'Italie. — Mais il est très rare qu'une montagne offre, prise dans son ensemble, une forme aussi élancée que le Cervin ; tandis qu'au contraire la chose la plus ordinaire est de voir des montagnes très massives présenter en certaines parties des pans de roc escarpés comme des murailles et des pointes aiguës comme des flèches de clochers.

LE PIC DU MONT VISO DANS LES ALPES

XIV. — AIGUILLES, DENTS ET CORNES

Quand le voyageur, contemplant de loin la masse majestueuse d'une montagne, a embrassé d'un coup d'œil son aspect d'ensemble, sa forme générale plus ou moins bien exprimée par les mots de dôme, de pic, il lui reste à observer les mille détails de sa structure, intéressants et beaux, variés, changeant à chaque instant d'apparence, suivant l'heure du jour et la saison de l'année. Et pour cela que fait-il? S'approchant du massif montagneux, il va le contempler de divers *points de vue* assez éloignés d'abord, avant de gravir la montagne elle-même pour voir de près ses rocs et ses neiges, ses ravins et ses précipices, ses torrents et ses glaciers. Ce qui frappe tout d'abord notre observateur lorsqu'il regarde de quelque distance ce bloc énorme, ce sont, n'est-ce pas, les sommets, les parties saillantes et escarpées, avec leurs formes diverses. Faisons comme lui, et jetons un coup d'œil sur ces formes différentes qu'offrent les cimes : les montagnards ont, pour les désigner, une foule de mots expressifs et *pittoresques*, c'est-à-dire peignant bien la nature. Voyez cette pointe aiguë, élancée, de rocher, qui semble se détacher de la montagne comme un clocher surmontant un massif édifice : ils lui ont donné le nom exagéré, mais expressif, *d'aiguille*. Une cime dressée et menaçante est pour eux une *dent*, ou bien encore une *corne*. Et comme ce dernier mot se dit *horn* en allemand, un grand nombre de cimes des Alpes portent des noms terminés par ce mot : le *Wetterhorn*, la corne du temps; le *Weisshorn*, la corne blanche; le *Finster-Aar-Horn*, la corne sombre de l'Aar. Un sommet rappelant un bloc rond ou carré, escarpé, dressé sur sa base, est peint par le nom de *tour*; si la partie supérieure est massive et arrondie en boule, c'est une *tête*. Le mot de *plate* désigne un sommet aplati en façon de terrasse; celui de *taillant*, une crête allongée semblable à celle du faîte d'un toit; enfin on nomme *parois* des pans de montagne taillés à pic.

Le Finster-Aar-Horn.

LE WELHORN ET LE WETTERHORN

XV. — LIMITE DES NEIGES PERSISTANTES

A l'hiver, dans nos climats, les hautes montagnes telles que les Alpes, les Pyrénées, sont revêtues de neige jusqu'à la base ; c'est comme un immense manteau blanc, qui, jeté sur leurs sommets, semble descendre en longs plis flottants jusque sur leurs pieds. Les hautes vallées, les cols en sont encombrés. Même les montagnes de faible hauteur et les hauts plateaux en sont également couverts. Au printemps les neiges commencent à fondre ; les plateaux et les montagnes de hauteur moyenne en sont bientôt complètement dépouillés. Dans les régions de hautes montagnes elles disparaissent d'abord du pied des pentes, mettant à nu le roc, ou découvrant les gazons, débarrassant de leurs lourds linceuls les forêts de sapins à la sombre verdure. La limite entre la partie encore neigeuse et la partie dépouillée recule, remonte sur les flancs de la montagne, à mesure que la chaleur du soleil fait fondre de plus en plus haut les neiges et les glaces. Enfin à l'été les sommets élevés ont seuls conservé leurs neiges. Dans les grandes chaînes, il est des sommets qui n'ont jamais été vus dépouillés de leur froide couverture, et c'est pourquoi on parle

Le Vignemale, dans les Pyrénées, à l'été.

des « montagnes aux neiges éternelles ». Il vaut mieux employer le terme de *neiges persistantes*, exprimant que ces neiges persistent d'année en année malgré les étés. On a essayé d'indiquer pour chaque chaîne de montagnes la *limite des neiges persistantes*, c'est-à-dire la hauteur au-dessus de laquelle les neiges ne fondent jamais complètement. Cette limite varie suivant le climat plus chaud ou plus froid de la contrée. Ainsi nos belles Pyrénées, toutes blanches à l'hiver, sont vers le mois de juillet presque totalement dépourvues de neiges : le roc est partout à nu, et quelques plaques de névés restent seules isolées sur les cimes les plus inaccessibles. Sur les Alpes, au contraire, la plupart des sommets qui dépassent 3 000 mètres restent toujours neigeux. Mais pour une même chaîne, pour une même montagne, cette limite varie suivant diverses circonstances : suivant l'exposition des *pentes*, où les vents plus ou moins froids et humides apportent plus ou moins de neiges ; suivant les années, où tantôt l'hiver plus froid et plus humide en entasse davantage, tantôt l'été plus sec et plus chaud la fait fondre plus complètement. Les chiffres donnés pour indiquer la limite en hauteur des neiges persistantes sur chaque chaîne ne sont donc que des à peu près, utiles pour donner une idée du climat de cette région montagneuse, mais n'ayant rien d'absolu.

LE MONT BLANC ET SES NEIGES, VUS DE LA VALLÉE DE CHAMOUNIX

XVI. — NEIGES ET NÉVÉS

A mesure qu'on s'élève dans l'air, en ballon, ou en gravissant une haute montagne, on éprouve un froid de plus en plus vif. Même lorsqu'ici-bas nous sentons une douce chaleur, là haut il fait si froid que l'eau n'y pourrait être à l'état de gouttelettes liquides: elle se gèle. Tous les nuages très élevés sont des nuages de neige. Voilà pourquoi ce qui tombe des nuages sur les hautes montagnes, ce n'est pas de la pluie, c'est de la neige. Elle y tombe en toute saison, mais surtout en hiver; elle y tombe en quantité énorme, revêtant comme d'un vaste manteau blanc leurs cimes et leurs flancs. La neige des montagnes ne tombe pas d'ordinaire en larges et légers flocons, tels que ceux que vous vous plaisez à voir voltiger par quelque froide journée d'hiver. C'est plutôt comme une poussière blanche, parfois de petits grains, semblables à des grains de sable très fin, ou bien encore des petites *aiguilles* excessivement menues, presque imperceptibles. Cette neige poudreuse ou grenue recouvrant le roc sur de vastes étendues forme ce qu'on nomme des *nappes* ou

Nappe de névé sur la montagne.

des *champs de neige*. Sur la pente trop rapide elle ne peut tenir; bientôt elle glisse, elle s'écroule comme celle qui est tombée sur l'ardoise d'un toit trop aigu. Mais, au contraire, aux endroits où la pente n'est pas trop forte, elle demeure et s'accumule. La neige fraîchement tombée est molle, épaisse et légère; mais peu à peu elle se tasse et durcit. Exposée aux rayons du soleil ou bien au vent plus tiède du jour, elle fond un peu à la surface; elle forme une sorte de pâte humide, ainsi que vous pouvez l'observer dans nos rues par un jour de dégel. Puis, ressaisie par le froid plus vif de la nuit, elle *regèle* et forme une masse plus dure, plus compacte. Enfin, la neige qui tombe par-dessus pèse de tout son poids sur celle qui est au-dessous, la foule la comprime. N'avez-vous pas parfois pris plaisir à pétrir entre vos mains une poignée de neige? Éclatante de blancheur, tout d'abord, molle et légère comme un duvet, à mesure que vous la fouliez elle devenait plus ferme, et de plus en plus semblable à un bloc de glace dure et transparente. Autant en arrive, avec le temps, à la neige des montagnes qui, tassée et endurcie, se transforme en ce qu'on appelle le *névé*. — Le névé, c'est donc quelque chose entre la neige et la glace, pour l'aspect et la dureté.

HAUTE VALLÉE DES ALPES ENSEVELIE SOUS LA NEIGE A L'HIVER

XVII. — LES AVALANCHES

N'avez-vous pas pris plaisir, en un jour de dégel, à voir la neige crouler du haut des toits ? La veille, silencieuse et légère, se posant flocon à flocon, elle s'était accumulée comme une épaisse et molle couverture blanche et laineuse, lourde pourtant, sur les pentes de l'ardoise. Mais voici que surviennent un rayon de soleil, une bouffée de vent tiède. La neige fond à la surface ; l'eau qui en provient s'infiltre, ruisselle au-dessous, cachée, et tombe en pluie des bords du toit. Tout à coup de grandes plaques de neige se détachent ; elles coulent tout d'une pièce sur les ardoises rendues glissantes, d'abord lentement, puis de plus en plus rapidement, arrivent au bord, le dépassent et s'écroulent... Gare aux têtes des passants ! C'est une *avalanche* en miniature.

De même sur les hautes montagnes, la neige s'accumule sur des étendues immenses et en épaisseur énorme pendant les longs mois d'hiver ; elle se tasse et se durcit. Au printemps et à l'été, d'immenses entassements de neige et de glace qui couvraient les pentes escarpées de la montagne se détachent tout à coup, s'ébranlent et glissent. De loin les voyageurs voient l'énorme masse blanche qui s'écroule et se précipite au fond des ravins, entraînant avec elle des pierres, des blocs de rochers arrachés, brisant, broyant les arbres et tout ce qui s'oppose à son passage. Un nuage de neige poudreuse s'élève alentour et tourbillonne ; l'air, chassé par la masse croulante, forme un vent impétueux. — Puis c'est fini. Seulement un instant après, le bruit de l'écroulement arrive, semblable au grondement du tonnerre. Ah ! si quelque pauvre voyageur, un pâtre, un chasseur de la montagne, se trouvait sur le chemin de l'*avalanche*, comme il serait écrasé, broyé, enseveli ! Mais ces avalanches du printemps et de l'été, que l'on nomme *avalanches de fond*, parce qu'elles enlèvent la masse entière de la neige et mettent à nu le roc, ne sont pas très dangereuses : on sait d'avance en quelle saison, en quel lieu elles doivent se produire ; elles suivent toujours les mêmes chemins, creusés, ravinés par elles, et qu'on nomme les *couloirs d'avalanche*. Mais parfois certaines couches de neiges tombées depuis peu, et non encore durcies, se détachent longtemps avant l'époque de la fonte, glissent et s'écroulent, à demi réduites en poussière :

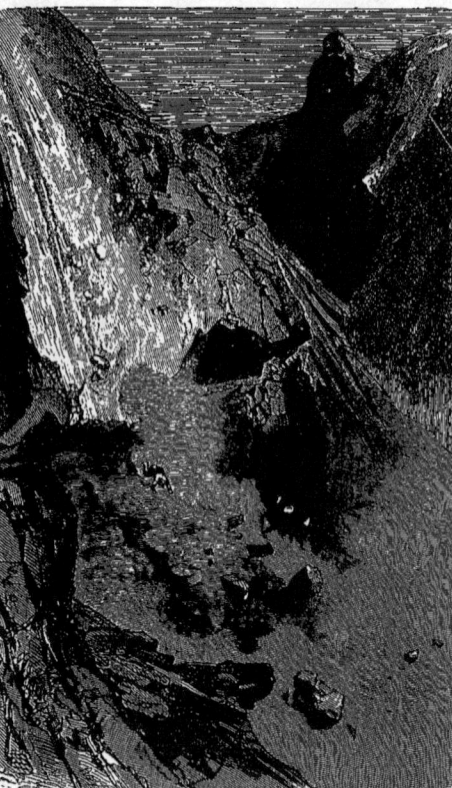

Avalanche de neige et de pierres.

ces *avalanches poudreuses* sont les plus dangereuses, parce qu'on ne peut prévoir le lieu ni le moment de l'écroulement : ce sont elles qui écrasent parfois les *chalets* (maisonnettes) des pâtres et même des villages entiers, et engloutissent les voyageurs.

L'AVALANCHE DANS LES ALPES

XVIII. — LES GLACIERS

Imaginez, dans la montagne, dans la région des neiges et des glaces, un large ravin, comme un couloir tortueux, une sorte de vallée ; à droite et à gauche les blancs sommets, les pentes neigeuses. Les masses de neiges plus ou moins durcies, les *névés*, comme on dit, glissent doucement sur les pentes, ou au contraire se précipitent en *avalanches*, c'est-à-dire en écroulements soudains, violents et tumultueux. Toutes ces neiges des pentes voisines s'entassent donc au fond du ravin, comme au fond d'un vaste fossé. Peu à peu, elles durcissent, tassées, foulées par leur propre poids ; elles finissent par former une glace dure et compacte. Ce couloir à demi comblé de glace, c'est ce qu'on nomme un glacier. — Il vous semble peut-être qu'avec le temps ce ravin, si profond qu'il soit, devrait finir par se remplir complètement. Mais cela n'arrive pas, pour deux raisons : la première, c'est qu'une partie de cette glace fond, surtout à l'été ; redevenue liquide, elle s'en-

Glacier de Nubra, dans les montagnes du Karakorum (Thibet, Asie).

fuit en ruisseaux qui se réunissent en torrents. Mais, de plus, la glace solide et dure ne dort pas immobile au fond de son couloir. Ce couloir a toujours une pente, plus ou moins faible, vers les vallées ; et la glace, suivant cette pente, glisse lentement, insensiblement, avançant de quelques centimètres seulement par jour. La glace *coule*, dans ce ravin, absolument comme un fleuve dans son lit : la seule différence, c'est qu'elle coule avec une lenteur extrême. A droite et à gauche, de petits couloirs apportent leurs glaces dans le grand ; ce sont les *affluents* du glacier, et l'endroit où ils se réunissent est un *confluent*. Le glacier a ses *méandres*, ses détours, comme le fleuve ; en certains endroits son lit est plus étroit, en d'autres il est plus large ; il y a des passages où la pente du couloir est plus forte, et où la glace avance plus vite : ce sont des *rapides*. Le fleuve de glace a sa source près des sommets, parmi les neiges ; il a son embouchure au bas du couloir. Là, la glace se trouvant descendue en des lieux moins froids, fond à mesure qu'elle arrive, tandis que de nouvelles neiges tombant des hauteurs vers le haut du ravin, commencent à prendre leur marche vers la vallée.

GLACIER DU GRINDELWALD.

XIX. — FISSURES ET CREVASSES DES GLACIERS

La surface de ces vastes coulées de glaces que l'on nomme des *glaciers* n'est pas, ainsi qu'on pourrait le croire, unie comme celle d'un étang gelé; elle a plutôt l'aspect d'une mer houleuse qui se serait subitement glacée avec toutes ses vagues. Inégale, âpre, toute hérissée d'angles et de pointes, elle est le plus ordinairement rayée de sillons irréguliers, fracturée de fissures profondes ou de larges crevasses, percée de trous, parcourue, surtout à l'été, de petits ruisseaux, semée de flaques, difficile et rude, souvent même dangereuse à parcourir. En certaines parties la glace est transparente et bleuâtre; en d'autres, recouvertes de neige fraîchement tombée, elle est toute blanche; ailleurs elle est souillée d'une boue noire, et on croirait voir un chemin creux fangeux, large, défoncé d'ornières; ou bien enfin elle est encombrée de pierres et de blocs de rochers écroulés.

Et vous vous rendrez facilement compte de ces phénomènes si vous vous rappelez le mode de formation du glacier. Les neiges durcies et les glaces entassées dans le ravin, formant une masse compacte, glissent cependant sur la pente rocheuse. Mais cette masse solide ne peut pas couler de même qu'un liquide. Forcée d'avancer par la pression, par la *poussée* des neiges qui glissent sur la pente, la glace avance dans son lit inégal; mais elle se brise et se fracture; ailleurs les blocs fendus, fortement pressés, se recollent... — Dans la masse inégalement comprimée une fente se produit; une simple fêlure, profonde, mais étroite, presque imperceptible; la glace qui se brise fait entendre des craquements, des grondements sourds. Puis la *fracture* va s'élargissant, et devient une *crevasse*, un abîme béant et profond. Les parois de la glace coupée par la fissure paraissent le plus souvent unies, luisantes, diaphanes et d'une couleur bleue admirable. Un grand nombre de fentes se produisant ainsi, le glacier est rayé de crevasses, les unes ouvertes en travers, les autres en long, d'autres obliques. Ces fissures se croisent en tous sens; la glace est souvent toute *hachée*, divisée en blocs qui s'éboulent à demi.

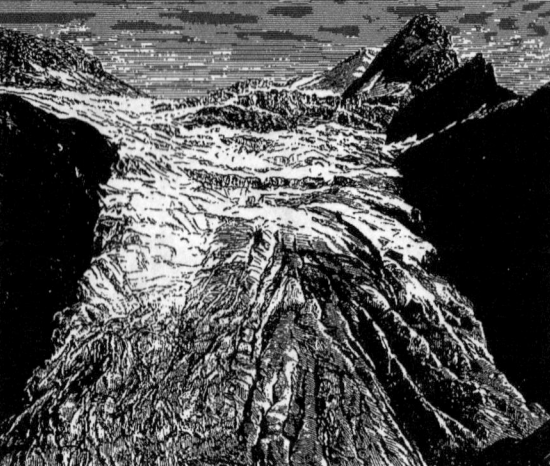

Les crevasses du glacier de la Blumlisalp (Suisse).

Puis, surtout à l'été, la glace fond à la surface, et les blocs, à demi détachés, amincis par la fusion, prennent cet aspect de vagues congelées qui fait donner au plus beau glacier du mont Blanc le nom de *Mer de glace*. Les ruisselets formés à la surface par l'eau de fusion de la glace se précipitent en cascades blanchissantes dans les gouffres bleus des fissures. En certains endroits ces eaux, un peu attiédies, rongent la glace le long de quelque étroite fissure, élargissent le vide en l'arrondissant: il se produit aussi au milieu du glacier des *puits* ronds, extrêmement profonds, effrayants, où les ruisseaux se précipitent avec un bruit semblable à celui de l'eau qui s'élance sur la roue d'un moulin: c'est pourquoi les montagnards appellent ces gouffres des *moulins*. Souvent les crevasses, moulins et gouffres de toute sorte sont remplis de neiges fraîches tombées: le voyageur imprudent qui mettrait le pied sur ces abîmes cachés pourrait faire enfoncer par son poids la couche de neige mal tassée et s'engloutir dans la crevasse.

LA MER DE GLACE (MONT BLANC) VUE AU CLAIR DE LUNE

XX. — LES MORAINES DES GLACIERS

Quand, au fond de quelque ravin sauvage des hautes montagnes, les neiges fraîches tombées ou demi-durcies, glissant sur les pentes, s'écroulent, s'entassent, se durcissent et forment un *glacier*, presque toujours ces neiges et ces glaces, en s'éboulant, entraînent avec elles des débris de roches, des cailloux arrachés, broyés par l'écroulement. Très souvent de grosses pierres ou même d'énormes blocs de rochers, minés en dessous, ou fendus par la gelée, se détachent des flancs ravinés de la montagne, roulent et tombent aussi sur le glacier. Ces débris, ces pierres, ces blocs forment sur la glace, des deux côtés du ravin, au pied des escarpements, de longues traînées que l'on nomme *moraines*. Imaginez-vous des pierres détachées du faîte ébréché d'une muraille en ruine, et accumulées tout le long de la muraille, à son pied. Mais la glace entassée au fond du couloir n'est pas immobile ; elle glisse lentement, insensiblement, sur la pente du ravin ; le glacier tout entier avance, coule de même que dans un lit. Les pierres tombées sur la glace et portées sur elle glissent donc avec elle, avançant de quelques centimètres par jour ; en sorte que les deux moraines sont en réalité deux longues « *processions* » de pierres et de blocs se suivant « à la queue leu-leu », en marche vers la vallée. Ces deux files, qui suivent tous les détours du couloir sans se mêler, sans se déranger de leur route, sont appelées les deux moraines *latérales*. Souvent deux glaciers se rencontrent : les glaces qui arrivent par les deux ravins se réunissent dans le même lit, et coulent lentement ensemble. Et alors deux des moraines latérales des deux glaciers se rassemblent en une seule à partir du *confluent*, du point de rencontre, et forment une troisième traînée de blocs au milieu du courant de glace : c'est ce qu'on nomme une moraine *médiane*. Parfois même un grand glacier porte cinq ou six traînées semblables indiquant autant de glaciers *affluents*.

Tous ces blocs voyageant ensemble finissent avec le temps par arriver à l'extrémité du glacier, là où la glace, sans cesse fondant, disparaît complètement. A mesure qu'ils arrivent, l'un après l'autre, ces blocs glissent, font la culbute, et roulent au pied du talus de glace. Là, tous les blocs et débris de toute sorte apportés par le glacier depuis des siècles et des siècles, comme les débris flottants qu'une rivière entraîne, s'accumulant sans cesse, finissent par former un entassement énorme, quelque chose comme un immense écroulement : c'est la *moraine frontale* du glacier. Au pied de certains grands glaciers on voit des moraines frontales qui sont de véritables collines, de cinquante ou même cent mètres de hauteur. — Les blocs écroulés sur le glacier donnent lieu à un autre phénomène plus curieux encore.

Moraine frontale d'un glacier (Ober-Aar, Suisse).

Supposez une longue et large pierre, reposant à plat sur la glace. Aux rayons du soleil, au souffle du vent tiède, tout autour d'elle la glace fond ; son niveau s'abaisse peu à peu. Mais ce bloc garantit de la chaleur du soleil et du vent l'espace qu'il couvre ; sous lui la glace ne fond pas, ou presque pas ; son niveau ne s'abaisse pas. En sorte qu'au bout de quelque temps ce bloc se trouve supporté sur une masse de glace qui n'a pas fondu, et qui dépasse la surface du glacier. La roche plate sur son piédestal de glace figure une *table* posée sur une colonne — mieux encore un énorme champignon dont la pierre est le *chapeau* et qui semble croître à mesure que la glace fondante baisse autour de lui. C'est ce qu'on appelle une *table de glacier* ; certains glaciers portent un grand nombre de ces tables.

GLACIER DU MONT ROSE ET SES MORAINES

XXI. — LES RAVINS

Une coupure étroite, profonde, entre deux pentes escarpées ou même entre deux parois de rocher taillées à pic, dans les régions bouleversées des montagnes ou des hauts plateaux, est ce qu'on nomme une *gorge*, un *ravin*. Presque toujours c'est le chemin de quelque torrent fougueux, et ce sont les eaux elles-mêmes de ce torrent qui ont, sinon ouvert la première brèche, du moins approfondi, recreusé le couloir. Certaines gorges des montagnes ont l'aspect d'une tranchée extrêmement étroite, comme un corridor à peu près droit, entre deux murailles sombres. Il apparaît alors clairement que c'est là une immense *fracture*, une fente de la montagne, qui s'est ouverte comme une fissure dans un bloc de pierre qui se fêle. Le plus souvent au contraire le ravin est tortueux. Le voyageur suit l'étroit sentier, inégal, toujours montant et descendant, qui serpente aux flancs du rocher ; à chaque détour il pourrait croire qu'il est arrivé au bout d'une *impasse*. Ces détours rappellent les *méandres* de la rivière dans la plaine ; et en effet on aperçoit partout, le long des pentes *ravinées* elles-mêmes de couloirs d'éboulements, les traces du travail des eaux furieuses, qui ont pour ainsi dire rongé la montagne, et creusé leur lit inégal le long du versant. Dans les monta-

Le ravin dit *Creux d'Enfer* à Thiers (Auvergne).

gnes du Jura, qui ont la forme d'énormes *sillons* parallèles, on nomme *cluses* des ravins étroits, comme des brèches qui coupent une des chaînes de montagnes et font communiquer les deux vallées qu'elles séparent. Ces gorges, avec leurs murailles de rochers nues et menaçantes, ont quelque chose de sauvage et de formidable ; plus d'un, parmi ces sombres défilés de montagnes, porte le nom de *gorge d'enfer*, ou telle autre appellation infernale qui exprime son aspect sinistre. Dans les régions de plateaux et de collines, on rencontre de petits ravins, également creusés par les eaux, mais qui offrent aux yeux des *traits* diminués et adoucis. Tantôt les pentes moins rapides descendent couvertes de frais gazons ; tantôt, plus escarpées, elles montrent à nu le rocher : mais dans chaque fente de la pierre croissent de longues herbes, des buissons touffus ; des arbres même y enfoncent leurs racines, et, se penchant couvrent de leur ombrage le fond de l'étroite coulée. Une rivière au cours rapide, aux eaux claires, ou même un simple ruisseau y fuit à travers les pierres moussues ; et la petite vallée, avec l'abri du feuillage et le murmure des eaux, est, à l'été, un paradis de fraîcheur et de verdure.

RAVIN DANS LES MONTAGNES D'ÉCOSSE

XXII. — COLS ET DÉFILÉS

Une grande chaîne de montagnes, telle par exemple que la chaîne des Pyrénées, forme entre les pays qu'elle sépare une barrière souvent très difficile à franchir. Mais cette sorte de muraille immense a des brèches; je veux dire qu'entre les sommets les plus élevés il y a, le long de la *crête*, des *dépressions*, des parties plus basses, parfois des échancrures profondes. Et tout naturellement c'est par ces endroits, qui offrent moins de hauteur à gravir et moins d'obstacles, que passent les voyageurs obligés de traverser la chaîne. Ces brèches de la crête se nomment *cols*, ou *ports*, souvent aussi *pas*, *passages*. Pour être moins élevés que les pics de la chaîne et moins inaccessibles, ces passages ne sont pas toujours sans difficultés et sans périls : beaucoup sont situés à des hauteurs encore très grandes, rudes à gravir et coupés d'obstacles, encombrés de glaces et de neiges, exposés aux tempêtes et aux avalanches. Traverser une grande chaîne par de tels passages est chose pénible souvent et dangereuse, surtout pendant la mauvaise saison ; et un grand nombre de voyageurs ont péri en route, ensevelis sous des écroulements, ou enveloppés

Un col dans les montagnes du Karakorum (Thibet, Asie).

de neige, ou seulement épuisés de fatigue et engourdis par le froid. Beaucoup de cols des Pyrénées, des Alpes, difficiles à l'été, sont absolument infranchissables pendant la moitié de l'année. — Lorsqu'un passage dans les montagnes offre l'aspect d'un étroit couloir, profond et tortueux, entre des roches escarpées, il prend le nom de *défilé* : mot expressif, qui vous rappelle l'idée d'une troupe nombreuse de voyageurs ou d'une armée obligée de passer *à la file* par ce sentier resserré. Le plus souvent le défilé est le *ravin* de quelque torrent. L'eau fougueuse gronde au fond des précipices ; le sentier est aux flancs du rocher, inégal, montant et descendant sans cesse, passant d'une rive à l'autre ; le passage est encombré de rocs, coupé de larges brèches. Il a fallu dresser un peu la route et l'élargir, construire des ponts hardis par-dessus le torrent, à certains endroits percer le rocher même. Mais avec tout cela la route n'est pas encore facile ; parfois elle reste impraticable aux voitures et aux bêtes de charge. — On cite, parmi les cols qui permettent de franchir la chaîne des Pyrénées, le col de *Pertus* (c'est-à-dire *Pertuis*, brèche), le port de Roncevaux et la brèche de Roland, célèbres dans les vieilles légendes. Les passages les plus remarquables des Alpes sont la route du mont *Genèvre*, le col du mont *Cenis*, surtout ceux du *Saint-Bernard*, du *Gothard* et du *Simplon*.

DÉFILÉ DANS LES MONTAGNES DU CAUCASE

XXIII. — PASSAGES SOUTERRAINS DES MONTAGNES.

Une haute chaîne de montagnes sépare bien davantage deux pays, deux nations, que ne le ferait une mer. Pour les peuples civilisés la mer, sillonnée de vaisseaux, est devenue un grand chemin. Mais la montagne avec ses pentes escarpées, ses neiges, ses torrents, ses avalanches, est restée une barrière. Il y a bien, à la chaîne, quelque brèche ; des *passages*, des *ports* : mais la plupart des défilés des montagnes, difficiles déjà à l'été, sont impraticables à l'hiver, encombrés de neiges et de glaces : la barrière est fermée. — « Ah ! s'est-on dit mille fois, si on pouvait percer un chemin souterrain sous la montagne ! » Cette idée, autrefois, n'eût été qu'un rêve. Depuis qu'il y a des chemins de fer on avait bien fait des *tunnels*, de longs passages souterrains. Mais percer les Alpes à la base ! — Ce qui eût été impossible autrefois est devenu possible, aujourd'hui : et c'est fait. A l'aide de puissantes et ingénieuses machines, inventées exprès, on a *foré* pour ainsi dire les Alpes comme d'un coup de tarrière gigantesque ; un large souterrain de 12 220 mètres de longueur a été creusé sous le

Entrée du tunnel du mont Cenis, du côté de la France.

mont Cenis, faisant communiquer la France et l'Italie au-dessous de l'immense barrière. Par cette effrayante percée des trains chargés de voyageurs nombreux, de marchandise de toute sorte, vont et viennent sans cesse. Ce travail grandiose a été achevé en quatorze années. Le *tunnel du mont Cenis* est le premier passage creusé par les hommes sous les montagnes ; la France a donné l'exemple ; et voilà que les autres nations aussi se mettent à l'œuvre. Un second passage vient d'être percé entre la Suisse et l'Italie, à travers l'énorme masse du Gothard ; il a 14 900 mètres de longueur. On parle d'en creuser un troisième sous le Simplon. Et bientôt sans doute toutes les nations civilisées auront, sous les montagnes qui les séparent, leurs chemins souterrains, par où les marchandises pourront s'échanger, par où les voyageurs pourront traverser, rapidement et en sécurité, chaudement abrités et tranquillement assis, — tandis que là-haut, sur les sommets, par les ravins et les défilés, l'hiver et la tempête, avec leurs glaces et leurs neiges, leurs torrents et leurs avalanches, feront rage...

PERCEMENT DU GOTHARD (SUISSE). — ENTRÉE DU SOUTERRAIN

XXIV. — VÉGÉTATION DES MONTAGNES

Quand on gravit une haute montagne des régions chaudes ou tempérées dont le sommet est couvert de neiges persistantes, à mesure qu'on s'élève, on ressent une fraîcheur croissante, puis un froid de plus en plus rude; pour tout ce qui tient à la température, au climat, c'est comme si, partant du pays où se dresse la montagne, on se dirigeait vers les régions glacées du pôle, en traversant des zones de plus en plus froides. Seulement le voyage, au lieu de durer des mois, s'accomplit en quelques heures; en une lieue de marche on voit tout le paysage changer d'aspect autour de soi. Or les plantes sont diversement distribuées selon les climats; il y a les plantes de la zone torride, telles que les *palmiers*, auxquels il faut une grande somme de chaleur; les arbres et les plantes des régions tempérées qui s'arrangent bien d'un climat moyen, enfin les végétaux qui bravent le froid rigoureux des contrées polaires. Eh bien, en s'élevant sur les flancs d'une montagne, on rencontre successivement, avec la température des différents climats, les plantes qui appartiennent à ces climats. — Dans nos belles Alpes, les prairies basses et les cultures occupent le fond des vallées; on trouve encore des champs cultivés sur quelques étendues plates, à certaine hauteur le long des flancs des monts. Là se voient des bouquets de noyers; les hêtres touffus forment des bois à fraîche verdure jusque vers la hauteur de 1 300 mètres. Au-dessus, jusque vers 1 800 ou 2 000 mètres, s'étend comme une ceinture sombre la verdure noire des forêts de sapins et de pins, arbres qui supportent les longs hivers. Plus haut les grands arbres ne peuvent plus résister; c'est la région des arbustes et des broussailles rampantes qui s'élèvent jusque vers 2 200 mètres. C'est là que croît touffue et fleurit à l'état sauvage, pendant le court été, la gracieuse *rose des Alpes* ou *rosage*, dite aussi *rhododendron*, et cultivée dans nos jardins. — Plus haut encore, vers 3 000 mètres, est la région des pâturages découverts de neiges à l'été, où sur les pentes adoucies croît une herbe touffue semée de mille fleurs brillantes. Là se cueillent les charmantes *plantes alpestres*, qu'on ne trouve point ailleurs, et qui fleurissent au bord même des neiges demie fondues. Le roc est tapissé de

Étages de végétation dans les Alpes. — Forêts, pâturages et neiges.

mousses fraîches ou de rudes *lichens* semblables à des mousses grisâtres, maigres et crépues. Enfin on atteint la froide région des neiges persistantes; mais jusque sur la neige elle-même croissent en certains endroits de petits champignons *microscopiques* qui lui donnent une teinte rougeâtre ou verdâtre. Ce sont les derniers des végétaux sur les dernières hauteurs.

PAYSAGE DANS L'HIMALAYA (INDE ANGLAISE)

XXV. — LES PATURAGES DES MONTAGNES

Sur les pentes des montagnes et sur les hautes terres des plateaux, là où le sol est trop rocheux ou la température trop froide pour les cultures, s'étendent de vastes pâturages qui nourrissent de nombreux troupeaux de vaches, de chèvres et de brebis. Les montagnes centrales de la France sont presque partout revêtues d'herbages; il en est aussi dans les Pyrénées et les Cévennes. Mais les plus beaux pâturages des montagnes sont ceux des Alpes françaises et surtout des Alpes suisses. — C'est dans les hautes régions, au-dessus des grandes forêts de sapins, près des neiges. Les flancs des montagnes offrent par endroits des pentes adoucies, où une mince couche de terre végétale peut se former et demeurer. Ces vastes étendues sont pendant les longs mois d'hiver ensevelies elles-mêmes sous les neiges. Mais voici l'été : les neiges fondent, et la vive verdure des herbages courts et semés de fleurettes apparaît : pendant les quatre mois les plus chauds de l'année elle restera à découvert. C'est alors que les bergers des Alpes, les *vachers* montent des vallées vers les hauts pâturages, emmenant leurs troupeaux. Chaque étendue de pâturage est ce qu'on appelle en Suisse une *alpe*. Sur l'*alpe*, un petit

Un chalet sur la montagne.

nombre de bergers passent tout l'été avec leurs vaches. Là est bâtie la maisonnette qui leur sert de refuge pour la nuit ou pendant les orages, et qu'on nomme un *chalet*. C'est une construction rustique, même un peu sauvage, en bois presque toujours, et formée de troncs de sapins empilés. Le toit, fait de planches de sapin, est chargé de lourdes pierres, afin qu'il ne soit pas emporté par les tempêtes. Rude est la vie du berger des chalets. Tout le jour son troupeau est errant sur l'alpe ; il faut surveiller ces bêtes, paisibles, mais parfois capricieuses. Le berger les appelle par leurs noms ; elles le suivent, obéissant à sa voix. La plus belle vache du pâturage porte à son cou une sonnette, dont les tintements rallient les autres autour d'elle. Le vacher trait les vaches deux fois par jour, porte le lait au chalet, en fabrique des fromages. Pendant des mois il est seul avec ses deux ou trois compagnons, séparé de sa famille. Il voit d'en haut son village, sa maison... et, pour se rappeler au souvenir de ceux d'en bas, il aime à faire retentir, du haut du rocher, les sons du *cor des Alpes*, dont les notes graves, adoucies par la distance et se répétant d'écho en écho, portent au loin le refrain de quelque vieille et simple mélodie.

UN PATURAGE DES ALPES SUISSES

XXVI. — LES BOIS PROTECTEURS

Les flancs abrupts et rocheux des hautes montagnes sont presque toujours couverts, jusqu'à une certaine hauteur, d'immenses et sauvages forêts : ce sont des fourrés touffus de hêtres, puis, au-dessus, des forêts d'arbres plus robustes encore et plus résistants, des arbres résineux à petites feuilles en aiguilles, toujours verts, d'une verdure sombre, presque noire : les *sapins*, les *pins*, les *mélèzes*. Là où toute culture serait impossible, où la terre végétale, sur la pente trop rapide, serait emportée par les eaux et laisserait le rocher a nu, ces arbres vigoureux et rudes, réunis et s'abritant les uns les autres contre les coups des vents et des orages, trouvent le moyen de vivre. Ils s'accrochent pour ainsi dire à la montagne, enfonçant leurs grosses racines dans les fentes du rocher. Leurs racines enchevêtrées retiennent sur la pente un peu de terre végétale, et l'empêchent d'être entraînée par les averses ; leurs feuilles tombent au pied de l'arbre, engraissant un peu de leurs débris ce maigre sol. Ces vastes forêts, occupant les terrains où nulle autre végéta-

Forêt de sapins sur les bords du lac des Brenets (Suisse).

tion ne pourrait subsister, fournissent du bois pour le feu, pour les constructions. Mais elles rendent au pays bien d'autres services encore. — Dans les Alpes de la Suisse, les forêts de sapins, étagées sur les pentes des hautes montagnes, empêchent les avalanches de se former, ou du moins de rouler jusque dans la vallée. Les neiges tombées sur les pentes boisées ne peuvent glisser, parce qu'elles sont retenues par les troncs des arbres, *clouées* au sol, comme disent les habitants du pays. Et si des hauteurs glacées une avalanche se précipite, la masse énorme de neiges, qui croule comme un orage, trouve à mi-chemin un obstacle qui l'arrête. C'est la forêt qui supporte le terrible choc : quelques troncs sont brisés, mais la masse résiste. Sans elle, descendant jusque dans la vallée, l'avalanche ensevelirait les cultures, écraserait les villages. La sécurité, la vie des habitants de la vallée, c'est la sombre et sauvage forêt, là-haut, au-dessus de leur tête. Aussi, est-il sévèrement défendu par la loi de détruire ces *bois protecteurs*; d'effrayantes légendes, répandues autrefois parmi les gens du pays, menaçaient de tous les malheurs ceux qui en auraient abattu un seul arbre.

FORÊTS DE SAPINS DANS LES ALPES (SUISSE)

XXVII. — LES ASCENSIONS

Avez-vous jamais regardé d'en bas, de la vallée ou de la plaine, une simple colline, sans vous sentir aussitôt l'envie de gravir cette hauteur pour jouir d'une vue plus étendue, et dominer au loin la campagne? Quel plaisir ce doit être, vous disiez-vous, de s'élever sur quelque haute cime des montagnes! — Et alors, peut-être, cherchiez-vous à vous représenter le spectacle qui vous serait apparu, si vous vous y étiez trouvé transporté tout à coup... C'était du sommet d'un pic élancé, se dressant dans la région des nuages autour de vous; un immense horizon de montagnes blanches, toutes hérissées de pointes aiguës coupées par les raies noires des ravins; plus bas des masses plus sombres de roches nues, rayées, au contraire, par la traînée blanche des glaciers; puis les contreforts qui s'abaissent de degrés en degrés, couverts de sombres forêts de sapins, ou du velours ras des herbages. Tout au fond vous mettez les vallées avec leur verdure sombre, et les filets argentés qui sont les torrents et les rivières; puis çà et là quelques larges plaques miroitantes, qui sont des lacs aux eaux tranquilles. La vue se perd dans des lointains indiscernables; une étendue immense de pays s'embrasse d'un coup d'œil. Au-dessus de ces horizons, un ciel bleu, profond, où peut-être flottent quelques hautes nuées légères; vous foulez une neige sans tache, vous respirez un air pur et léger. — Eh bien, quand vous aurez cherché à vous représenter tout cela, votre imagination restera toujours au-dessous du spectacle merveilleux que la nature offre aux observateurs qui, par un jour favorable, ont gravi quelque haut sommet. Mais ce rare plaisir, il faut l'acheter par des fatigues inouïes, des souffrances, des dangers. S'il est facile de s'élever sur la cime d'une montagne de moyenne hauteur, l'*ascension* des grands pics offre toujours des difficultés extrêmes. Les voyageurs, hardis et dispos, réunis en petites troupes, accompagnés de *guides*, robustes montagnards habitués à ces fatigues, se mettent en marche; il faut souvent plus d'un jour pour arriver au sommet. Là, ce sont de longues pentes neigeuses, où le pied enfonce dans la neige molle; ailleurs des pentes plus escarpées, où elle s'écroule sous le pied. Puis ce sont les glaciers à surface inégale, glissante, coupée de larges fentes, de crevasses qu'il faut franchir. Ailleurs, c'est une brèche énorme, une fracture de la montagne qui barre le chemin; ou bien une *arête* de rocher, en *dos de couteau*, entre deux précipices. Ici il faut tailler dans la glace inclinée, à coups de hache, des degrés en façon d'escalier; ailleurs il faut s'aider des pieds et des mains pour gravir une pente escarpée. Un faux pas, une masse de neige qui se dérobe sous le pied, une pierre qui se détache et roule, peuvent précipiter le

Gravisseurs arrivés au sommet d'un pic, et faisant des signaux.

grimpeur en des abîmes de plusieurs centaines de mètres de profondeur. Le froid est extrême; la blancheur des neiges éblouit la vue et cause des migraines douloureuses; surtout l'air trop *léger*, trop *rare*, ne suffisant plus à la respiration, le *gravisseur* haletant, hors d'haleine, sent à chaque instant les forces lui manquer. Mais aussi comme il oublie ses fatigues et ses dangers lorsqu'arrivé enfin au sommet, il fait de joyeux signaux aux amis restés en bas, qui l'ont suivi des yeux seulement, avec une *lunette d'approche*, comme on suit un navire qui s'éloigne du rivage!

GRAVISSEURS ESCALADANT UN PASSAGE DIFFICILE

XXVIII. — LES VALLÉES

Voyez cette belle vallée, largement ouverte au pied de la grande chaîne neigeuse, entre les versants de deux chaînons de contreforts. Comme elle semble bien à l'abri, sous ces remparts énormes qui la défendent! — La montagne est belle; mais, avec ses orages soudains et ses tempêtes, ses neiges, son hiver sans fin, ses rochers et ses précipices, c'est un séjour effrayant et sauvage, bon pour les chamois et les ours... non pas pour nous. Ses pentes de rochers nus se refusent à toute culture. On peut la parcourir pour en admirer les magnifiques paysages ; on ne peut pas y habiter. A peine quelques pâtres osent séjourner, pendant les mois d'été, sur les pâturages, à mi-hauteur des flancs escarpés; dès l'automne, ils sont forcés de redescendre. La vallée au contraire est heureuse et tranquille. Elle est à nous; elle est faite pour l'homme. Elle est fertile; elle nourrit ses habitants. Sa surface, plane ou en pente douce, est facile à parcourir, facile à cultiver; l'air y est frais et doux, la terre épaisse et grasse. La montagne lui envoie ses eaux, qui la sillonnent et l'arrosent. Les jolis villages y sont abrités, les uns au pied des pentes, les autres au

La vallée de Léoncel dans les Alpes du Dauphiné.

bord de l'eau. Les formes des vallées sont très variées ; les unes sont larges, les autres étroites et encaissées. Dans les unes le sol se creuse avec une gracieuse courbure, qui va rejoindre les pentes allongées des versants ; dans d'autres le terrain, nivelé comme la surface d'un lac, s'arrête brusquement au pied des rochers en pente raide ; c'est ce qu'on appelle, en certaines régions, le *plat* de la vallée. Certaines vallées sont presque droites, d'autres sont extrêmement tortueuses; il en est qui s'élargissent en certains endroits, et forment des *bassins* assez étendus, puis se rétrécissent en des *défilés* profonds. Quant à la direction, on distingue les *vallées longitudinales* comprises entre deux chaînes de montagnes ou de hautes collines, et s'étendant par conséquent dans le sens de la longueur de ces chaînes; et les vallées *transversales*, qui, creusées depuis la partie centrale de la chaîne, descendent en pente plus ou moins rapide, s'élargissant à mesure, entre des chaînons de contreforts, eux-mêmes dirigés *en travers* de la chaîne. Dans les massifs montagneux les vallées sont souvent enchevêtrées et ramifiées d'une façon très compliquée. — On nomme *haute vallée* un pli concave du terrain, situé à grande hauteur dans la région élevée et froide du massif montagneux, ou bien encore la partie supérieure d'une vallée transversale.

LA VALLÉE DE LUCHON ET LES PYRÉNÉES

XXIX. — LES CIRQUES

Imaginez une sorte de vallée, plus ou moins large et profonde, mais qui, au lieu d'être allongée en façon de sillon, est arrondie en forme de bassin ou de cuvette : les hauteurs rangées en cercle autour de cette cavité figureront les bords relevés du bassin. Ou bien encore représentez-vous un *cirque*, un *amphithéâtre*, un *hippodrome* avec les murs qui bornent le contour, puis les pentes que forment les gradins, et enfin, au milieu, l'*arène* en fond de cuve dominée de toutes parts. Sur ce modèle concevez une enceinte circulaire de montagnes escarpées entourant une dépression (étendue creuse) du sol : vous avez une idée de ce que les géographes appellent — justement par comparaison — un *cirque*. Inutile de vous dire que cette œuvre de la nature n'a pas la régularité d'une construction faite par les hommes ; que la vallée n'a pas son contour parfaitement arrondi, que la muraille de rochers escarpés ou la chaîne de montagne qui l'entoure a l'aspect

Petit cirque de Baume (Jura).

inégal, dentelé, ébréché de tous les escarpements de rochers et de toutes les chaînes de montagnes possibles. — Mais ce qu'il est important de bien comprendre, c'est que le rempart de hauteurs ne forme presque jamais un cercle complet, un contour *fermé*. Et, en effet, s'il en était ainsi, les eaux tombées dans cette étendue s'accumulant rempliraient ce fond de cuve, et on aurait non plus une vallée, mais un lac ; tout au moins un lac occuperait la partie profonde. Mais presque toujours le bassin a une brèche par où il fuit... j'entends que la vallée a d'un côté une ouverture plus ou moins large, par où passe le cours d'eau écoulant les pluies tombées sur son étendue. En sorte qu'en réalité la vallée forme seulement les trois quarts ou même la moitié d'un cirque complet, ainsi que le petit *cirque de Baume* vous en offre un exemple. Beaucoup de vallées allongées se terminent ainsi vers leur partie supérieure par un demi-cirque. — Les voyageurs citent avec admiration le grand cirque de *Gavarnie*, dans les Pyrénées, avec ses remparts de hautes montagnes et de rochers à pic, du haut desquels tombent, à la fonte des neiges, de magnifiques cascades.

LE CIRQUE DE GAVARNIE, DANS LES PYRÉNÉES

XXX. — LA SOURCE DU FLEUVE

On entend ordinairement par *source* d'une rivière ou d'un fleuve le lieu où commence son cours. Très souvent, dans les pays de montagnes, les eaux qui vont former la rivière ou le fleuve coulent d'un glacier : elles proviennent de neiges et de glaces fondues. D'autres fois, surtout dans les pays de plaines, le premier courant sort d'un étang, d'un marécage où s'amassent les eaux de pluie ; et le lit du cours d'eau est le canal par où s'écoule le surplus de ces eaux stagnantes. Mais souvent aussi le cours d'une rivière commence par une véritable *source*, c'est-à-dire que des eaux qui ont filtré à travers des conduits souterrains sortent au jour par une fente du rocher. Parfois la source d'un grand fleuve est bien peu de chose : un simple filet d'eau qui sort de terre et forme une étroite fontaine, d'où coule un ruisselet... D'autres ruisseaux plus loin vont s'y joindre, puis d'autres encore. Le cours d'eau ira grossissant de toutes ces eaux qui lui viennent par ses *affluents*, grands et petits — parmi lesquelles celles qui sont sorties de la petite fontaine de là-haut ne comptent plus pour beaucoup ! Mais il est aussi de grandes et fortes sources, par où jaillissent de terre d'énormes quantités d'eau, qui forment tout de suite une large et belle rivière. C'est qu'alors les eaux de pluie de toute une vaste étendue de pays, pénétrant dans la terre par les fissures du sol, se sont réunies en de larges conduits intérieurs, formant comme une véritable rivière souterraine. En un certain lieu ces eaux sortent au jour par une vaste ouverture, et la même rivière désormais continue son cours à la surface de la terre. — Parmi les grandes sources, d'où sortent de puissants cours d'eau, on remarque surtout en France les sources du Loiret, et celle de Vaucluse. Au milieu d'un beau parc, dans un pré tout semé de fleurs, jaillit la source du Loiret. L'eau qui s'élance du fond s'agite et bouillonne à la surface : c'est pourquoi cette source a été nommée le *Bouillon*. L'eau s'étale, remplit un bassin arrondi, puis s'écoule en formant une jolie rivière, assez large, paisible et gracieuse, qui va serpentant à travers champs pour se réunir à la Loire. Un peu plus loin s'y joignent encore les eaux d'une autre source plus tranquille et moins abondante. — La source de Vaucluse a un aspect tout différent. Imaginez une vallée étroite et profonde, encaissée entre de hauts rochers grisâtres, nus, taillés à pic. Au pied de ces rochers on voit l'ouverture d'une *grotte*, comme une large porte arrondie, par laquelle coule, à l'été, un beau ruisseau d'eau claire et vive. Mais, dans la saison des pluies, l'eau s'élance en bouillonnant, trouble et blanchâtre, jusqu'au plein de l'ouverture en un véritable torrent. Les eaux de cette source, appelée *Fontaine de Vaucluse*, forment la rivière de la *Sorgue*, qui, après s'être réunie à l'Ouvèze, se verse dans le Rhône près d'Avignon. — On cite encore, parmi les plus belles sources de France, celle de la Touvre, affluent de la Charente, dont les eaux, à peine sorties de terre, font tourner les roues de grandes usines ; et les deux fontaines de l'Ouysse, affluent de la Dordogne.

Source de la rivière de la *Sorgue*, dite *Fontaine de Vaucluse*.

LA SOURCE DU LOIRET (LE BOUILLON)

XXXI. — LES SOURCES GLACIAIRES

Un grand nombre de fleuves et de rivières dont le cours commence dans les hautes montagnes sortent d'une *source glaciaire* surgissant au pied d'un glacier. L'eau qui forme leur premier courant ne coule pas d'une fracture du rocher, mais des fissures de la glace; elle provient de la fusion de cette glace même. En effet, les neiges entassées et durcies au fond du couloir d'un glacier, et qui descendent sans cesse suivant sa pente vers le fond de la vallée, fondent peu à peu à la chaleur du soleil et par l'effet d'un air moins froid que celui des sommets. Cette *eau de fusion* forme de petits ruisselets à la surface du glacier. Mais presque toujours ces ruisselets s'engouffrent dans les fentes et les crevasses dont le glacier est sillonné. Ces eaux alors continuent de couler, mais en dessous; elles trouvent leur chemin à travers les fissures, et élargissent elles-mêmes leurs conduits tortueux; en sorte que sous le glacier il coule une rivière invisible, formée par la réunion de tous ces petits ruisselets. Arrivées au bas du glacier, ces eaux apparaissent au jour. Parfois on les voit fuir par toutes les fentes, entre les blocs écroulés, comme à travers un crible. Souvent aussi elles s'amassent dans un creux du glacier, et forment un *étang glaciaire*, aux rives de glace; elles s'épanchent à mesure par une brèche qui sert de déversoir. Enfin beaucoup de glaciers sont creusés à leur pied d'une profonde caverne, d'où l'on voit sortir l'eau bouillonnante et torrentueuse; l'ouverture, souvent admirablement arrondie en voûte, forme ce qu'on appelle l'*arche terminale* du glacier. — Cette caverne, c'est le lit de la rivière cachée, qu'elle-même a creusé : et l'arche terminale est pour ainsi dire son embouchure; en même temps c'est la source de la rivière visible. Ces *antres*, aux parois polies de glace transparente comme du cristal bleuâtre, ont un aspect vraiment magique. Tantôt la voûte est régulièrement arrondie; tantôt de grands angles, réfléchissant la lumière qui arrive par l'entrée, étincellent au milieu du demi-jour azuré. L'eau suinte des parois, et de petites cascades écumeuses jaillissent par des fissures. Mais il est très dangereux de visiter ces grottes cristallines; car à chaque instant des blocs demi-fondus se détachent de la voûte, et souvent même la caverne tout entière s'écroule avec fracas. — De même aussi parfois s'écroule subitement l'espèce de digue de glace qui retenait les eaux d'un *étang glaciaire*. C'est à l'été; les eaux de fusion accumulées dans l'étang ont fait monter le niveau; la rive de glace, à demi fondue elle-même, cède tout à coup sous la pression. Une brèche énorme se fait : l'eau s'élance avec une violence inouïe, se précipitant dans les ravins, arrachant, roulant les blocs de glace. En peu d'heures le lac entier s'est vidé; et souvent ces eaux fougueuses subitement déchaînées causent des inondations désastreuses dans la vallée.

Source glaciaire de l'Arveiron au glacier des Bois (mont Blanc).

SOURCE GLACIAIRE DU RHIN AU BAS DU GLACIER DE ZAPPORT (SUISSE)

XXXII. — LES TORRENTS

Représentez-vous une gorge profonde et tortueuse dans la montagne, entre deux sombres murailles de rocher, ébréchées, brisées à grands angles, et parfois surplombant sur le précipice : au fond de l'étroite coupure gronde le *torrent*. Vous vous penchez : vous apercevez l'eau fougueuse qui fuit dans le lit resserré, inégal, tout encombré de blocs éboulés ; ici elle glisse, rapide et verdâtre, sous un pan de rocher taillé à pic ; plus loin, furieuse et toute blanche d'écume, elle s'élance, bondit de cascade en cascade ; parfois, arrêtée par un barrage naturel de rochers, elle s'étale en nappe dans un bassin plus élargi, une sorte de lac encaissé et profond. Puis, débordant par une brèche du barrage, elle croule en chute bruyante, remplissant les gorges de son fracas de tonnerre. Mais le spectacle est bien autrement effrayant à l'époque des grandes crues, quand les *eaux sauvages*, se précipitant dans le couloir du torrent, le gonflent jusqu'aux bords, croulent sur la vallée, chargées de sables, de limon, de roches broyées, entraînant des blocs de pierre arrachés aux flancs du ravin et des troncs d'arbres déracinés par la tempête. Quelques semaines après vous repassez ; vous cherchez le torrent... vous voyez au fond du précipice un faible ruisseau d'eau claire et froide, qui glisse entre les blocs de pierre. — Ce qui distingue les torrents des autres cours d'eau, ce n'est pas seulement leur rapidité violente ; c'est aussi cette alternative de *crues* violentes et soudaines, tandis qu'à d'autres époques leur lit est presque à sec. C'est que le couloir rétréci du ravin est le canal d'écoulement de toute une vaste étendue de montagnes, le chemin que doivent prendre les eaux tombées sur ces hauteurs, où les orages sont fréquents, où les pluies tombent en averses énormes, où les neiges, accumulées pendant l'hiver, fondent à l'été. — Imaginez qu'un orage éclate sur la montagne, c'est comme un déluge soudain. Cette masse d'eau qui se précipite gonfle le torrent ; il prend tout à coup une violence sauvage. La même chose arrive au moment où les neiges fondent avec rapidité aux rayons du soleil, au souffle des vents chauds. Au contraire, après une longue sécheresse, et surtout pendant les mois d'hiver, quand les eaux, retenues par le froid et comme enchaînées là-haut sous forme de glaces et de neige, ne peuvent prendre leurs cours, le lent égouttement de toute cette étendue glacée ne produit plus qu'un simple filet d'eau caché au fond du ravin.

Torrent subitement grossi par un orage.

LE TORRENT DE LA REUSS ET LE PONT DU DIABLE

XXXIII. — LE TRAVAIL DU TORRENT

Maintenant nous allons voir à l'œuvre un terrible travailleur : le torrent. — Vous l'avez déjà contemplé ce torrent des montagnes, écumant au fond de son ravin noir ; vous l'avez vu en ses jours de fureur soudaine, lors des crues, rouler des cailloux, des blocs de pierre, une masse énorme de roche broyée à l'état de fragments, au point que l'eau elle-même disparaissait presque sous les débris qu'elle emportait. — Le cours d'un torrent se compose de trois parties, plus ou moins nettement distinctes. Tout d'abord c'est dans les hauteurs de la montagne de vastes pentes largement ouvertes formant une sorte de cirque : c'est ce qu'on nomme le *bassin de réception*. Figurez-vous une moitié d'entonnoir... Toutes les eaux qui tombent aux jours d'orage sur cette vaste étendue de pentes raides, toutes les neiges accumulées à l'hiver et qui fondront à l'été, doivent trouver leur chemin pour s'enfuir. Les eaux des pluies et des neiges descendant au fond du bassin se réunissent à l'entrée d'un couloir étroit, qui est pour ainsi dire le bec de l'entonnoir. Là commence la seconde partie du cours du torrent : le *canal d'écoulement*. Les pentes du bassin de réception, érodées, ravinées par les averses violentes, rayées

Brèche ouverte dans le rocher par le torrent de la Cère (Auvergne).

par les avalanches, sont rongées sans cesse ; les roches fendues, affouillées en dessous, détachées par feuillets, arrachées par menus fragments, s'éboulent, glissent au bas des pentes, jusque dans le lit du torrent, qui les broie et les emporte. Ainsi le bassin de réception va se creusant, s'élargissant et s'approfondissant toujours. Cet étroit ravin tortueux qui sert de canal au torrent, c'est lui-même qui l'a creusé, ou tout au moins qui l'a approfondi ; et il continue de le fouiller encore, *sciant* pour ainsi dire le massif de la montagne, entraînant les débris. De ces débris que fait-il ? Il les entasse au bas de son couloir, à l'orifice, au *débouché* du ravin dans la vallée. Là où la pente est plus douce, les eaux n'ont plus la force d'entraîner les gros blocs et les cailloux ; les pierres s'arrêtent, s'accumulent. Les cailloux roulés par le torrent s'étalent en un vaste *talus* en pente faible, arrondi en façon d'éventail déployé : c'est la troisième partie du cours du torrent, le lieu de son travail de dépôt : c'est le *cône de débris*, à travers lequel les eaux, souvent divisées en plusieurs *branches*, s'ouvrent passage. — C'est ainsi qu'avec ce qu'il arrache à la montagne, le torrent encombre la vallée.

LE TORRENT DE REICHENBACH (SUISSE). RAVIN D'ÉCOULEMENT

XXXIV. — LA RIVIÈRE

Tandis que le torrent fougueux se précipite dans les ravins des montagnes, la tranquille rivière coule dans la vallée en pente douce et la plaine. Comme elle est gracieuse, cette eau fraîche et claire entre ses rives verdoyantes ! Ici, elle est à demi cachée sous l'ombre épaisse des grands arbres, des aunes noirs, des hauts peupliers ; ailleurs elle traverse des prairies bordées de saules blancs, d'osiers, de roseaux. Puis elle passe au seuil de quelque gai village, et ses eaux reflètent de rustiques maisonnettes blanches ; elle erre entre les jardins, glisse le long des murailles, fuit sous les ponts, portant partout la fraîcheur et la vie. C'est pour cela que l'on dit qu'une rivière *arrose* un pays : non seulement ses eaux imbibent le sol et abreuvent les racines des plantes qui croissent tout près de ses rives ; mais surtout il s'en élève sans cesse des vapeurs qui rendent l'air plus humide autour d'elle, et retombent en rosée sur les plantes jusqu'à de grandes distances de son cours. Elle rend bien d'autres services encore : elle fournit de l'eau pour boire aux hommes, aux troupeaux ; elle nourrit des poissons. Lorsque son courant est assez rapide, ses eaux

La rivière. — La Moselle, près de Liverdun.

amenées par des canaux forment des *chutes* et font tourner les roues des moulins, des usines. Dès qu'elle a un mètre de profondeur et trois ou quatre de largeur, elle peut servir à transporter du bois coupé, des troncs d'arbres qui vont flottant au courant : elle est dite *flottable*. Lorsque, plus profonde et plus large, elle peut porter des bateaux, elle est dite *navigable* ; c'est un chemin par lequel on transporte des denrées, des matériaux, des marchandises lourdes de toutes sortes. On voit des files de *chalands* qui *descendent* au fil de l'eau, ou *remontent* son cours traînés par des chevaux marchant sur le *chemin de halage* de la rive. Les eaux de la rivière proviennent de sources, de l'égoût des terres arrosées par les pluies, surtout de nombreux ruisseaux, ruisselets ou torrents qui de toute l'étendue de son *bassin* viennent s'y verser. Coulant dans la vallée, la rivière en suit tous les détours ; si elle arrive dans une plaine, vous la voyez encore serpenter d'un côté à l'autre en décrivant de grandes courbes gracieusement arrondies qu'on nomme *méandres* ; plus large et plus lente en même temps, parce que le terrain a peu de pente, elle semble comme endormie dans son *lit* sinueux. Enfin son cours, commencé à sa source, finit au confluent où elle joint ses eaux à celles d'une autre rivière ou d'un fleuve dont elle est l'*affluent*, soit à l'*embouchure* par laquelle elle se *déverse* en un lac ou une mer.

LA RIVIÈRE (LA LAISSE, EN BELGIQUE)

XXXV. — LE FLEUVE

On appelle *fleuve* le courant principal dans lequel viennent se déverser, par les ruisseaux et les rivières, toutes les eaux d'une vaste étendue de pays. Le fleuve n'est que la somme des eaux de ses affluents, désormais réunies dans un même lit, pour couler ensemble vers la mer, — parfois vers un très grand lac comparable à une mer par son étendue. Près de sa source, le fleuve n'est en réalité qu'un torrent ou une très petite rivière, parfois un simple ruisseau. Mais voilà que de droite et de gauche d'autres ruisseaux, d'autres rivières viennent lui apporter leurs eaux. A mesure qu'il suit son cours, recevant de nouveaux affluents, il grossit; la masse de ses eaux augmente, son lit s'élargit; dans la partie inférieure de son cours, c'est bien le *fleuve* grand et beau, puissant et majestueux. — Voyez comme ses eaux s'étalent dans son vaste lit ! De plus en plus tranquille à mesure qu'il approche de la mer, il serpente en grandes courbes, en longs *méandres* gracieusement arrondis, au fond de la large vallée ou au milieu des vertes plaines. Différant seulement de la rivière par la plus grande étendue de

La Loire à Roanne.

son cours et le plus grand volume de ses eaux, il rend aux pays qu'il parcourt les mêmes services qu'elle et de plus grands encore. Il *arrose* la contrée, il apporte aux plaines, l'été, les eaux des montagnes ; il abreuve les terres qui bordent ses rives; il rafraîchit l'air par les vapeurs qui s'en élèvent, et retombent ensuite en rosée sur les plantes. Dans nos pays civilisés, le fleuve, mieux encore que la rivière, sert de chemin pour le transport des provisions, des matériaux, des marchandises de toute sorte. Il porte non seulement de nombreuses barques, des chalands plats chargés jusqu'au bord, mais aussi de grands et beaux navires. De rapides bateaux à vapeur sillonnent ses eaux, emportant des centaines de voyageurs. Quel charmant voyage ! Tout le long des rives, au milieu des plus riches cultures, des frais bouquets d'arbres, on voit de gais villages, dont les clochers se mirent dans l'eau, de jolies maisons de campagne, des châteaux, des usines ; le plus souvent même, de grandes villes s'élèvent sur ses bords. — De distance en distance, au milieu du courant divisé en plusieurs *branches*, de frais *îlots*, souvent plantés de beaux et grands arbres, semblent des corbeilles de verdure.

LE DANUBE

XXXVI. — AFFLUENTS ET CONFLUENTS

Le lieu où deux grands cours d'eau, rivières ou fleuves, se réunissent, est toujours un lieu remarquable. A partir de ce point, le courant est plus puissant, le lit commun plus large. Mais des deux cours d'eau ainsi confondus en un seul lequel est l'*affluent*? Ordinairement on prend pour courant principal celui des deux qui a le volume des eaux plus considérable et le cours plus long : l'autre est l'affluent. Le premier garde son nom pour la suite du parcours, comme auparavant; le second est censé avoir terminé son cours au lieu du *confluent*. En réalité tous deux continuent leur cours, réunis, jusqu'à l'embouchure. — Et même, chose curieuse, les eaux de deux rivières qui se joignent ne se mêlent pas complètement dès l'abord. Si leurs eaux sont de teinte différente, si l'une des deux, par exemple, est plus claire, l'autre plus troublée par les limons, on peut souvent distinguer les deux courants qui coulent côte à côte dans le même lit, l'un à droite, l'autre à gauche, et vont

Confluent de l'Adour et de la Nive à Bayonne.

assez loin ainsi avant de se confondre. Lorsque le cours d'eau principal porte le nom de *fleuve*, l'affluent ne reçoit d'ordinaire que le titre de *rivière*. — Mais parfois il arrive que les deux cours d'eau qui se réunissent ont à peu près la même importance, et alors il n'y a pas de raison pour considérer l'un plutôt que l'autre pour courant principal; lequel devra donner son nom au reste du cours? Dans ce cas la *tradition*, l'usage seul fait loi; et ainsi il est beaucoup de fleuves qui ont pour affluents des rivières aussi puissantes ou même plus puissantes qu'eux-mêmes. Le lieu du confluent de deux rivières ou d'un fleuve et d'une rivière est une situation très avantageuse pour une ville, qui peut ainsi recevoir des approvisionnements et des marchandises par *voie d'eau* venant de côtés différents; et vous remarquerez que beaucoup de villes importantes sont bâties aux confluents mêmes, ou tout près : et, sans sortir de France, Paris, Lyon, Tours, Bordeaux, beaucoup d'autres encore situées de même vous reviendront en mémoire.

CONFLUENT DE LA SAMBRE ET DE LA MEUSE A NAMUR (BELGIQUE)

XXXVII. — LES RAPIDES

La vitesse d'un cours d'eau, torrent, fleuve ou rivière, dépend surtout de la pente de son lit. Lorsque la pente du lit est de deux ou trois centimètres par mètre — (c'est-à-dire que sur la longueur d'un mètre le fond baisse de deux ou trois centimètres) — ce qui serait une pente très douce pour une route et très facile à remonter pour les voitures, — les eaux se précipitent avec violence, entraînant dans leur course fougueuse graviers et cailloux : c'est un *torrent*. Si la pente est seulement de un centimètre par mètre, ou moins encore, c'est une *rivière torrentueuse*, dont les eaux trop agitées et fuyant trop vite ne peuvent porter des bateaux. Ces bateaux lourdement chargés ne pourraient remonter le courant, et l'eau les entraînerait malgré les efforts de l'attelage qui les tire... Une rivière commence à être *navigable*, quand sa pente est d'un millimètre par mètre environ : ce qui est tout à fait insensible à l'œil. Un fleuve dont la pente est moitié plus petite passe encore pour un fleuve rapide. Si le lit a une pente de un dixième de millimètre seulement, les eaux ont un cours tranquille, et, si l'inclinaison est moindre, elles semblent dormantes.

Rapides sur un fleuve de l'Indo-Chine.

Lorsque sur le cours d'un fleuve ou d'une rivière tranquille il se rencontre un endroit où la pente du lit est plus grande qu'ailleurs, les eaux, à cet endroit, prennent un cours précipité et agité ; il se forme ce qu'on appelle un *rapide*. — La rivière s'étendait comme une belle nappe paisible et profonde ; ses eaux glissaient doucement : mais voilà qu'un peu plus loin leur vitesse augmente tout à coup ; elles deviennent houleuses, parfois elles bouillonnent, et on voit de grandes traînées d'écume qui fuient au fil de l'eau. A l'endroit du rapide le lit est presque toujours en même temps plus resserré et moins profond ; souvent on voit au milieu même du courant percer des crêtes, des pointes de rocher qui lui font obstacle ; il se fait des remous et des tourbillons. Un murmure rauque s'élève et rappelle le bruit de la mer entendu dans le lointain. — Les rapides des fleuves et des rivières sont des obstacles dangereux pour les navires et les bateaux, qui ont parfois beaucoup de peine à les franchir. Souvent même ils arrêtent complètement la navigation. On cite souvent les rapides du Rhin, ceux du Danube, ceux de la rivière anglaise, le Schannon, enfin ceux des grands fleuves d'Amérique, effrayants de violence et infranchissables.

RAPIDES SUR UNE RIVIÈRE IRLANDAISE (LE SHANNON)

XXXVIII. — LES CASCADES

Quand la pente ordinaire du lit d'un ruisseau de montagnes, d'un torrent ou d'une rivière se trouve coupée tout à coup, non pas seulement par une pente plus rapide, mais par un escarpement, l'eau s'élance d'un bond dans le vide et tombe en formant ce qu'on appelle une *chute*, un *saut*, une *cascade*. La vue d'une puissante masse d'eau qui se précipite ainsi d'une grande hauteur offre toujours un spectacle saisissant. — Est-ce dans quelque gorge âpre et nue des montagnes, l'eau fougueuse d'un torrent qui par une brèche du rocher s'écroule avec fracas et s'abîme au fond des précipices? C'est une scène sauvage et presque effrayante. L'eau glisse comme une flèche; elle se heurte, se déchire aux aspérités du rocher, rejaillit en flots d'écume : on dirait qu'elle est en colère et veut broyer le roc contre lequel elle se heurte. Puis elle fuit, brisée par sa chute, agitée et blanchissante; en se penchant, on la voit ramper entre les blocs écroulés, au fond de la coupure sombre du ravin. Le vacarme de cette masse croulante, grossi par l'écho du ravin, semble un grondement de tonnerre, qui toujours roule...

Mais lorsque les eaux claires d'un fort ruisseau ou d'une jolie rivière descendant des montagnes se précipitent en cascade du haut d'un escarpement de rocher dans la vallée largement ouverte et gaiement éclairée; lorsque les rochers sont parés de la verdure des buissons, que de beaux arbres croissent alentour, — alors le tableau est gracieux et paisible. La *nappe* d'eau tombante semble formée de filets argentés; elle est toute blanche d'écume avec des reflets bleuâtres du ciel. Un brouillard de fines gouttelettes d'eau flotte autour; si le vent souffle et chasse de côté cette pluie argentée, il semble que la cascade tout entière oscille, se déploie et se disperse au vent. Elle ressemble alors à un immense voile blanc qui pendrait, accroché à quelque dentelure du rocher, et qui flotterait en plis légers à la brise. Le soleil vient-il frapper en plein la cascade, elle resplendit de reflets brillants; on croirait voir des traits de feu remonter à travers les filets liquides de la chute. Et alors dans le brouillard léger apparaissent de charmants arcs-en-ciel aux couleurs vives et merveilleusement transparentes, qui flottent dans l'air devant le rocher. Le bruit de la chute, frais et gai, se perd dans une vaste étendue et n'a rien d'assourdissant. — Dans tous les pays de montagnes où il y a des cours d'eau et des pentes rapides, des rochers escarpés, il y a aussi de ces jolies chutes d'eau dont la cascade de Queureilh et les gracieuses *cascatelles* (petites cascades) de Tivoli vous offrent des exemples.

Cascade de Queureilh en Auvergne.

LES CASCATELLES DE TIVOLI (ANCIEN TIBUR, ITALIE)

XXXIX. — LES CATARACTES

Quand les eaux, non plus d'un simple torrent des montagnes ou d'une petite rivière, mais d'un fleuve large et puissant, se précipitent du haut d'un escarpement, cette *chute* majestueuse est le plus souvent désignée sous le nom de *cataracte*. Beaucoup de fleuves ont ainsi une ou même plusieurs chutes successives. Depuis les temps anciens les sept cataractes du Nil sont surtout célèbres ; les eaux de ce grand fleuve descendent ainsi vers la mer par une suite de chutes, pour ainsi dire comme par un escalier... Mais il en est de plus belles encore. En Afrique on cite encore avec admiration la chute du Sénégal, surtout la magnifique cataracte du *Zambèze*, récemment découverte. En Amérique la chute impétueuse du *Missouri* n'est pas moins belle. Mais la plus célèbre cataracte du monde entier n'est pas à proprement parler la chute d'un fleuve, c'est plutôt le déversoir d'un lac. C'est la grande chute du Niagara, par laquelle les eaux, sortant du lac Érié (Amérique du Nord) par un couloir rétréci, se déversent dans un autre lac, le lac Ontario. Le puissant courant augmente graduellement de vitesse, jusqu'à ce qu'arrivé au bord escarpé d'une haute muraille de ro-

Cataracte du Zambèze.

cher, il s'élance d'un bond immense. L'énorme masse d'eau se précipite d'une hauteur de près de cinquante mètres, trois fois la hauteur d'une maison à cinq étages, avec un grondement continu, semblable aux roulements du tonnerre. La chute, comme celle du Zambèze, est divisée en deux parties par un îlot boisé qu'on nomme l'*île de la Chèvre*. En plusieurs endroits la nappe de la cataracte se déchire en heurtant quelque pointe saillante du roc ; l'eau brisée par le choc, réduite en une poussière de fines gouttelettes liquides, soulevée par les remous du vent que produit la chute elle-même, s'élève dans l'air en colonnes de nuages qui cachent une partie de la cataracte. Quand le soleil brille en face de la chute vaporeuse, ses rayons, se brisant sur ces fines gouttelettes comme sur celles d'un nuage pluvieux, on voit flotter dans l'air, devant la cataracte toute blanche d'écume, de merveilleux arcs-en-ciel aux couleurs resplendissantes. Un étroit couloir, inégal, humide et glissant, sans cesse parcouru par des rafales violentes, permet même à de hardis voyageurs de se glisser entre la muraille de rocher qui surplombe et la nappe liquide qui semble former, au-dessus de ce dangereux passage, une immense voûte de cristal verdâtre.

CATARACTE DU NIAGARA (AMÉRIQUE SEPTENTRIONALE)

XL. — LE RÉGIME DES EAUX. — CRUES ET ÉTIAGES

Une fraîche rivière coule tranquille entre ses rives verdoyantes. Ce courant continu est, comme vous le savez, le canal d'écoulement des eaux de pluie tombées sur toute l'étendue du bassin de ce cours d'eau. Or, la pluie tombant d'une façon irrégulière, tantôt rare, tantôt abondante suivant les années et les saisons ; la quantité d'eau qui s'épanche par la rivière, ou, comme on dit, le *débit* du cours d'eau doit varier aussi ? — Sans doute. Venez voir ma rivière par quelque sombre jour de novembre, après les pluies d'automne : vous ne la reconnaîtrez plus. Comme son flot coule rapide, trouble et chargé de limon ; entraînant des plantes aquatiques et des touffes d'herbes arrachées à ses rives. Son lit semble trop étroit pour la masse des eaux ; on dirait qu'elles vont déborder de toutes parts. Ce sont les *hautes eaux*; c'est la crue. Souvent même l'eau déborde en effet, s'étend sur les prairies basses et les submerge ; c'est une petite inondation, qui ordinairement ne cause nul dommage. Repassons à l'été, après de longues journées de sécheresse. Comme tout est changé ! Notre rivière est presque tarie. Le niveau de l'eau a baissé partout, et le fond du lit même montre en maint endroit à découvert ses cailloux et ses sables, qui blanchissent au soleil. Seulement, de distance en distance, aux endroits les plus creux, s'élargissent de petits lacs presque dormants ; de

La Loire à Tours, pendant les basses eaux.

l'un à l'autre un maigre ruisselet serpente cherchant son chemin à travers les cailloux. C'est l'époque des *basses eaux*, et la rivière est à l'*étiage*. — Or justement au moment même où notre cours d'eau des plaines est presque tari, dans les pays de montagnes, les torrents grondent fougueux, et précipitent du haut des rochers leurs eaux gonflées en cataractes. C'est que sous l'ardeur du soleil, au souffle du vent d'été, les glaces et les neiges, entassées sur les monts pendant les longs mois d'hiver, fondent avec rapidité. Comme les rivières et les torrents, les grands fleuves aussi ont leurs *crues* et leurs *étiages*, parfois leurs débordements. Leur niveau monte ou baisse selon la quantité d'eau que leur apportent leurs affluents.

Les fleuves qui sont surtout alimentés par des ruisseaux et des rivières de plaines grossissent et débordent donc à la saison des pluies, c'est-à-dire, chez nous, à l'hiver ; ils ont leur étiage à l'été. Les fleuves formés surtout des eaux descendues des montagnes par les torrents baissent au contraire à l'hiver, croissent et inondent leurs rives à la *fonte des neiges*, à l'été. Enfin, si un fleuve reçoit des affluents des deux sortes à peu près en quantité égale, une compensation se produit, les uns apportant plus d'eau, lorsque les autres sont presque à sec ; et le *régime* de ce fleuve, c'est-à-dire la distribution de ses eaux sera plus égale. Des fleuves de France, la Loire a le *régime* le plus inégal, la Seine le *débit* le plus constant.

RIVIÈRE PENDANT LES BASSES EAUX

XLI. — LES INONDATIONS

Quand la rivière ou le fleuve grossit par les pluies abondantes et subites tombées sur l'étendue de son bassin, ou par la fonte rapide des neiges, et ne peut plus retenir dans son lit trop étroit ses eaux courroucées, alors, rompant les barrages ou surpassant le niveau de leurs rives, ces eaux débordent, se répandent dans les plaines *riveraines* de leurs cours et les submergent. Lorsque le débordement est contenu dans des limites ordinaires, ses suites, dans nos pays, n'entraînent aucun dommage : les prairies basses seulement des deux côtés du fleuve sont inondées, transformées en un vaste lac : des digues convenablement établies protègent les villages et les constructions. Puis, lorsque les eaux peu à peu rentrent dans leur lit, elles laissent le sol imbibé pour longtemps ; souvent elles abandonnent une couche de fins et gras limons qui sont comme un engrais pour les herbages. — Mais, lorsque le débordement dépasse ces limites, quand les flots troublés et furieux s'étendent au loin, affouillent et enlèvent les terres, dévastent les cultures, arrachent les arbres et entraînent les moissons ; lorsque, renversant les digues et les défenses, ils se précipitent sur les villages et les villes, noyant les rues, faisant écrouler les mai-

Habitants de l'Égypte se retirant devant l'inondation.

sons, alors l'inondation devient un affreux désastre. Parmi les fleuves un surtout est célèbre, depuis les temps anciens, par ses débordements : c'est le *Nil*. Mais ses inondations annuelles, régulières, au lieu d'être des désastres, sont des bienfaits pour la contrée. L'Égypte n'est qu'une étroite vallée fertile entre deux déserts. Or il ne pleut presque jamais en Égypte ; et tout périrait par la sécheresse, si le grand fleuve n'arrosait largement sa vallée. Justement au moment des plus grandes chaleurs, les pluies très abondantes qui tombent sur les vastes pays où le Nil et ses affluents ont leurs sources font déborder le fleuve. Le niveau monte doucement ; les eaux se répandent sur la campagne par des milliers de canaux creusés exprès et entretenus avec soin. Les habitants, abandonnant leurs champs alors dépouillés, se réfugient avec leurs bestiaux, leurs provisions, dans des villages bâtis sur des hauteurs inaccessibles à l'inondation. Le sable altéré s'imbibe pour longtemps. Puis, lorsque les eaux se retirent, laissant sur le sol une couche de limon fécondant, les laboureurs, retournant à leurs champs, jettent leurs semences sur la terre humide à peine remuée par un léger labour ; le grain lève avec une rapidité merveilleuse, et l'Égypte, qui était tout à l'heure un lac d'eau jaunâtre, se transforme en une mer d'épis.

LA RIVIÈRE ROUGE A L'ÉPOQUE DU DÉBORDEMENT (AMÉRIQUE)

XLII. — EMBACLES ET DÉBACLES

Il suffit que la température de l'air s'abaisse un peu au-dessous du *point de glace* (0°) pour que l'eau paisible des mares et des étangs se couvre d'une mince couche de glace blanchâtre et demi-transparente, qui, si le froid continue, ira augmentant d'épaisseur, et sera transformée en une plaque de cristal, luisante et glissante, parfaitement droite et lisse. Mais, pour congeler l'eau courante des ruisseaux, des rivières et des fleuves, il faut un froid plus intense et plus prolongé. — De petits glaçons se forment d'abord dans les ruisseaux et les rivières, le long des rives; ils gagnent en s'étendant vers le milieu du courant. Mais alors le courant les brise, les détache par fragments et les emporte. La rivière ou le fleuve reçoit alors de tous ses petits affluents un grand nombre de glaçons qui continuent d'aller flottant au fil de l'eau. On dit alors que le fleuve *charrie* des glaçons. Et si le froid se prolonge et devient plus intense, ces glaçons flottants, trop nombreux et trop serrés, se gênent dans leurs mouvements, et ralentissent leur cours; enfin ils se *soudent* les uns aux autres et ne font plus qu'une masse continue et solide, d'une rive à l'autre : le fleuve est *pris*; on peut le traverser sans danger sur la glace. La surface de la glace ainsi formée sur les rivières et les fleuves est toujours plus ou moins inégale, non pas lisse et plate comme celle de la glace qui couvre un étang. — Lorsqu'au dégel les eaux des neiges et des glaces fondues arrivant par tous les petits cours d'eau font grossir la rivière ou le fleuve, la glace qui le couvre, elle-même déjà affaiblie et commençant à fondre, soulevée et ébranlée, se brise en blocs plus ou moins étendus que le courant rapide entraîne. En certaines circonstances, par un froid très prolongé et très vif, des glaçons énormes, poussés par le courant, s'arrêtent contre quelque obstacle, barrage, digue, pont, ou simple détour brusque de la rive. Là ces blocs s'entassent à mesure qu'ils arrivent; ils se heurtent, se serrent les uns contre les autres avec un effort de pression énorme. La surface du fleuve offre alors l'aspect inégal, rude, comme *houleux* d'un glacier des montagnes. C'est ce qu'on appelle un *embâcle* ou une *banquise*. L'embâcle, si le froid continue, va toujours s'épaississant. Mais lorsqu'au dégel cet amas formidable commence à se disloquer, le choc des blocs détachés ébranle la masse, la met en pièces; tout s'en va à la fois, entraîné par le courant des eaux longtemps arrêtées. C'est la *débâcle*. Cet écroulement subit d'une vaste *banquise* peut produire des effets désastreux; parfois on a vu la masse en mouvement ébranler les ponts et les faire écrouler, emporter les barrages, renverser les digues, tandis que les eaux fougueuses débordant sur les campagnes causaient les plus grands ravages.

La Seine charriant des glaçons.

EMBACLE DE GLACE DANS LE LIT DE LA LOIRE (JANVIER 1880)

XLIII. — LE TRAVAIL DES FLEUVES

Comme le fougueux torrent, la paisible rivière, le fleuve majestueux *travaillent*. Ils ne font pas tant de bruit... ils n'en travaillent que mieux. Leur action, moins violente, est plus puissante et plus vaste. Le travail du fleuve, comme celui du torrent, est en trois parties : *érosion, transport* et *dépôt*. Le fleuve, dirait-on, veut couler à son aise, large et paisible. Partout où la pente est forte, partout où son lit est inégal et reserré, le fleuve est à l'œuvre pour le recreuser, l'élargir et le dresser. Lentement, mais sans cesse, il ronge le terrain, creuse son canal à travers le roc même. Sur le cours d'un grand fleuve, en maint passage il est visible à l'œil que le courant lui-même a pour ainsi dire *scié*, à travers quelque plateau rocheux, son lit aux bords escarpés qui se suivent à distance égale, juste à la largeur de son courant; ce n'est pas une *vallée*, c'est une *tranchée*. — Trop lent dans son cours pour rouler des blocs de pierre, le fleuve entraîne doucement des petits cailloux arrondis par le frottement, des graviers, des sables; pendant les crues surtout, ses eaux

Plaine d'alluvions sur les bords de la Tamise (Angleterre).

plus rapides sont chargées de limon. — Voyez-vous, dans la large vallée, cette étendue de terrain plat, couverte d'une mer de frais herbages? Voyez-vous cette vaste plaine, grasse et fertile, où le fleuve se déroule en longs plis de serpent? Ces riches terrains de culture, c'est un cadeau du fleuve. Ici, où la pente est faible, où ses eaux se reposent, où elles débordaient à chaque crue et s'étendaient comme un lac, le fleuve déposait, étalait par couches les graviers, le sable qu'il avait lui-même arrachés ailleurs, ou que ses affluents, torrents et rivières lui avaient apportés. Puis sur ces graviers il a déposé une couche de limon qui est devenue une excellente terre végétale, et, parmi ces *alluvions*, ces couches de débris déposées par lui, il s'est frayé son lit tortueux. — N'avez-vous pas vu couler, à l'hiver, sous les ponts, les eaux agitées, chargées de *troubles*, épaisses et boueuses? Toujours à l'œuvre, aujourd'hui comme autrefois, le fleuve, travailleur infatigable, charrie chaque année une masse énorme de sables et de limon, dont il dépose une partie aux endroits où son cours est plus lent, entraînant le reste jusqu'à son embouchure dans la mer.

COUPURE DU RHIN A TRAVERS LES PLATEAUX DU NASSAU

XLIV. — ILES FLUVIALES

Au milieu du large courant d'un fleuve on voit souvent, épars, de nombreux *îlots*. Pour leur aspect comme pour leur origine, ces îlots sont de deux sortes. — Du gravier, du sable, des limons entraînés par le fleuve se sont déposés en un certain endroit de son cours. Ces matières ont formé d'abord au fond du lit des *bancs cachés*; puis, croissant toujours, peu à peu s'élevant et s'élargissant, les dépôts sont arrivés jusqu'à affleurer la surface. Le courant rejeté à droite et à gauche laisse au milieu une étroite bande de terre. Nous l'appellerons une *île basse*, pour exprimer qu'elle dépasse peu le niveau des eaux; ou bien une *île d'alluvion*, pour rappeler la manière dont elle s'est formée. Une végétation touffue couvre ces étendues de terrain mol et humide; l'herbe y croît épaisse et haute; les saules blancs, les peupliers élancés, les aunes sombres ombragent les rives; et ces îlots forment au milieu de la nappe liquide comme des lambeaux de prairie semés de fleurettes ou des corbeilles de feuillage d'une fraîcheur charmante. — Imaginez au contraire une masse de terrain rocheux que le courant du fleuve, en train de creuser son lit, n'a pu entamer; creu-

Iles *lacustres* sur un lac d'Irlande.

sant à droite et à gauche, il a laissé au milieu ce bloc plus dur, reste des terrains qu'il a rongés. Ou bien encore, se divisant en deux branches qui vont se rejoindre plus loin, le courant a *embrassé* une certaine étendue de terre. L'île ainsi formée, plus ou moins élevée au-dessus des flots, peut-être même escarpée, est une *île rocheuse*; elle n'est pas faite de matériaux apportés après coup, elle tient à la masse du terrain. — Il est sur le cours de beaucoup de fleuves de ces îles rocheuses escarpées, qui se dressent comme des tours au-dessus des eaux. Souvent ce n'est qu'un bloc de roche nue, un écueil; mais parfois aussi le terrain se couvre d'arbres, de cultures. — Comme il y a des *îles fluviales*, il y a aussi des *îles lacustres*; ce sont presque toujours des massifs de terrain plus élevés que les eaux du lac sont venues entourer; souvent de simples pointes de rocher dépassant la surface. Il s'est aussi formé, aux embouchures des rivières qui charrient des alluvions, des îles basses verdoyantes. Des îlots pittoresques, avec leur végétation fraîche et touffue au milieu de la nappe d'eau paisible, sont le plus gracieux ornement des beaux lacs des régions montagneuses.

ILES DE LA SEINE, A ROUEN

XLV. — LES EMBOUCHURES

L'endroit où la rivière, où le fleuve versent leurs eaux dans la mer — ou dans un vaste lac — porte les noms de *bouche*, d'*embouchure*. Il y a deux formes tout à fait différentes d'embouchures. Tantôt le fleuve, en arrivant à la mer, s'élargit et s'étale : exemple, la Seine; tantôt, au contraire, il se divise en plusieurs canaux ou *branches* et se déverse dans la mer par plusieurs *bouches* : tel le Rhône. — Tous les fleuves entraînent dans leurs eaux, surtout à l'époque de leurs *crues*, des parcelles de limon et des grains de sable. En arrivant à la mer, les eaux s'étalent; elles n'ont plus de courant, et par suite elles ne peuvent plus entraîner les sables et les limons, qui vont se déposer au fond du lit. Il se forme ainsi à l'embouchure des amas de vase et des bancs de sable, qui, si rien ne les empêche, vont sans cesse croissant, comblant peu à peu le lit du fleuve et obstruant le passage des eaux. Mais si la mer où se verse le fleuve est profonde, agitée par des vagues, des courants, des marées, elle-même emporte à mesure les limons et les sables que le fleuve apporte ; les vagues les remuent et les délayent, les courants les entraînent au loin. Le lit ne peut pas se combler; la mer le déblaye sans cesse, le creuse, l'élargit même en rongeant peu à peu les rives. Une embouchure ainsi formée et largement ouverte est ce qu'on appelle un *es-*

Entrée de l'estuaire d'une rivière.

tuaire. — L'estuaire d'un grand fleuve, tel que la Seine, la Loire, la Gironde, figure une sorte de golfe étroit et profond, souvent tortueux, ordinairement évasé à l'ouverture, et qui va se rétrécissant à mesure qu'il s'avance dans les terres. Toute cette étendue appartient en commun au fleuve et à la mer; c'est là que les eaux douces de l'un se mêlent avec les eaux salées de l'autre. Par ce beau passage largement ouvert vont et viennent, entrent et sortent les navires qui passent de la mer au fleuve ou du fleuve à la mer. Pour le voyageur qui vient du large sur son navire, l'entrée de l'estuaire, vue en face, donne l'idée d'un immense entonnoir... On voit les rives, très écartées à l'ouverture, qui se rapprochent vers le fond ; et si un détour cache le lointain, on croirait avoir devant soi une simple baie, une dentelure du rivage. On avance, on *s'engage* dans l'embouchure ; l'eau y est plus calme, parce qu'elle est abritée du vent par ses rives. Les rives elles-mêmes n'étant pas exposées aux grands vents, aux grandes vagues du large, ont un aspect moins sauvage et plus doux. Ce ne sont plus de grands rochers nus ou des *plages* et des *dunes* de sable stérile. Les rivages sont couverts de verdure ; la roche même est tapissée de frais buissons. Plus loin, ce sont de jolis bouquets d'arbres; enfin on aperçoit des deux côtés de riches cultures qui s'étendent au loin. — Certaines rivières peu importantes ont pour embouchures des estuaires aussi vastes, aussi beaux, plus gracieux même que ceux des plus grands fleuves.

EMBOUCHURE DE LA RIVIÈRE DE BRISBANE (AUSTRALIE)

XLVI. — LES DELTAS

Lorsque les sables fins et les parcelles de limons que le courant d'un fleuve entraîne, surtout lors de ses crues, jusqu'à son embouchure, ne sont pas à mesure remués, déblayés, entraînés au loin par les vagues, les marées et les courants de la mer, ces *troubles*, se déposant, s'entassant continuellement au fond, forment des bancs de sable et de limon, qui, peu à peu s'élevant jusqu'au niveau de la mer, retardent le cours et obstruent le débouché des eaux. En même temps, en face de l'embouchure, naissent des *îles basses* limoneuses, qui croissent sans cesse, finissent par se rejoindre, et forment de vastes étendues de terres plates, marécageuses, à travers lesquelles le courant du fleuve est obligé de s'ouvrir des passages tortueux, se divisant le plus souvent en plusieurs canaux ou *branches* aux eaux presque dormantes. Le lit même de ces *branches* s'encombre de limons; le fond s'élève peu à peu. En même temps les terrains plats qui en forment les rives s'élèvent aussi très lentement, parce qu'à chaque *crue* les eaux fangeuses débordant les recouvrent, et se retirent en laissant une couche mince de limons. En sorte que ces *terres nouvelles*, créées pour ainsi dire par le fleuve, après avoir été de simples bancs vaseux, puis des plages demi-inondées, puis des terrains marécageux, finissent par devenir, en certaines parties du moins, des terres

Paysage dans le Delta du Nil. — Village et palmiers de Tell-el-Kébir.

fermes et cultivables, souvent extrêmement fertiles. Les étendues de terre ainsi formées à l'embouchure de certains fleuves portent le nom de *deltas*, parce que leur forme d'ensemble, le plus souvent à peu près triangulaire, rappelait aux Grecs, qui leur ont donné, la forme d'une des lettres de leur alphabet, le *delta* (Δ). La pointe du triangle, tournée vers le continent, marque le lieu où le fleuve se divise en plusieurs *branches*, étalées à peu près en éventail, ainsi qu'on le voit sur les cartes ; la *base* du delta représente le nouveau rivage, souvent arrondi, quelquefois aussi de forme très irrégulière, et qui va sans cesse gagnant sur la mer. Le plus bel exemple qu'on puisse citer de cette sorte de *formation* de terres par les fleuves, c'est le célèbre Delta du Nil, vaste comme une province, sur la large étendue duquel a pu vivre tout un peuple; où de nombreuses et grandes villes ont été bâties, autrefois très prospères, aujourd'hui bien déchues. Le fleuve, divisé en un grand nombre de canaux, se déverse dans la mer par plusieurs bouches. Le Delta des *Bouches-du-Rhône*, en France, est très remarquable. Entre les deux principaux *bras* (canaux) du fleuve s'étendent de vastes terres basses, dont une partie est asséchée, l'autre demi-noyée, coupée de canaux et d'étangs. Le delta croît; son rivage gagne sur la mer d'une cinquantaine de mètres chaque année ; les villages autrefois bâtis au bord de l'eau sont maintenant à plusieurs lieues dans les terres.

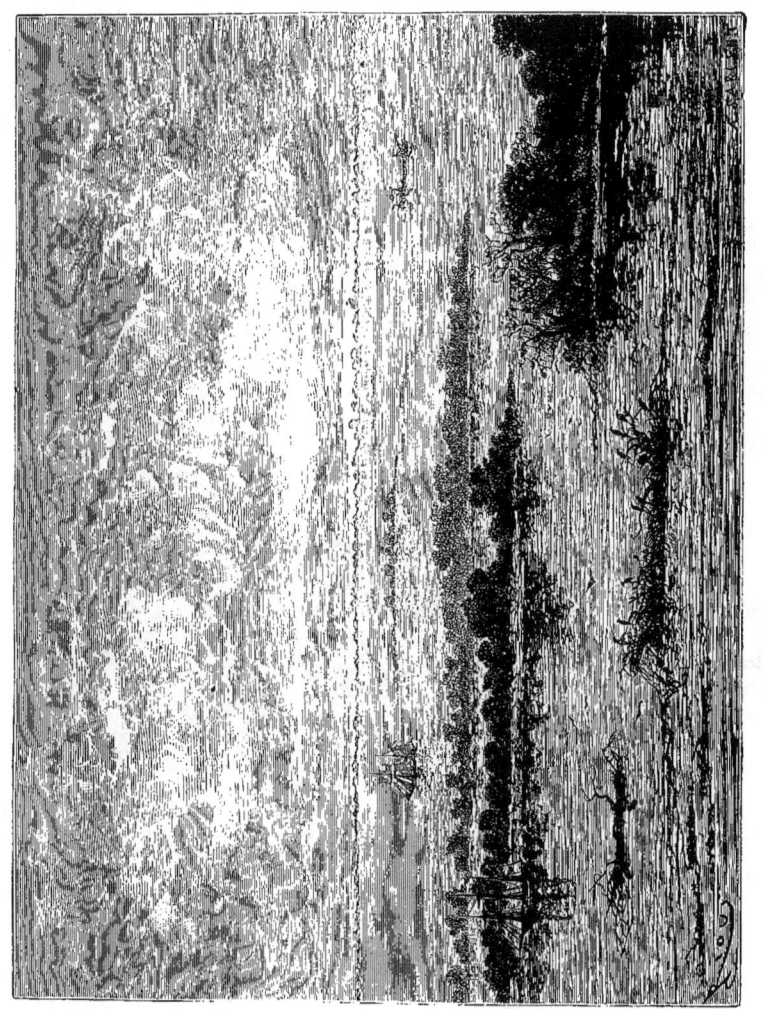

DELTA EN FORMATION A L'EMBOUCHURE DU PARANA (AMÉRIQUE)

XLVII. — LE PORT FLUVIAL

La plupart des villes un peu importantes sont bâties sur les rives d'un cours d'eau, fleuve ou rivière navigable, ou tout près. Pourquoi? Ce n'est pas seulement parce que la rivière fournit aux habitants l'eau nécessaire à leur consommation; le moindre ruisseau, quelques sources abondantes suffiraient pour cela. C'est que le fleuve, la rivière, servent de chemin pour apporter les matériaux, les marchandises lourdes, les provisions nécessaires aux habitants, pour emporter les produits qu'ils récoltent ou qu'ils fabriquent. A l'époque plus ou moins ancienne où ces villes se sont formées et peu à peu agrandies, non seulement il n'y avait pas de chemins de fer — inutile de vous le dire — mais il y avait très peu de routes ordinaires ; celles qui existaient étaient presque toujours mal entretenues, défoncées de profondes ornières, impraticables en hiver. Le transport des marchandises *par terre* était très difficile, très lent, coûtait très cher. Aujourd'hui même, avec les bonnes routes et les chemins de fer, le transport des marchandises très lourdes est encore fort coûteux. Or les rivières navigables et les canaux sont des chemins à bon marché. Un seul bateau,

Le port du Légué, près de l'embouchure de la rivière du Gouët (Saint-Brieuc).

un *chaland* plat, long et large, porte un poids énorme de marchandises; et un ou deux chevaux suffisent pour le traîner. — Quand une ville est située sur un fleuve, le fleuve couvert de bateaux est comme une grande route fréquentée et animée. Les paysans *riverains* apportent au marché sur leurs barques les grains, les légumes, les fourrages ; de gros chalands transportent des pierres de construction, du charbon de terre pour les usines. Enfin, si le fleuve est profond, si la ville est située près de l'embouchure, non seulement de lourds chalands, mais de grands navires même, venus par mer, remontent le courant. Le lieu où barques, chalands et navires s'arrêtent près de la rive, où l'on embarque et débarque les marchandises, est le *port*. Un port *fluvial* est donc simplement l'endroit choisi pour abriter les barques et les navires, là où le fleuve est large et profond. Afin que les navires puissent s'approcher commodément du bord, on a construit le long de la rive des *quais*, d'aplomb du côté de l'eau comme une muraille, dressés au niveau du sol comme une rue, et sur lesquels on dépose les marchandises qu'on embarque ou débarque; de distance en distance des chemins inclinés appelés *cales* permettent de descendre en pente douce jusqu'au niveau de l'eau.

LE VIEUX PORT DE ROTTERDAM SUR LA MEUSE

XLVIII. — LES CANAUX

On dit souvent qu'un *canal* est une *rivière artificielle* : mais c'est une rivière sans courant ; ou plutôt c'est un vaste fossé rempli d'une eau presque dormante. Le canal peut rendre les mêmes services qu'une rivière naturelle ; il peut fournir de l'eau pour l'arrosement des prairies et des cultures ; mais surtout il est destiné à porter des bateaux pour le transport des marchandises, là où il n'existe pas de rivière *navigable*. Le plus souvent le canal est destiné à faire communiquer entre eux deux cours d'eau navigables, fleuves ou rivières, en sorte que les bateaux puissent passer de l'un à l'autre. D'autres fois il fait communiquer un fleuve ou un étang avec la mer, ou bien enfin deux mers entre elles ; et alors il serait plus exact de le comparer à un *détroit* qu'à une rivière. — Lorsqu'un canal traverse une étendue de pays très plat, et joint ensemble des eaux qui sont exactement au même niveau, le travail est très simple. Il ne s'agit que de creuser une longue tranchée, suffisamment large et profonde, à proportion de la grandeur des bateaux ou des navires qui doivent y trouver passage. Les eaux que le canal doit faire communiquer par ses deux extrémités

Le canal de Suez pendant les travaux.

s'y étalent et le remplissent, sans prendre de cours rapide ni d'un côté ni de l'autre. On a alors ce qu'on nomme un *canal à niveau*.

Si au contraire le terrain est en pente, ou si les eaux que l'on veut réunir ne sont pas au même niveau, la construction est plus compliquée ; et, pour empêcher l'eau de fuir suivant la pente en laissant le canal à sec, il faut la retenir de distance en distance par des *barrages* munis d'*écluses* : c'est un *canal à écluses*.

Les rives d'un *canal* sont appelées les *berges* ; les terres retirées de la tranchée et entassées des deux côtés forment ce qu'on nomme les *levées*.

Sur l'une des levées ou sur toutes deux, on ménage un chemin côtoyant la berge ; c'est le *chemin de halage*. C'est sur cette *chaussée* que marchent les bêtes attelées qui tirent les lourds *chalands* au moyen de longs câbles, et les font glisser lentement. Enfin les levées peuvent servir de quais pour embarquer et débarquer des marchandises.

Un des plus merveilleux travaux de nos temps est le grand *canal de Suez*, qui joint la Méditerranée à la mer Rouge en coupant l'*isthme* de Suez, et permet aux plus grands navires de passer d'un océan à l'autre. Ce grand travail a été dirigé par un Français, M. de Lesseps : il a duré sept années.

UN CANAL A NIVEAU (CANAL SAINT-LOUIS, JOIGNANT LE RHÔNE A LA MÉDITERRANÉE)

XLIX. — LE CANAL A ÉCLUSES

Une rivière arrose la plaine ou la vallée. Ses eaux, peu abondantes, et surtout coulant dans un lit trop incliné, s'enfuient en un courant trop rapide ; trop étroite et sans profondeur, la rivière — du moins dans cette partie de son cours — n'est pas navigable. Or un *chemin d'eau*, un cours d'eau pouvant porter bateau et servir au transport des récoltes, des matériaux, des marchandises, serait chose utile pour le pays. La première idée qui se présente, c'est de creuser le lit de la rivière elle-même, et — pourvu que les eaux puissent remplir le lit ainsi approfondi et élargi, — la voilà devenue navigable ; elle est *canalisée*, transformée en un canal. Souvent, au lieu de faire de la rivière un canal, on préfère en creuser un à côté : on aura ce qu'on appelle un *canal latéral* dans lequel on amènera l'eau du courant ; l'ancien lit, conservé, servira à écouler le *trop-plein* des eaux. D'autres fois on se propose de creuser un canal à travers une étendue de pays qui n'est arrosée par aucun cours d'eau important ; de créer une *rivière artificielle* là où il n'y en a pas de naturelle. Le plus souvent alors il s'agit de faire communiquer entre eux deux cours d'eau navigables, afin que les bateaux puissent passer de l'un à l'autre. Après avoir creusé le vaste fossé, on y fait entrer, pour *alimenter* le canal, les eaux des rivières auxquelles il aboutit ; ou bien encore on recueille sur tout son parcours celles des ruisseaux, des étangs, et on les y fait arriver. Mais il ne s'agit pas seulement d'y amener de l'eau ; il faut l'y retenir. Or si le terrain a une pente plus ou moins forte, le canal, lui aussi, est en pente. Et alors les eaux ne vont-elles pas s'écouler rapidement sur cette pente, fuir en un maigre filet d'eau courante, au lieu de remplir jusqu'au bord le lit profond ? Dans ce cas un simple *canal à niveau* ne suffit pas ; il faut établir un

Manœuvre d'une écluse. (On voit le sas et l'une des doubles portes.)

canal à écluses. On divise la longueur du canal en plusieurs parties, en plusieurs tronçons appelés *biefs*. Entre chaque bief on construit, en travers, une *digue*, un *barrage* qui retient les eaux. L'eau remplit le bief *supérieur*, puis se déverse par-dessus le barrage dans le bief *inférieur* ; elle descend ainsi, non pas suivant un plan incliné, de bief en bief, par une suite de petites chutes, comme par un escalier. Pour laisser passage aux bateaux qui descendent, ou remontent on établit des *écluses*. — Une écluse se compose de deux grandes, grosses et lourdes portes, à double *vantail* chacune, qui sont placées à la suite l'une de l'autre, laissant entre elles un petit bout de canal qu'on appelle le *sas* de l'écluse. Les deux portes ne sont jamais ouvertes en même temps : sans quoi l'eau s'enfuirait... La manœuvre d'une écluse est extrêmement curieuse. — Un bateau se présente, je suppose, remontant le canal. On commence par ouvrir devant lui la porte la plus rapprochée : l'eau ne s'échappe pas, parce que l'autre porte, fermée, la retient. Le bateau entre dans le *sas* ; puis on referme la porte derrière lui. Voyez : l'éclusier ouvre de petites ouvertures pratiquées dans les grandes portes, et qu'on appelle *vannes*. L'eau du bief supérieur s'élance par ces vannes, remplit peu à peu le sas, où le niveau s'élève : on voit le lourd bateau monter lentement. Lorsque l'eau est dans le sas au même niveau que dans le bief supérieur, il ne s'agit plus que d'ouvrir la porte qui permettra au bateau d'y passer : l'autre porte, qui est refermée, retient les eaux. Voilà le passage franchi ; le bateau a monté pour ainsi dire une marche de l'escalier d'eau. Pour un bateau *descendant* on fait la manœuvre inverse ; et il ne s'écoule à chaque fois qu'une quantité insignifiante de l'eau contenue entre les deux portes.

CANAL LATÉRAL DE LA ZORN (ALSACE)

RIVIÈRE CANALISÉE, AVEC BARRAGE ET ÉCLUSE (L'AULNE CHATEAULIN)

L. — LES MARAIS

Une vaste plaine, nue et inculte, s'étend jusque vers l'horizon, à demi submergée, toute couverte de flaques d'eau dormante. Par endroits on croirait voir un lac : mais ce lac est sans profondeur ; ailleurs un réseau tortueux de ruisseaux embrassant des îles de verdure : mais ces ruisseaux sont des fossés sans cours, et ces îlots, sans hauteur, ne sont que des bancs noyés de limons fangeux, couverts, au lieu de frais gazons, d'une végétation sauvage et confuse, de joncs, de rudes *carex*, de frêles roseaux. Dans les flaques d'eau brune s'étalent à la surface les feuilles flottantes de toutes sortes de plantes *paludéennes* (c'est-à-dire propres aux marécages) ; quelques-unes portent de gracieuses fleurs blanches, dorées ou pourprées. Là où les eaux sont moins profondes encore, les joncs, les mousses aquatiques, les *prêles* l'encombrent, la cachent sous leurs touffes entremêlées. Là même où le sol est à sec et semble solide, souvent il est mal affermi et tremble sous les pieds ; l'herbe courte et spongieuse qui le couvre végète sur une couche épaisse de limons demi-coulants. — Toute une population grouillante et croassante de grenouilles vertes et brunes fait ses délices de ce fangeux séjour ; des *tritons*, espèces de lézards d'eau, et toutes sortes de reptiles y

Route de bois dans les marais de la Russie centrale.

remplacent les poissons. Dans les roseaux nichent des oiseaux de marais aux grandes jambes nues ; des vols de hérons s'y abattent. Le soir, la surface des terrains et des flaques est couverte d'une brume épaisse et blanchâtre, qui s'élève à un ou deux pieds au-dessus du sol seulement, et cache les sentiers. — Voilà l'aspect d'un *marais* dans nos contrées. Dans les régions chaudes où la végétation est plus vigoureuse, ce ne sont pas seulement des joncs et des roseaux, mais de grands arbres qui croissent sur le sol fangeux des terrains demi-noyés, et cachent sous leurs ombres épaisses les eaux noires, toutes remplies de reptiles : en sorte que le marécage a le plus souvent l'aspect d'une forêt. Dans toutes les contrées sauvages ou peu civilisées et mal cultivées, il est d'immenses marais, étendues stériles et empestées. Il est aussi des marais, beaucoup moins vastes, dans nos pays mêmes ; et ces terrains sont perdus pour la culture. De plus, il s'élève de ces eaux stagnantes des vapeurs malsaines qui donnent aux habitants des localités voisines des maladies, des fièvres *paludéennes* (fièvres des marais). Pour rendre ces terres au labourage et assainir le pays, il faut donc dessécher ces marécages, ce qui se fait en creusant au travers des canaux par où s'écoule l'excédent des eaux. Les terrains ainsi *desséchés* sont souvent d'une fertilité remarquable.

MARÉCAGES SUR LES COTES BASSES DE LA HOLLANDE

LI. — LES TOURBIÈRES

Imaginez une grande étendue de terrains plats, bas et marécageux, où le sol est presque partout recouvert d'une mince couche d'eau, comme un lac très peu profond. Dans ces eaux stagnantes croissent vigoureusement des plantes aquatiques, qui envahissent bientôt toute la surface ; on croirait voir une immense prairie verte, semée de petites flaques d'eau verte aussi, à demi couvertes de feuilles flottantes ; puis, de distance en distance, de grosses touffes de joncs et de roseaux forment comme des îles. — Parmi ces végétaux du marécage, on remarque surtout des espèces de *mousses d'eau*, que l'on nomme *sphagnes*. Leur masse, formée de grêles rameaux entremêlés, comme *feutrés*, enveloppe et finit par étouffer presque complètement les autres plantes. Cette couche moussue, demi flottante, étalée à la surface du marais, est gonflée d'eau comme une éponge. Souvent elle est devenue assez épaisse et assez solide pour qu'on puisse y marcher. Mais ne vous y fiez pas : ce sol flottant et mouvant tremble sous vos pieds. En un endroit où le terrain paraît solide, la couche flottante pourrait enfoncer tout à coup ; et alors vous disparaîtriez, enseveli dans l'eau bourbeuse qu'elle cache. — A la surface le fouillis de plantes est verdoyant et végète avec rapidité. Mais au-dessous, les vieilles tiges, les branches, les feuilles, les racines entremêlées périssent ; elles ne se détruisent pas comme feraient des feuilles mortes tombées sur le sol et exposées à l'air ; ces débris se conservent, s'amassent, forment une épaisseur de plus en plus grande. La matière ainsi produite a l'aspect d'un *terreau* brun ou noir, détrempé, mêlé de débris de feuilles et de racines enchevêtrées, c'est ce qu'on appelle la *tourbe* ; et les lieux où elle se produit ainsi portent le nom de *tourbières*.

Dans beaucoup de terrains inondés la tourbe s'est ainsi formée et continue de se former depuis des siècles. Ailleurs le sol a fini par se dessécher ; souvent même une certaine épaisseur de limons apportés par les rivières a recouvert la tourbe ; sur ce sol dénoyé il croît de beaux herbages, et le marécage s'est changé en une prairie semée de fleurs ; la tourbe est restée ensevelie à une plus ou moins grande profondeur, et, en creusant, on peut la retrouver. — La tourbe est une matière *combustible*, puisqu'elle est formée de débris de plantes : et, pour pouvoir la brûler, il suffit de l'extraire, de la diviser en petites mottes et de la faire sécher. Pour extraire la tourbe, on l'enlève simplement à l'aide d'une sorte de pelle tranchante que l'on nomme *petit louchet* ; cette pelle porte d'un côté seulement une lame redressée, tranchante aussi, qui est dite l'*oreille* du louchet ; en sorte qu'en enfonçant cette bêche dans la tourbe, le long d'une *tranchée*, comme on ferait pour lever une bêchée de terre dans un jardin, la motte ou comme on dit la *pointe* de tourbe tranchée se détache nettement. On l'enlève, on la dépose sur le sol, pour faire égoutter un peu l'eau qui l'imprègne. Puis des *pointes de tourbe* égouttées on fait des tas qu'on laisse longtemps sécher à l'air et au soleil. La masse de tourbe enlevée laisse au milieu des terrains humides un long et large fossé qui presque toujours se remplit d'eau. Et alors, si on veut enlever encore de la tourbe du fond même de ce fossé inondé, on ne peut plus se servir du *petit louchet*, on emploie une sorte de bêche à très long manche nommée *grand louchet*, ingénieusement disposée pour que la *pointe* de tourbe détachée au fond de l'eau ne tombe pas, mais vienne avec la bêche lorsqu'on la relève. Chose curieuse : les sphaignes et autres plantes aquatiques envahissent les fossés ou les étangs ainsi formés ; de nouvelle tourbe s'y forme et les recomble peu à peu, en sorte qu'au bout d'un certain nombre d'années on peut recommencer à en extraire aux mêmes endroits. — Les tourbières sont très communes dans toutes les contrées, dans les plaines et les vallées ; il y en a d'immenses en Irlande, en Angleterre, surtout en Hollande, dans les Pays-Bas, où le sol, comme le mot le dit, est plat, bas et humide. Il y en a de très vastes en France : et les plus remarquables sont celles des plaines marécageuses où coule la Somme. Là, les grands espaces d'où la tourbe a été enlevée et qui se sont remplis d'eau forment de vastes étangs séparés par des bandes de prairies humides ou des *levées* plantées d'arbres touffus ; en sorte que la tourbière offre l'aspect triste d'une forêt semée d'étangs, aux eaux dormantes et brunes.

Petit louchet.

LES TOURBIÈRES DE LA SOMME, VUES D'UN BALLON, AU CLAIR DE LUNE

LII. — LES LACS

Une nappe d'eau dormante ou presque sans courant, largement étalée, prend selon son étendue les noms d'*étang* ou de *lac*. Toute *dépression*, toute cavité du terrain qui ne se descend pas en pente suivie vers une partie plus basse encore, se remplit d'eau nécessairement, et forme un lac. Les eaux qui s'amassent dans cette dépression sont tout d'abord celles des pluies tombées sur son étendue et sur les pentes environnantes ; mais le plus souvent, en outre, un lac est *alimenté* par un ou plusieurs cours d'eau. Ces eaux, affluant sans cesse, remplissent la cavité ; puis elles finissent par déborder en quelque partie de son contour, la plus basse naturellement, qui devient le *déversoir* du lac. Mais l'eau, étalée sur une vaste surface, s'évapore sans cesse, surtout au temps des chaleurs et dans les climats chauds. Il peut arriver que la quantité d'eau ainsi enlevée par l'évaporation compense, et même au delà, ce que les rivières et les pluies apportent ; et alors on voit, chose qui semble étrange, un réservoir où l'eau est versée sans cesse, et qui jamais ne déborde. La forme d'un lac dépend évidemment de la configuration des terrains où l'eau s'amasse.

Le lac Chambon, au pied des monts Dores (Auvergne).

Les *lacs de plaines* sont ordinairement très étendus et peu profonds, parce que le sol de ces régions est plat. Lorsque les eaux d'une rivière coulant à travers une vallée rencontrent un relèvement du terrain qui leur fait obstacle, et s'amassent dans la cavité, elles forment un *lac de vallée*, plus profond, de forme ordinairement allongée. On nomme *lacs de montagnes* ceux qui se forment dans les vallées profondes, les ravins, les cavités de toute sorte des régions montagneuses, parfois en des lieux très élevés. Enfin il faut citer les *lacs salés*, dont les eaux sont souvent aussi salées que celles des mers, ou même davantage. Le plus vaste des lacs connus est un lac salé : la mer Caspienne. Le plus remarquable est la mer *Morte* en Palestine, où les eaux du Jourdain viennent se jeter, et disparaissent par évaporation sans déborder à l'extrémité opposée. Le niveau de cette nappe d'eau isolée est de près de 400 mètres au-dessous de celui de la Méditerranée. Les *sels* de diverse nature, dissous dans ses eaux, leur donnent un goût horrible ; aucun poisson n'y peut vivre. Ses bords sont arides, pierreux et désolés, et tout son aspect répond bien à son nom sinistre.

LA MER MORTE ET SES RIVAGES

LIII. — LES LACS DES MONTAGNES

Les plus beaux lacs sont ceux des régions montagneuses, comme ceux qui s'étendent au pied des Alpes ou au fond de leurs fraîches vallées. La Suisse est le pays des lacs ; on cite aussi ceux de l'Italie et de l'Écosse, en France celui d'Annecy, et celui du Bourget, décrit dans les beaux vers de notre grand poète Lamartine. — Le voyageur qui vient de parcourir les montagnes a les yeux et l'imagination tout remplis de leurs formes grandioses et sauvages : les pics neigeux, les murailles de rochers, les forêts noires sur les pentes, les torrents et les glaciers, les ravins et les précipices : tout rude, inégal, à pic et escarpé, *tout en hauteur*. Comme son œil se repose avec plaisir sur une surface horizontale, calme, largement étalée, qui fait contraste avec les lignes dentelées des sommets ! La belle nappe liquide, unie, et luisante, reflète comme en un miroir le bleu du ciel, les masses sombres des montagnes et les neiges éblouissantes des cimes. Ici des ro-

Le lac Lomond (Écosse) vu au clair de lune.

chers escarpés se dressent comme une muraille inaccessible au-dessus des eaux ; là, au contraire, les terrains descendent en pente douce vers le lac, tout couverts de bois ombreux ou de riches cultures ; de jolis villages s'étendent en bordure sur les rives. Ailleurs, entre deux versants couverts de forêts s'ouvre sur le lac le débouché d'une profonde et fraîche vallée ; les eaux y pénètrent en formant une baie abritée de toute part, et au fond le torrent qui descend la vallée se précipite en cascade. Le plus bel aspect des lacs Alpins est au coucher du soleil, quand l'astre a disparu derrière un massif de montagnes, et que les nuages embrasés de l'occident, les cimes neigeuses encore dans la lumière et revêtues de teintes ardentes comme celles des nuages se reflètent sur l'eau paisible : alors le lac semble une nappe luisante d'or fondu. — Les lacs d'Écosse, avec leur bordure sombre de montagnes boisées, sont d'une beauté ravissante la nuit, à la clarté de la lune.

VUE SUR LE LAC DE ZUG (SUISSE)

LIV. — LES CAVERNES

Dans presque toutes les contrées il existe, sous la terre, des cavités plus ou moins grandes, parfois extrêmement vastes et profondes, que l'on nomme des *grottes* ou des *cavernes*. Qui donc, direz-vous, a pu percer un trou au milieu des roches si dures? qui a creusé ces souterrains effrayants? — Parfois, lorsque le sol a été ébranlé par de violentes secousses, des *fentes* se sont produites, étroites, profondes, de véritables abîmes; lorsque des montagnes se sont soulevées, lorsque des blocs immenses de rochers se sont écroulés en désordre, il est resté des vides tortueux au milieu des roches bouleversées. Mais, le plus souvent, ce sont les eaux qui, en circulant par des fissures étroites, les ont peu à peu agrandies. Ou bien encore c'est la mer, qui, à force de battre le pied des falaises, a fini par creuser des antres qui pénètrent plus ou moins loin dans le rocher. Les cavernes forment ordinairement des vides irréguliers et tortueux; à certains endroits elles s'élargissent, et alors ce sont comme de vastes salles sombres, dont la voûte s'élève à 20 ou 30 mètres, quelquefois davantage; ailleurs ce sont d'étroits couloirs, des fentes obliques où on a peine à se glisser, ou des

La grotte d'Azur à Capri (près de Naples).

passages surbaissés, comme de véritables trous de rats, où il faut ramper à quatre pieds. Ou bien ce sont des abîmes profonds, des puits effrayants, où l'on descend au moyen d'échelles et de cordes; plus loin, des blocs, des entassements de roches éboulées. En beaucoup de cavernes on voit des *sources* surgir, des ruisseaux ou des rivières serpentant dans leurs lits tortueux, des lacs dormants, ou des cascades dont le bruit, grossi par l'écho des voûtes, semble un grondement de tonnerre. Il en est qui présentent des aspects très *pittoresques*, et divers phénomènes intéressants à observer. Une promenade dans ces lieux souterrains est chose émouvante, — parfois périlleuse. Là il fait noir... — comme sous terre; les visiteurs sont munis de torches de résine, de flambeaux, de lanternes, et, s'il est besoin, de cordes et d'échelles. Malheur à qui s'égarerait dans ces ténèbres! — Parmi les cavernes les plus célèbres, on cite, en Amérique, la grotte du Mammouth, qui a plus de quatre lieues de longueur: il faut tout un jour pour la parcourir. Dans l'île Capri (Italie) on admire une petite grotte creusée dans le rocher, et où la mer pénètre: c'est la *grotte d'Azur*, ainsi nommée parce que la lumière du jour, qui glisse par l'ouverture étroite et basse, se reflétant sur l'eau bleue, jette une teinte azurée sur le rocher, sur tous les objets. On se croirait, disent les visiteurs, dans une grotte de cristal bleuâtre.

SALLE SOUTERRAINE DITE CAVERNE ÉTOILÉE, DANS LES GROTTES DU MAMMOUTH

LV. — LES CAVERNES A STALACTITES

Certaines *cavernes*, outre leurs couloirs sombres et leurs vastes salles haut-voûtées, leurs ruisseaux et leurs lacs souterrains, offrent au visiteur qui ose s'enfoncer dans ces ombres des phénomènes tout particuliers, et très curieux à observer. Imaginez une de ces cavités naturellement creusées dans un sol formé de roches *calcaires*, c'est-à-dire contenant de la chaux. Ces sortes de roches sont fendillées de mille étroites fissures ; et par ces fissures s'infiltre l'eau des pluies tombées sur le sol. Ces eaux, qui filtrent à travers le terrain, suintent aux parois et à la voûte de la caverne, puis tombent goutte à goutte sur le sol intérieur. Or, en traversant lentement les fentes des roches, les eaux ont dissous une petite quantité de cette matière calcaire dont elles sont formées, comme l'eau, qui filtrerait par les fissures d'un bloc de sel, dissoudrait de ce sel et sortirait salée. Et voilà qu'arrivée à la voûte de la caverne, chaque goutte d'eau, avant de se détacher, exposée à l'air, s'évapore en partie ; elle laisse déposer quelques parcelles de la matière calcaire qu'elle contenait en *dissolution*. Cette matière se durcit, et demeure attachée à la voûte. La goutte d'eau se détache et tombe; une autre arrive, et dépose aussi au même endroit une nouvelle quantité, imperceptible encore, de matière calcaire. Avec le temps, avec les siècles, ces faibles quantités de matière déposée finissent par faire une masse considérable tenant à la voûte, terminée en pointe vers le sol, et qui va s'élargissant et s'allongeant sans cesse : je ne puis mieux comparer ces masses allongées et pendantes qu'aux aiguilles de glace qui pendent au bord des toits, quand la neige, après un dégel commencé la veille, a été ressaisie par le vent glacé de la nuit. Ces longues *chandelles* pendantes, de couleur blanchâtre, souvent lisses et polies comme l'albâtre, sont ce qu'on appelle des *stalactites*. Mais ce n'est pas tout. Chaque goutte d'eau qui se détache à la pointe de la stalactite, tombant sur le sol, dépose à l'endroit de sa chute une nouvelle quantité imperceptible de la même matière calcaire ; là aussi, peu à peu, cette matière s'accumule ; elle forme sur le sol comme une sorte de champignon qui va sans cesse croissant, et qui s'avance à la rencontre de la stalactite : cette *formation* toute semblable, mais dirigée en sens inverse, se nomme *stalagmite*. Avec le temps la stalactite et la stalagmite finissent par se rejoindre, formant ainsi du sol à la voûte une véritable colonne *cannelée* et dentelée, qui va augmentant toujours de grosseur. Dans certaines cavernes ces formations accumu-

Stalactites dans les grottes d'Osselles (près Besançon).

lées ont pris un aspect merveilleux ; aux clartés des torches le visiteur croit entrevoir dans l'ombre de hautes colonnades, des arcades majestueuses, ailleurs des draperies immenses et déchirées qui pendent de la voûte ; les parois blanches, polies et humides des stalactites étincellent comme des cristaux taillés à facettes : l'imagination aidant, on se croirait dans un palais de fées... Cette architecture merveilleuse et bizarre, c'est l'œuvre des gouttes d'eau et des siècles. — Parmi les nombreuses cavernes à stalactites, on cite, en France, les grottes d'*Osselles*, en Angleterre celles du comté de *Kant*, en Grèce la célèbre caverne d'*Antiparos*.

CAVERNE A STALACTITES (BRÉSIL)

LVI. — RIVIÈRES ET LACS SOUTERRAINS

Il y a sous la terre, comme à la surface, des ruisseaux et des rivières, des torrents avec leurs rapides et leurs cascades, des lacs avec leurs *barrages* naturels et leurs déversoirs. Dans ces profondeurs ténébreuses aussi bien qu'au jour, des cours d'eau cachés se réunissent en leurs confluents souterrains pour former de plus vastes courants. Toutes ces eaux viennent de la surface de la terre. Souvent, s'infiltrant invisiblement par d'étroites fissures des roches, elles vont se réunir en quelque conduit plus large, et former un ruisseau ; un certain nombre de ces ruisseaux souterrains *affluents* se réunissant produisent une rivière plus ou moins puissante, par laquelle s'écoulent toutes les eaux tombées sur une vaste étendue de pays — de même que la rivière visible écoule celles de son bassin superficiel — sans qu'on puisse voir nulle part comment ces eaux pénètrent dans le sol. D'autres fois, tout au contraire, ce sont des rivières et des torrents qu'on voit se précipiter en tournoyant dans quelque gouffre effrayant, ou pénétrer sous le sol par une large arcade en forme de porte, ouverte au flanc d'une montagne. Tantôt, après avoir parcouru

Le lac souterrain appelé mer Morte, dans les grottes du Mammouth.

un trajet plus ou moins long sous la terre, l'eau revient au jour sous forme d'une source énorme ; tantôt elle ne reparaît jamais, elle a son *embouchure* cachée sous les eaux de la mer elle-même ou de quelque vaste lac. Le cours de ces rivières souterraines nous est presque toujours inconnu, parce que leurs eaux, remplissant les couloirs sombres qu'elles ont elles-mêmes creusés les rendent le plus souvent inaccessibles. Mais dans les cavernes que l'on a pu découvrir et explorer, on rencontre aussi des rivières et des lacs souterrains. Dans les immenses cavernes du *Mammouth* (Amérique), les plus vastes du monde, on voit, à travers un labyrinthe de hautes salles et d'étroits corridors, de rochers éboulés et d'abîmes, sept rivières, dont la plus connue a reçu le nom infernal de *Styx*, en souvenir du fleuve souterrain des Enfers de la mythologie ; huit cascades grondantes, onze lacs, dont le plus vaste, appelé la *mer Morte* — encore un nom sinistre — dort sous une immense voûte d'une hauteur effrayante. Les explorateurs nombreux qui visitent ces cavernes parcourent en bateau, à la lueur des torches, les lacs et plusieurs des rivières. La plupart de ces cours d'eau se précipitent dans des gouffres insondés ; on les voit s'abîmer, disparaître... on ne sait pas s'ils reviennent au jour.

LA RIVIÈRE SOUTERRAINE DU STYX DANS LES GROTTES DU MAMMOUTH

LVII. — LE CALME SUR LA MER

Le ciel est d'un bleu pur; pas un souffle de brise. Toutes les voiles sont dehors (1); elles ne se gonflent pas, le navire ne marche plus. La surface de la mer, plate comme de l'huile ou à peine ridée de petites ondes, apparaît d'un bleu clair légèrement verdâtre, chatoyante et nacrée. Du côté du soleil, vers l'horizon, la plaine liquide luit comme un miroir, et semble bordée d'un long ruban d'argent. Le disque de l'astre, réfléchi sur la mer, lance des rayons si perçants qu'ils brûlent la vue ; autour scintillent de petites rides brillantes, des lames de feu qui paraissent et disparaissent comme en se jouant. A l'ombre du navire, le long du bord, l'eau est d'un vert glauque, et si transparente que le regard pénètre jusqu'à une grande profondeur. Si des côtes lointaines sont en vue, on aperçoit leur image renversée comme celle des arbres qui se mirent dans un étang. Au coucher du soleil les rouges vapeurs de l'occident et quelques petits nuages bordés d'un trait d'or enflammé se reflétant sur la nappe unie semblent mettre la mer en feu — C'est le calme parfait, ou, comme disent les marins, le *calme plat*.

Mais une tranquillité parfaite des eaux est chose très rare en *pleine mer*, loin des rivages ; presque toujours, même lorsque le vent ne se fait pas sentir, la surface de l'eau est en mouvement ; elle a

Mer calme. Vue lointaine des côtes.

des *vagues*, tout au moins de longues ondulations. Au contraire, dans les lieux abrités, au fond des golfes et des anses, dans les embouchures profondes des rivières et des fleuves, souvent l'eau marine est aussi dormante que celle d'un canal. Combien de fois je l'ai admirée, dans les petites anses du vaste *estuaire* (2) de la Rance, en Bretagne, unie comme une glace, transparente et verte sous l'ombre des rochers, brillante et bleue sous le reflet du ciel ; le fond se voyait à travers la nappe limpide, et en même temps les rochers, les arbres du rivage, les nuages y paraissaient dessinés avec une merveilleuse netteté. — Ou bien c'était la nuit, et la lune, les étoiles, s'y miraient, à peine un peu tremblotantes.

(1) Étendues. — (2) Embouchure.

Une vaste mer, calme, vue du haut des rochers du rivage, par un jour pur, est quelque chose de plus beau encore. C'est alors qu'elle paraît immense ! L'horizon est si large, et si loin ! La *ligne d'horizon* forme un trait droit et net, tiré d'un bout de l'étendue à l'autre, séparant le ciel de la mer. Dans le lointain, les barques, avec leurs voiles étendues, n'apparaissent plus que comme des points blancs immobiles, et les navires qui s'éloignent, par l'effet de la rondeur de la terre, semblent s'enfoncer sous la mer. Par les chaudes journées d'été, quelquefois une brume très légère et demi-transparente s'étend sur la mer tranquille ; les lointains s'effacent, la ligne d'horizon disparaît ; on ne voit plus où commence le ciel, où finit la mer, qui semble alors absolument sans limite.

LA PÊCHE SUR LA MER, PAR UN TEMPS CALME

LVIII. — LES VAGUES

La surface de la mer, surtout au large, c'est-à-dire à grande distance du rivage, est rarement parfaitement plane et tranquille comme celle d'un lac par un beau jour; presque toujours elle est ridée par des *vagues*. Ce sont de grandes ondulations, longues, arrondies, si l'air est paisible; si la *brise* se fait sentir, les *lames* sont plus courtes, plus irrégulières, plus hautes et plus agitées. Cette agitation, ce mouvement des flots est ce qu'on appelle la *houle*.

La cause des vagues est toujours le vent. Comment donc se fait-il que par un temps absolument calme, tandis qu'on sent à peine une légère impression de souffle au visage, les marins voient encore des vagues se dérouler à la surface de l'eau autour de leur navire? C'est que la mer une fois soulevée en vagues par le vent, même quand le vent a cessé, est très longtemps à se calmer : ainsi l'eau d'un vase à qui on a donné une secousse se balance encore longtemps après que le vase est redevenu immobile. Ou bien encore ce sont des vagues formées au loin, en certaines régions où la brise souffle, et qui viennent de là-bas, s'affaiblissant et s'aplanissant peu à peu : ainsi, quand on jette une pierre dans l'eau paisible d'un étang, les petites rides qui se forment — des vagues en miniature, — se propagent très loin, s'effaçant à mesure qu'elles s'éloignent, jusqu'à ce que l'œil ne puisse plus les discerner.

Les vagues figurent à la surface de la mer comme des sillons plus ou moins profonds, plus ou moins réguliers, ou si vous voulez, comme de petites chaînes de collines séparées par autant de vallées. Poussées par le vent, elles courent les unes après les autres et semblent se poursuivre. — Mais il ne faudrait pas croire que la masse d'eau qui les forme se transporte avec cette vitesse. La surface de l'eau s'élève à un endroit, puis s'abaisse, se relève et s'abaisse encore, et c'est l'ondulation seulement qui se déplace et semble fuir. Un objet flottant sur l'eau ne la suivrait pas : les vagues passent sous lui, comme on dit. Une colline d'eau se gonfle en dessous et le soulève : le voilà sur la cime; puis elle se dérobe en dessous, et l'objet se trouve descendu dans la vallée sans avoir changé de place.

Par un temps calme les vagues, même lorsqu'elles sont assez hautes, sont arrondies, leur surface est unie et luisante; le sommet de la colline d'eau — pour continuer notre comparaison — est mollement gonflé, la vallée se creuse par une pente très douce. Mais lorsque le vent est fort, frappant la *crête* de la vague, il la fait sans cesse écrouler dans la vallée qui la suit; le sommet de chaque lame, déchiré pour ainsi dire par le vent, est comme frangé d'une ligne d'écume blanche.

Les vagues.

Sur l'étendue de la mer, d'un gris verdâtre, ces crêtes écumeuses rappellent assez des dos de moutons dans un troupeau pressé : et les marins disent que les vagues *moutonnent*. — Enfin, quand les vagues arrivent sur une plage, elles se creusent en dessous, et se recourbent, en sorte que la crête, roulant par-dessus et s'écroulant, toute blanche d'écume, se brise en retombant : ce qu'on exprime en disant que les vagues *déferlent*.

La hauteur des vagues varie, nécessairement, suivant la force du vent; mais elle dépend aussi de la profondeur et de l'étendue de la mer. Plus la mer est vaste, et plus elle est profonde, plus les vagues y sont hautes; ainsi les vagues de l'océan Atlantique sont beaucoup plus élevées que celles de la mer Méditerranée; de même celle-ci a des vagues plus hautes qu'un simple lac.

En pleine mer, sur l'Océan, la hauteur de un ou deux mètres est ordinaire, par un beau temps. Avec un vent fort elles ont cinq ou six mètres de hauteur; les *vagues de tempête* se soulèvent jusqu'à dix, quinze mètres, et parfois davantage encore. Ce sont alors de véritables montagnes d'eau, d'un aspect effrayant.

LES VAGUES PAR UNE FAIBLE BRISE

LIX. — LES MARÉES.

Laissez-moi vous conduire par la pensée sur le rivage de la Manche, tout au fond de cette baie que forme la côte de Bretagne d'une part, de l'autre celle de Normandie, et qu'on nomme la baie du *Mont-Saint-Michel*. Imaginez-vous que vous êtes assis près de moi sur un rocher du rivage. Il est midi. Devant vous vous voyez s'étendre comme une plaine immense, parfaitement rase et nette, d'un sable fin et grisâtre, humide et luisant sous le ciel. C'est la *grève*, qui descend en pente insensible, vers le large. Seulement vers le milieu de cette étendue vous voyez se dresser un rocher isolé, qui *pointe* en forme de pyramide ; peut-être avec vos yeux perçants distinguez-vous les maisonnettes d'un village, puis, au-dessus, les bâtiments aux toits aigus et les tourelles élancées d'une ancienne abbaye du moyen âge, à la fois monastère et forteresse. C'est le *Mont-Saint-Michel* au milieu de sa grève. Çà et là, aux environs, quelques petits points noirs... ce sont des pêcheurs ou des promeneurs, pieds nus sur le sable humide. Et maintenant apercevez-vous dans le lointain une étroite bande bleue bordant l'horizon ? C'est la mer. La mer est basse. Pour aller la trouver, il vous faudrait faire deux ou trois lieues peut-être, ou même davantage. Mais voilà qu'au bout d'une heure vous vous apercevez que la bande bleue s'est élargie. C'est la mer qui monte ; son niveau s'élève : en même temps elle remonte la pente insensible de la grève, et s'avance vers

Embouchure d'une rivière à marée basse. Bancs de sable laissés à découvert par la marée.

le rivage. Le flot arrive, rapide comme un cheval au galop. Déjà la mer baigne le pied du rocher ; en un moment elle l'entoure, elle l'embrasse ; et le voilà au milieu de la nappe luisante du flot : le Mont-Saint-Michel est devenu une île. Vers le soir, toute l'immense grève a disparu ; à sa place s'étend la mer ; les vagues roulent là où une heure auparavant les pêcheurs passaient à pied sec ; elles viennent *déferler* à vos pieds sur le sable. La mer est *haute*. Mais bientôt elle va redescendre, s'enfuir là-bas, abandonner de nouveau la grève.

Deux fois par jour, sur les rivages des océans, on voit ainsi le niveau de la mer monter lentement, puis lentement redescendre, s'élever et s'abaisser le long des rochers, ou couvrir et découvrir les plages en pente douce. Ce mouvement alternatif des eaux est ce qu'on nomme la *marée*.

Sur certains rivages l'élévation et l'abaissement des eaux est à peine sensible, tandis qu'en d'autres lieux la mer s'élève d'une hauteur de 10 ou 15 mètres. De plus, sur un même lieu, la hauteur de la marée varie chaque jour. Tous les quinze jours environ il y a une marée plus forte que les autres : c'est la *grande marée* ; ce jour-là, la mer s'élève plus haut et descend plus bas. Puis le mouvement de la marée diminue ; et huit jours après la grande marée arrive la *morte-eau*, c'est-à-dire le jour où la mer monte et baisse le moins. Après, la marée recommence à croître. Enfin l'heure des *hautes mers* et des *basses mers* n'est pas la même dans les divers lieux ; et dans un même lieu elle change chaque jour, reculant d'environ vingt minutes à chaque marée. La baie du Mont-Saint-Michel est un des lieux du monde où la marée est le plus forte.

LE MONT-SAINT-MICHEL A MARÉE BASSE

LX. — LES HABITANTS DE LA MER

La mer, la vaste, l'immense mer, qui couvre sur notre globe deux fois plus d'espace que toutes les terres prises ensemble, n'est pas une étendue stérile, tout au contraire. La mer est bien plus peuplée que la terre; la mer fourmille d'êtres vivants, animaux et plantes. Elle a des monstres énormes, les *cétacés* tels que les baleines, les cachalots; des poissons aussi de taille très grande, d'une férocité, d'une voracité effrayante, et des milliers d'espèces de poissons de moindre grandeur, en nombre tel que de vastes étendues de mer à perte de vue sont parfois couvertes de leurs rangs serrés. Mais elle a bien d'autres habitants encore. Voici d'abord, cachés sous les varechs ou errants le long du rivage, des *crustacés* revêtus de leur armure de guerre : les *homards*, semblables aux écrevisses de nos rivières, les *crabes* difformes; toutes bêtes de proie. Puis c'est la foule innombrable des *mollusques* au corps mou et gluant, les uns *nus*, les autres *testacés*. Les *poulpes* hideux sont à l'affût dans des trous de rochers, pour guetter et saisir leur proie, qu'ils enlacent de leurs huit longs bras tortueux et collants. Les *éolides* au corps allongé et nu, semblables à des limaces, et des milliers et milliers d'autres mollusques pourvus de coquilles roulées en spirale comme celles des escargots, les uns gros, les autres petits, les uns rayés, tachetés, les autres hérissés et épineux, paissent les herbes marines dans les vastes prairies de l'Océan. D'autres, plus ou moins semblables aux huîtres et aux moules, ont leurs coquilles formées de deux pièces et s'ouvrant à charnière, en sorte que l'animal est renfermé comme dans une boîte : ceux-là restent collés au rocher, ou s'enfoncent dans le sable ou la vase du fond.

Des milliards de *méduses* et autres êtres analogues, au corps diaphane comme le verre, et qui semblent faits d'une gelée transparente, flottent au gré des flots; tandis que les *polypes* et *coraux* de diverses sortes, fixés au rocher, semblent des arbres vivants portant des fleurs animées. Enfin, des myriades d'animaux *microscopiques*, à peine visibles ou totalement invisibles à l'œil nu, vivent dans les eaux. Parmi ces derniers les plus remarquables sont ceux qui donnent lieu au merveilleux phénomène qu'on appelle la *phosphorescence de la mer*.

Noctiluques, animaux marins microscopiques et lumineux, vus au microscope.

« Imaginez une belle nuit d'été, tiède et calme, transparente. La mer est toute haute; le flot s'étale paisible jusqu'au fond des petites *anses* qui forment les mille dentelures du rivage. L'eau est claire, unie comme un miroir, à peine ridée de petites vagues semblables à celles que soulève une pierre jetée dans un étang, qui viennent du large, l'une après l'autre, mourir sur le sable, ou glissent le long des rochers avec un petit *clapotis* frais, murmurant, de ruisselets sur les cailloux. La mer a des reflets de la lueur pâle qui s'étend au ciel vers l'horizon du nord, et de la faible clarté des étoiles; mais elle a aussi d'autres lueurs, fugitives, étranges, qui ne viennent pas du ciel. Partout où la plus légère agitation bat les eaux s'allument soudain des milliers d'étincelles, comme de petits points de feu verdâtre, éparpillés à travers le liquide ainsi que la pluie de feu d'une fusée dans l'air. Le plus petit remous du courant qui fuit le long d'un caillou fait une longue traînée d'étincelles qui s'éteignent et se rallument; le long du rivage, les millions de points brillants ballottés, dans le ressac des petites vagues qui se brisent, forment, vus d'un peu plus loin, une bande continue de lueur pâle, d'une blancheur de lait, bordant le flot. Si vous agitez l'eau de la main, il jaillit des gerbes d'étincelles. Si une barque passe, à peine visible dans l'ombre, son *sillage* forme en arrière un trait de vive clarté. La rame en trempant dans l'eau fait briller un éclair pâle, et, quand elle se relève, il en ruisselle comme des larmes de feu qui retombent dans la mer... »

Ces points brillants sont autant de petits êtres vivants, qui ont la propriété d'émettre à leur gré une lumière *phosphorescente* semblable à celle des vers luisants de nos buissons. Ils brillent quand l'eau est tiède, et surtout là où elle est agitée. Des animaux de plus grande taille émettent aussi de la lumière. — Ce phénomène qu'on observe sur nos côtes se produit plus magnifique encore au milieu des océans, dans les régions de l'équateur; là, disent les navigateurs, la mer semée de myriades d'étincelles apparaît parfois toute en feu.

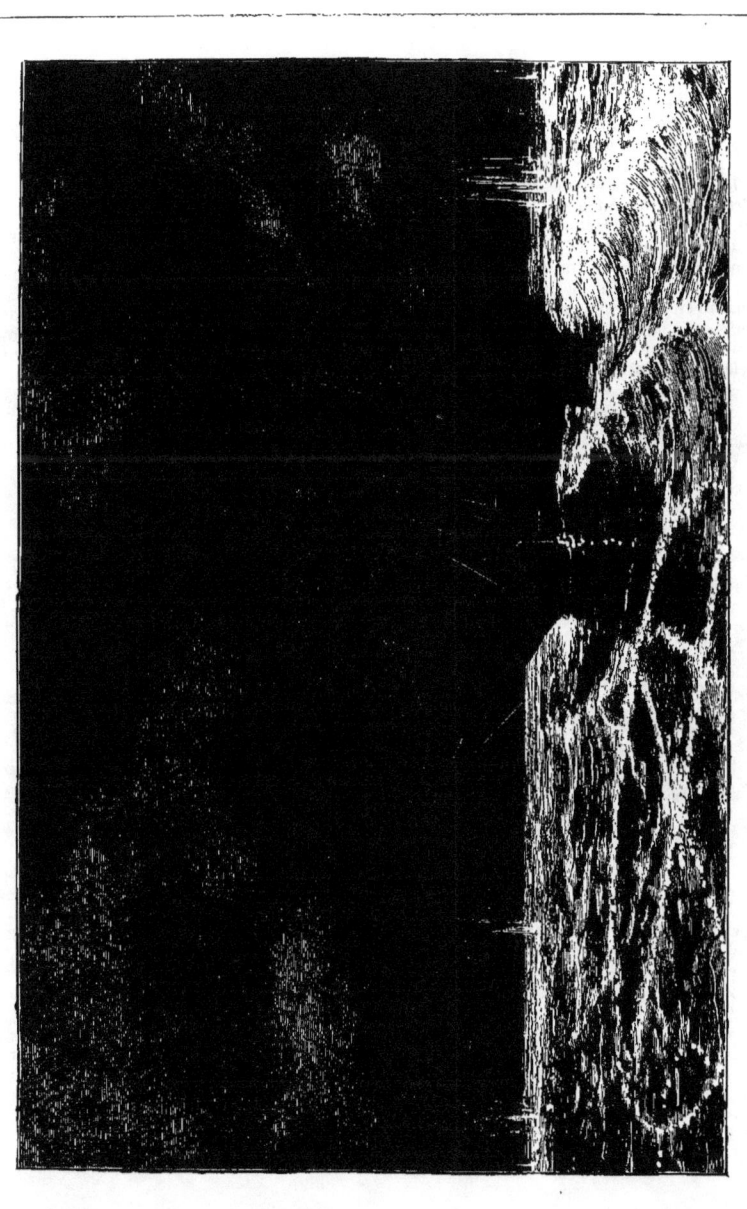

LA MER PHOSPHORESCENTE

LXI. — LES PLANTES DE LA MER

Comme la mer a ses habitants, de même aussi elle a ses plantes à elle ; des plantes qui ont un aspect tout particulier et ne ressemblent guère à celles de la terre. Presque toutes sont des plantes *sans fleurs*, appartenant à la grande classe des *Algues*, simples de structure, mais très curieuses dans leur manière de vivre ; végétaux étranges, qui n'ont ni racines ni tiges véritables, ni feuilles ni fleurs — pas de fleurs, dis-je ; et pourtant, parmi elles il en est qui sont on ne peut plus gracieuses et charmantes. Les *algues* marines les plus communes sur nos plages de France sont les *varechs*, les *fucus*, dont les longues tiges aplaties, disposées en touffes épaisses, simulent des touffes d'herbe ; cramponnés au rocher par des crampons qui ressemblent à des racines, ils laissent flotter dans l'eau leurs tiges flexibles, gluantes, d'un brun verdâtre ou d'un vert jaune. Les rochers des rivages, surtout aux lieux que la marée, montant et baissant, couvre et découvre chaque jour, sont cachés sous des touffes serrées de ces algues, comme le sol d'une prairie est caché sous les herbes : et ce sont là en effet les *prairies de la mer*, où paissent des animaux marins *herbivores*, de toute forme et de toute taille. En certains endroits se rencontrent au milieu de ces herbages d'un vert brun et luisant,

La *prairie flottante* ou mer de sargasses au milieu de l'océan Atlantique.

des algues plus délicates et plus brillantes de couleurs : des *ulves*, minces et larges comme des feuilles, les unes d'un vert splendide, les autres de teintes brunes, roses, rouges ou jaunâtres ; ailleurs des *zonaires*, rayées, panachées de diverses nuances ; enfin toutes sortes de *floridées* finement découpées en festons d'une délicatesse merveilleuse, brunes ou roses, ou d'un rouge de corail, admirablement belles : ce sont les fleurs dans la prairie... Mais il y a aussi, au milieu même des Océans, des *prairies flottantes*... Les navigateurs traversent d'immenses étendues toutes couvertes d'algues qui flottent au gré des vagues : ce sont des *varechs vésiculeux* (pourvus de petites vessies pleines d'air) que l'on nomme *sargasses* ; si serrés parfois les uns contre les autres, que le navire a peine à s'ouvrir un passage. Ailleurs enfin ce sont des végétaux imperceptibles à l'œil, microscopiques, qui remplissent les eaux en nombre tel que la teinte verdâtre naturelle de la mer en est toute changée.

La plus curieuse de ces petites plantes, de couleur rouge foncé, insaisissable à l'œil nu par son extrême petitesse, végète dans les eaux du golfe Arabique en quantité si prodigieuse qu'à certaines époques la mer, *teinte* pour ainsi dire, apparaît d'une couleur de sang — ce qui a valu à cette mer son surnom de mer Rouge.

PLAGE ROCHEUSE COUVERTE DE VARECHS, A MARÉE BASSE

LXII. — LE TRAVAIL DE LA MER

Comme l'eau fougueuse du torrent ronge la montagne et creuse son ravin, ainsi le flot de mer bat et ronge ses rivages, surtout aux jours de grande marée et de tempête. Les vagues, l'une après l'autre, viennent heurter la rive : chacune détache quelques grains, ou arrache quelque fragment de pierre depuis longtemps ébranlé. La lame, en se soulevant, enlève du fond des graviers et des cailloux, les lance contre la paroi de rocher : c'est avec ces débris, comme avec autant de marteaux, qu'elle attaque le roc encore ferme. Peu à peu la rive se creuse en dessous, au niveau de l'eau; de lourdes masses de pierre surplombent sur les flots : un jour vient où ces masses s'écroulent avec fracas. L'eau pénètre par les plus petites fissures, et travaille à les agrandir. Est-il une partie de la pierre moins dure, cette partie, plus rapidement rongée, laisse un vide, par laquelle la mer pénètre au cœur du rocher; les *veines* de pierre plus dure, résistant davantage, forment des pointes saillantes, des angles aigus, des crêtes dentelées en dents de scie. Là des blocs isolés du rivage se dressent au milieu des flots; ici le pan de roc semble une haute mu-

Rochers granitiques *érodés* par les vagues.

raille, lisse, escarpée; plus loin les rochers écroulés figurent un entassement de blocs, comme les ruines de quelque édifice de géants, ailleurs, des passages à jour, des portes, des arcades. Parfois, rongeant les veines rocheuses moins résistantes, l'eau a fini par creuser de profondes et noires cavernes pénétrant au loin sous la terre. Plus la roche est dure, plus elle offre un aspect déchiqueté, âpre, inégal; plus elle est hérissée de pointes. Les côtes de Bretagne, formées de *roches granitiques* excessivement dures, sont partout dentelées de caps aigus et de petites baies étroites et profondes. A voir ces masses rudes et anguleuses, de couleur sombre, on se demande comment il se fait que l'eau ait pu entamer la pierre, y mordre comme avec des dents, la déchirer comme avec des griffes... Mais on le comprend, si on voit, par une tempête, les grandes vagues, venues du lointain de l'Océan, gonflées et furieuses, se heurter contre l'obstacle, quand la lame brisée remonte et lance son écume à plus de vingt mètres de hauteur, quand à chaque coup de mer on sent le rivage trembler sous les pieds, et que le bruit des cailloux du fond, soulevés et froissés les uns contre les autres, forme une clameur immense, à couvrir les grondements du tonnerre.

ROCHERS DÉCHIQUETÉS PAR LES VAGUES

LXIII. — LES FALAISES

Une immense muraille blanche de rochers taillés à pic se dresse au-dessus des flots gris de la Manche. De loin, le voyageur qui passe au large sur son navire croit voir un formidable rempart qui se prolonge à perte de vue, presque en ligne droite, avec quelques brèches seulement de distance en distance. C'est le grand mur naturel des *falaises* de la côte normande, qui s'étend tout le long du rivage sur plus de cinquante lieues, depuis l'embouchure de la Seine jusqu'au cap Gris-Nez, au delà de Boulogne. L'aspect de ces rochers a quelque chose d'effrayant. Figurez-vous cette paroi de pierre nue, dont la crête ébréchée s'élève jusqu'à cinquante ou soixante mètres, en certains endroits jusqu'à cent mètres de hauteur. Pas un buisson, pas un brin d'herbe aux fentes, pas une mousse. A marée basse on peut suivre souvent pendant plus d'une lieue le pied de cette muraille inaccessible, avant de rencontrer un petit sentier étroit et tortueux aux flancs du rocher, raide et glissant, avec des marches inégales creusées dans la pierre, — un véritable sentier de chèvres, difficile et dangereux, pour remonter de la grève sur la falaise. Mais qui

Falaises de Leucade (Grèce).

donc a ainsi taillé la roche à grands *pans* verticaux ? C'est la mer elle-même. Cette roche dont est formé le rivage est blanche et tendre, friable, facile à égrener : c'est de la *craie*. Chaque jour, et surtout pendant les tempêtes, les vagues, en se brisant au pied de la falaise, rongent, creusent la pierre, et minent en dessous. Alors la muraille n'est plus seulement à pic ; elle est *surplombante*; elle penche en avant, creusée qu'elle est à sa base. Et voilà qu'un jour, pendant une tempête, toute la masse de pierre située au-dessus de la partie *affouillée* n'étant plus soutenue se détache ; une énorme *tranche* de roche, taillée droit depuis le haut jusqu'au bas de la falaise, s'écroule avec fracas. Puis ces débris entassés au pied de l'escarpement seront peu à peu rongés, déblayés par les vagues, qui recommenceront à creuser. Ainsi, chose curieuse, cette muraille, qui semble inébranlable, recule, recule toujours. Sans cesse la mer gagne, la terre perd. En certains endroits la falaise entamée recule de plusieurs mètres chaque année. — Un rempart tout semblable forme le rivage opposé de la Manche, sur la côte d'Angleterre, aux environs de Douvres. En tous les lieux où la côte, battue par les vagues, est formée de roches tendres qui se rongent et s'éboulent facilement, elle prend de même la forme de *falaises*, c'est-à-dire de murailles escarpées de rochers.

LES FALAISES DE LA MANCHE A MARÉE BASSE (COTE ANGLAISE PRÈS DE DOUVRES).

LXIV. — LES ÉCUEILS

Un amas de rochers, âpre et nu, se dresse au milieu des flots. C'est ce qu'on nomme un *écueil*, un *récif*, un *brisant*. Par un temps calme, vous verriez les petites vagues *clapoter*, comme en se jouant, à ses pieds. Mais voici qu'un vent de tempête se lève, remue la mer et soulève la houle. Les grosses lames accourent l'une après l'autre, poussées par le vent ; elles viennent se heurter contre ce bloc immobile. Chaque lame bondit, frappe d'un choc sourd et se brise, s'élance en remontant contre les flancs du rocher, puis retombe ; l'écume ruisselle en cascades blanches sur la pierre sombre. Ah ! si le navire qui vient là-bas, allait donner contre cet écueil ! En un clin d'œil, il serait entr'ouvert, mis en pièces... « Mais, direz-vous, on le voit bien, ce rocher : le navire va se détourner pour l'éviter. » Sans doute. Mais si pourtant la tempête le poussait, malgré tous les efforts des marins, sur la pierre ? Si le courant de la mer l'y entraînait, comme le courant d'un ruisseau emporte une feuille morte ? — Ou bien c'est la nuit ; le temps est sombre et couvert : on ne distingue rien dans l'ombre ; ou bien encore c'est par un jour de brume, les matelots qui veillent n'aperçoivent pas de loin l'écueil, et, quand ils l'aperçoivent, il n'est plus temps... Il y a d'autres brisants, plus dangereux encore : ce sont les *rochers à fleur d'eau*. — Voyez-

La pierre à fleur d'eau d'*Ar-Men*, près des îles de Sein.

vous cette roche noire isolée au milieu de la mer, autour de laquelle l'eau blanchit ? Selon l'heure de la marée tantôt elle se montre un peu au-dessus des vagues ; tantôt elle est entièrement cachée, et alors rien ne dit qu'elle est là, si ce n'est que la mer est plus agitée et plus écumeuse au-dessus d'elle. C'est la roche à fleur d'eau que les marins bretons ont appelée *Ar-Men*, c'est-à-dire dans leur langue *la pierre*. Sur cette pierre de malheur des centaines de barques et de navires, poussés par les vents et les courants, dans la nuit, dans la brume, sont venus se briser. — Les récifs sont presque toujours les restes d'une certaine étendue de terre ferme que la mer, pendant des siècles et des siècles, a battue de ses vagues et peu à peu rongée ; la masse du terrain a été emportée, il est resté quelques blocs de rocher plus dur qui ont résisté aux flots. C'est pour cela que les brisants sont surtout nombreux et dangereux aux pointes avancées des terres, autour des groupes d'îles et le long des rivages formés de roches dures. Dans nos mers de France, les récifs les plus redoutables sont les rochers du Calvados, ceux qui sont semés aux environs des îles de Jersey et de Guernesey et dans le golfe de Saint-Malo, tout le long des côtes de la Bretagne et surtout en face de ses pointes aiguës, autour des îles de Sein. — Là est, entre autres, la terrible pierre d'*Ar-Men* ; mais aujourd'hui qu'on y a bâti, avec des difficultés inouïes, un *phare* qui fait reconnaître sa place, au lieu d'être un danger pour les navigateurs, elle sert maintenant à leur montrer la route.

RÉCIFS SUR LA CÔTE DE CALIFORNIE (OCÉAN PACIFIQUE)

LXV. — LES PLAGES ET LES DUNES

La mer battant sans cesse de ses vagues les rochers de ses rivages, sapant et faisant écrouler les falaises, rongeant les promontoires, roule les blocs et les fragments arrachés, les égraine, les broie... Mais que deviennent ces débris ? — La mer, qui les a faits, les *trie*, tout d'abord. Les plus gros et les plus durs cailloux arrachés à la falaise, brisés en fragments anguleux, restent au pied du rocher. Seulement, remués à chaque vague, roulés les uns sur les autres, ils s'usent réciproquement ; leurs angles se brisent, leurs bords tranchants s'émoussent, ils finissent par s'arrondir d'une façon étonnamment régulière ; et alors ils ont la forme d'œufs, de boules, de tourteaux ronds et plats. Ces *cailloux roulés* ou *galets* sont étendus au pied de la muraille de rocher, par les vagues qui les remuent, sur une surface déclive en pente douce vers la mer, et forment des *plages* de galets, étroites, longues souvent de plusieurs lieues. Mais les menus graviers, les grains de sable plus finement broyés, étant plus légers, sont emportés plus loin par les courants de la mer, qui les dépose alors au fond de son lit sous forme de couches ou *bancs* de graviers, ou de bancs de sable, ou bien encore le long des rivages, en plages plus douces, plus molles, plus larges, de pente moins forte que les plages de galets. Chaque flot qui vient mourir sur la grève pousse des grains de sable, les range, les étale. Quand la mer ensuite vient à baisser, la

Dunes de sable élevées par le vent.

surface en pente douce est merveilleusement dressée, souple et moelleuse au pied, comme un tapis, sans un pli, sans une ride... Les parcelles imperceptibles de roche broyée en fin limon sont emportées plus loin encore, et déposées en bancs et en plages de *vase*. — Or, surtout sur les plages que la mer couvre et découvre à chaque marée, les grains du sable desséché à la surface deviennent extrêmement légers et mobiles. Le vent qui souffle du côté de la mer soulève ces grains de sable comme vous le voyez soulever la poussière de la route ; il les chasse devant lui, il les fait courir rapidement, en remontant la pente de la grève, jusqu'au-dessus du niveau que la mer peut atteindre. Là ces grains de sable s'entassent, peu à peu, s'accumulent. Ils forment avec le temps une sorte de petite colline qui va toujours grandissant : c'est ce qu'on appelle une *dune* de sable. De plus, cette colline marche ; elle avance sans cesse, en s'éloignant de la mer. Le vent fait remonter continuellement les grains de sable du côté de la mer, jusqu'au sommet de la colline ; puis ils *s'éboulent* sur l'autre versant. Il se forme ainsi le long de certains rivages de sable des *chaînes de dunes*, qui atteignent parfois vingt ou trente mètres de hauteur. Toujours en marche lente vers l'intérieur des terres, elles recouvrent parfois les cultures et ensevelissent les fermes et les villages, jusqu'à ce qu'on soit parvenu à les *fixer*, en y plantant des arbres et autres végétaux qui brisent le vent et retiennent le sable entre leurs racines enchevêtrées.

PLAGE ET FALAISE DU TRÉPORT. — ÉTABLISSEMENT DES BAINS

LXVI. — LES CÔTES BASSES ET LES LAGUNES.

En certaines parties des côtes le rivage est formé non de durs et hauts rochers, mais de terrains plats et bas, sablonneux ou limoneux et sans résistance, descendant jusqu'au niveau de la mer en pente presque insensible ; c'est ce qu'on nomme une *côte basse*. Tels sont, par exemple, les rivages de la Hollande ; et même en certaines parties le terrain y est au-dessous du niveau des hautes marées. — Lorsqu'en ces endroits le choc des vagues et les courants attaquent le rivage, la mer fouille, emporte au loin les terres meubles, creuse des baies, qui deviennent des golfes. Ailleurs, entamant les parties avancées des terres, elle les sépare du continent ; elle en fait des presqu'îles, d'abord, puis des îles, qui vont en diminuant toujours, et, sans cesse rongées, finissent par disparaître. Mais en d'autres endroits, au contraire, la mer, au lieu d'entamer le rivage, apporte sans cesse et dépose des sables et des limons. Elle-même elle *ensable* le bord ; elle-même construit une *côte basse* qui gagne peu à peu sur les eaux. Ces terrains demi-submergés, formés

Flèche de limons sur la côte de Cette ; d'un côté la mer, de l'autre la lagune.

de vases et de sable, restent très longtemps marécageux ; parfois ils finissent par se consolider et *s'assécher* naturellement, et deviennent une terre ferme labourable. Si la nature n'achève pas cette œuvre elle-même, l'homme peut lui aider, par des *digues* et des canaux d'écoulement, et prendre ainsi sur la mer des terrains extrêmement fertiles. Ailleurs enfin la mer *n'ensable* pas toute l'étendue des plages de la côte ; mais seulement elle élève une sorte de banc de limon ou de sable, comme une levée, une sorte de digue basse qui dépasse à peine la surface de l'eau : c'est ce qu'on nomme une *flèche* de dépôts. Entre cette barrière et l'ancien rivage il reste une certaine étendue, une nappe d'eau salée peu profonde, qui communique seulement avec la mer par quelques brèches faites dans cette digue naturelle. Cette sorte d'étang salé séparé de la grande mer se nomme une *lagune*. — Sur les rivages de la Méditerranée on voit le long de certaines côtes de très vastes lagunes, comme de véritables petites mers. Sur les îles basses et les flèches d'une de ces lagunes, consolidées par des travaux immenses, est bâtie la merveilleuse ville de Venise.

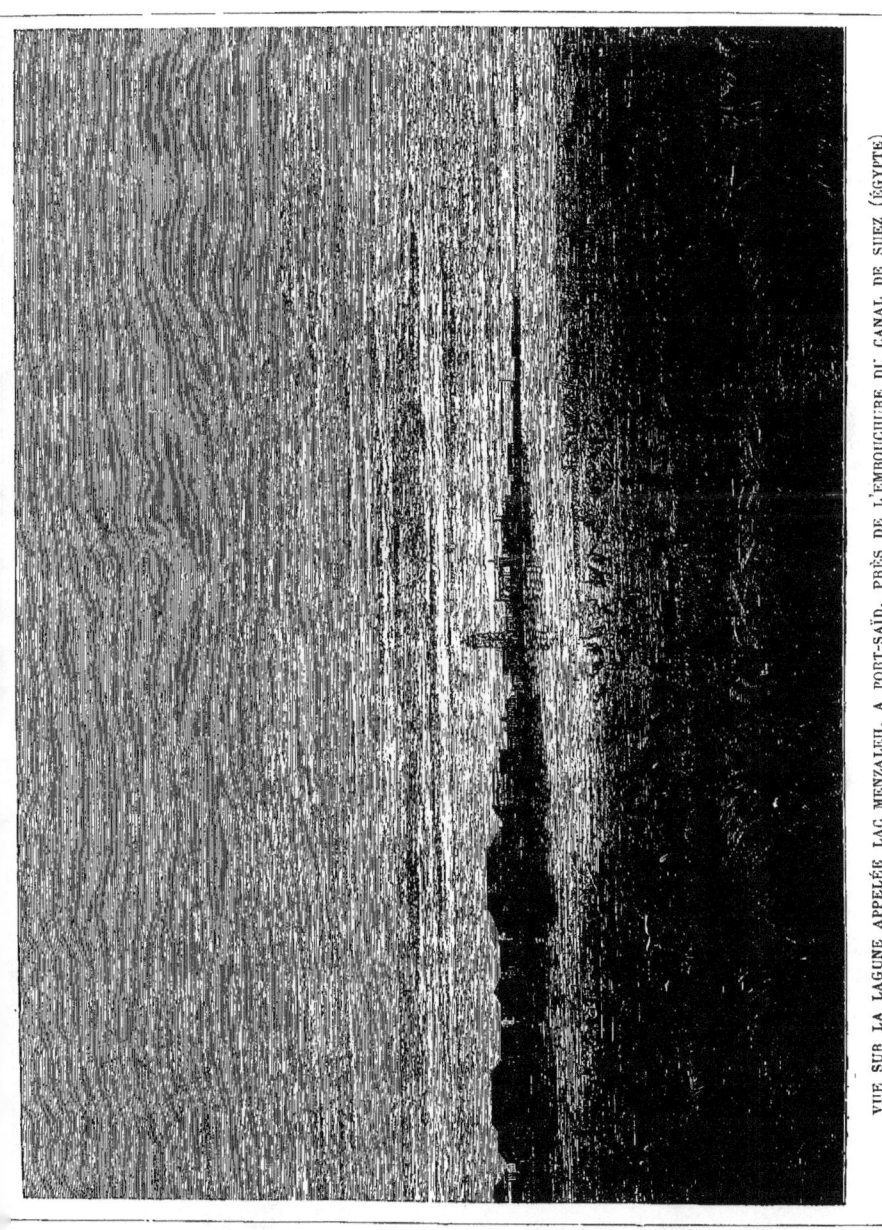

VUE SUR LA LAGUNE APPELÉE LAC MENZALEH, A PORT-SAÏD, PRÈS DE L'EMBOUCHURE DU CANAL DE SUEZ (ÉGYPTE)

LXVII. — LES MARAIS SALANTS

Sur les côtes basses des mers, surtout des mers à grandes marées, où de vastes étendues de plages sont successivement couvertes et découvertes, en vous promenant sur la grève près de la limite que peut atteindre le flot, vous pourriez voir, étalées, peu profondes, sur quelque fond d'argile dure, ou bien encore contenues dans quelques creux des rochers, de petites mares dormantes d'eau salée, abandonnées là par la mer lorsqu'elle s'est retirée après la dernière marée. Peu à peu, surtout à l'été, sous les rayons du soleil, l'eau de ces mares s'évapore ; leur niveau baisse ; mais le sel, qui n'est pas susceptible de s'en aller en vapeur, demeure ; il reste dissous dans une moindre quantité de liquide, et l'eau devient ainsi de plus en plus salée. Vers les bords une *efflorescence cristalline*, comme une couche de gelée blanche sur un toit, se dépose et fait tout autour de la petite mare un ourlet blanc. Souvent la mare en quelques jours se dessèche complètement ; et sa place est marquée par une couche de sel grenue, tapissant son lit, et que l'on pourrait recueillir. — Pour retirer des eaux de la mer ce précieux *sel* qu'elles contiennent en abondance, les hommes n'ont eu qu'à imiter en ceci la nature ; ou plutôt ils n'ont qu'à disposer

Récolte du sel dans un marais salant.

les choses de telle sorte que le phénomène se produise d'une façon plus étendue et plus régulière. C'est ce qu'on a fait en établissant sur certaines côtes, aux endroits favorables, des *marais salants*. Imaginez une étendue assez considérable de terrains plats et bas, à fond d'argile imperméable, que la mer peut couvrir, mais aux grandes marées seulement. On élève entre cette étendue et la mer une digue, pourvue de petites *vannes* qu'on peut ouvrir ou fermer, pour laisser entrer et sortir l'eau salée ou lui refuser passage à volonté. De plus le marais est divisé, par de très petites *levées*, en un grand nombre de compartiments. Dans certains d'entre eux, larges et profonds comme de vastes étangs, on fait entrer, à l'heure de la marée, l'eau de la mer ; elle s'y repose et s'y clarifie ; de là elle passe par d'étroits et longs canaux dans des réservoirs plus petits. De ceux-ci enfin on la fait arriver dans des compartiments très petits, parfaitement nivelés, où l'eau n'a que cinq ou six centimètres de profondeur. Ainsi étendue sur une large surface et très peu profonde, l'eau s'évapore rapidement. Le sel bientôt se dépose sur le fond plat de la petite mare, sous forme de gros grains ; on l'enlève à mesure à l'aide de râteaux sans dents que l'on nomme *rabots*. Puis on en fait des tas sur des *aires* d'argile, où on laisse le sel s'égoutter avant de l'enlever pour le transporter au loin.

RÉSERVOIRS DES MARAIS SALANTS D'ARS-EN-RÉ (CÔTE DE FRANCE)

LXVIII. — LES CAPS

Les contours irrégulièrement découpés des rivages produisent des enfoncements, *anses*, *baies* ou *golfes*, et des avancées de terre qu'on nomme *pointes*, *caps* ou *promontoires*. Parfois c'est une longue bande de terres basses, presque au niveau des eaux, qui s'avance ainsi au milieu d'elles et forme une pointe. Mais le plus souvent, au contraire, c'est une masse de rochers haute et abrupte, qui dresse fièrement sa tête au-dessus des vagues, et mérite alors son nom de *cap* (cap signifie *tête*), ou celui de *promontoire*, qui rappelle son élévation. Elle apparaît de loin comme un angle de muraille massive, plus ou moins ébréchée, dominant la mer, fendant les vagues comme la *proue* d'un navire. Ces parties avancées sont naturellement plus exposées au choc des vagues que les enfoncements des rivages. La mer bat sans cesse le pied des caps ; si le roc est très dur, la *lame* s'y brise, s'élance, retombe en écume, sans pouvoir y mordre ; à peine pourra-t-elle arracher quelques grains de sable. Mais si au contraire le rocher n'est pas de nature très résistante,

Le cap Matapan, autrefois appelé cap *Ténare* (Grèce).

la mer peu à peu le mine en dessous ; puis un pan du promontoire s'écroule par un jour de tempête, comme une muraille sapée à sa base. Les *caps* sont les parties les plus remarquables des rivages, parce qu'ils marquent les angles, les pointes saillantes des continents ; ils font obstacle aux navires, qui sont obligés de les *doubler* (c'est-à-dire de les tourner, de les franchir) : aussi est-ce sur ces lieux élevés et avancés que l'on établit les *phares*, dont les *feux* allumés la nuit guident les navigateurs. — Les caps les plus remarquables de la France sont le cap *Finistère* à la pointe de la Bretagne, le cap de la *Hague* à la pointe de Normandie, le cap *Gris-nez*, sur la Manche, et le cap de la *Hève*, à l'embouchure de la Seine. — Voyez cette masse imposante de roche grisâtre. La mer est *basse* ; la marée, en se retirant, a laissé à découvert la plage, où les barques des pêcheurs sont échouées sur les *galets*. Elle a mis à nu aussi les roches basses qui vont se prolongeant en pointe aiguë ; mais on voit fort bien au pied de la grande muraille escarpée, inaccessible, l'endroit où la mer s'arrête quand elle monte. Là-haut on distingue deux tourelles : ce sont les deux phares qui *signalent*, c'est-à-dire indiquent le cap, et par suite l'entrée du fleuve.

LE CAP DE LA HÈVE, VU A MARÉE BASSE

LXIX. — BAIES ET GOLFES

La ligne des rivages est quelquefois droite sur de grandes étendues de côtes, mais le plus souvent elle est, au contraire, inégale, dentelée et comme découpée. Elle a des *pointes* de terre plus ou moins aiguës qui s'avancent dans la mer; ailleurs des *échancrures* plus ou moins vastes et profondes dans lesquelles les eaux s'avancent vers l'intérieur des terres. Supposez qu'un voyageur se soit donné la tâche de suivre le long de l'eau toutes les dentelures de la côte sur une certaine étendue : la longueur du chemin qu'il aura ainsi parcouru sera ce qu'on appelle le *développement* de cette étendue de rivage. Elle est toujours plus grande que la distance entre les deux points extrêmes, d'autant plus grande, que la côte est plus profondément dentelée. Les côtes découpées en fines dentelures sont les plus favorables pour la navigation, en ce qu'elles offrent de ces enfoncements, de ces échancrures qui forment des *ports naturels* heureusement disposés pour abriter les navires. De toutes les parties du monde c'est la petite Europe qui a les côtes les plus découpées,

Baie de Menton.

et, par conséquent, le plus grand *développement* de rivages à proportion de sa grandeur. — Les échancrures des côtes portent, suivant leurs dimensions, les noms de *golfes* ou de *baies*, d'*anses* ou de *criques*. Tantôt les golfes sont largement ouverts, comme le *golfe de Gascogne*; tantôt, comme la *Baltique*, ils communiquent seulement avec les océans par une ouverture plus ou moins rétrécie, encombrée d'îles et de récifs parfois, et forment alors de véritables *mers intérieures* ou *méditerranées*. Rien n'est plus gracieux qu'une baie régulièrement arrondie quand la vaste nappe d'eau s'étend tranquille entre les deux pointes qui s'allongent à droite et à gauche vers la pleine mer, comme deux grands bras qui semblent se replier pour l'embrasser, pour l'entourer et la garder à l'abri des grands vents et des grosses vagues du large. Ou bien c'est quelque jolie petite anse, profondément creusée, aux contours tortueux, entourée de toutes parts de hautes *falaises*, de rochers qui l'abritent, ne communiquant avec la grande mer que par un étroit *goulet*; calme comme un lac, transparente et verdâtre sur son fond de sable fin ; c'est une *Méditerranée* en miniature.

VUE DU GOLFE D'ALEXANDRETTE (SYRIE)

LXX. — LES FJORDS

En Norwège et dans les pays du Nord on donne le nom de *fjords* (prononcer *fiords*) à des dentelures profondes des rivages, sortes de baies étroites, souvent tortueuses et ramifiées, qui pénètrent au loin dans les terres. Du haut des rochers qui dominent le défilé on croirait voir l'*estuaire*, l'embouchure élargie d'un fleuve ; mais ce fleuve est sans courant. C'est plutôt un canal naturel, resserré entre des rives rocheuses et escarpées, comme une sorte de couloir, de ravin dont la mer occupe le fond. Des deux côtés se dressent des rochers sombres et nus, souvent taillés à pic ; parfois même de hautes montagnes aux sommets neigeux. Certains fjords de la côte de Norwège sont si étroitement encaissés que le soleil ne pénètre jamais au fond de ces gorges sombres. La mer y est froide, de couleur verte à l'ombre du rocher, transparente et profonde, ordinairement calme. Mais parfois aussi le vent s'engouffre dans cet étroit couloir ; il soulève des tourbillons violents et des rafales soudaines dangereuses pour les barques et les navires. Ou

Un fjord au Spitzberg.

bien de gros nuages, lourds et bas, s'y entassent, et des orages effrayants y éclatent ; les grondements du tonnerre, répercutés de rocher en rocher, y roulent avec un fracas terrible. — En certains endroits, des torrents, descendant des montagnes, arrivés à la coupure du ravin, s'élancent d'un bond dans la mer du haut des falaises, en formant de merveilleuses cascades. Parmi les fjords les plus beaux, les plus remarquables par leur aspect sombre et grandiose, on cite surtout le Lysefjord et le Lysterfjord de Norwège ; mais le long de cette côte déchiquetée de dentelures profondes, il en est beaucoup de semblables. Sur les côtes glacées de l'Islande, du Groënland, du Spitzberg, les rivages sont aussi découpés en fjords profonds encombrés de glaces à l'hiver, et accessibles à l'été seulement, lorsque les glaces sont fondues, et qu'il n'en reste plus que des blocs isolés, flottant sur les eaux paisibles. A droite et à gauche se dressent des murailles ébréchées de roche nue ; et par les brèches de ces murailles, jusqu'à la mer, des glaciers descendent en pente raide.

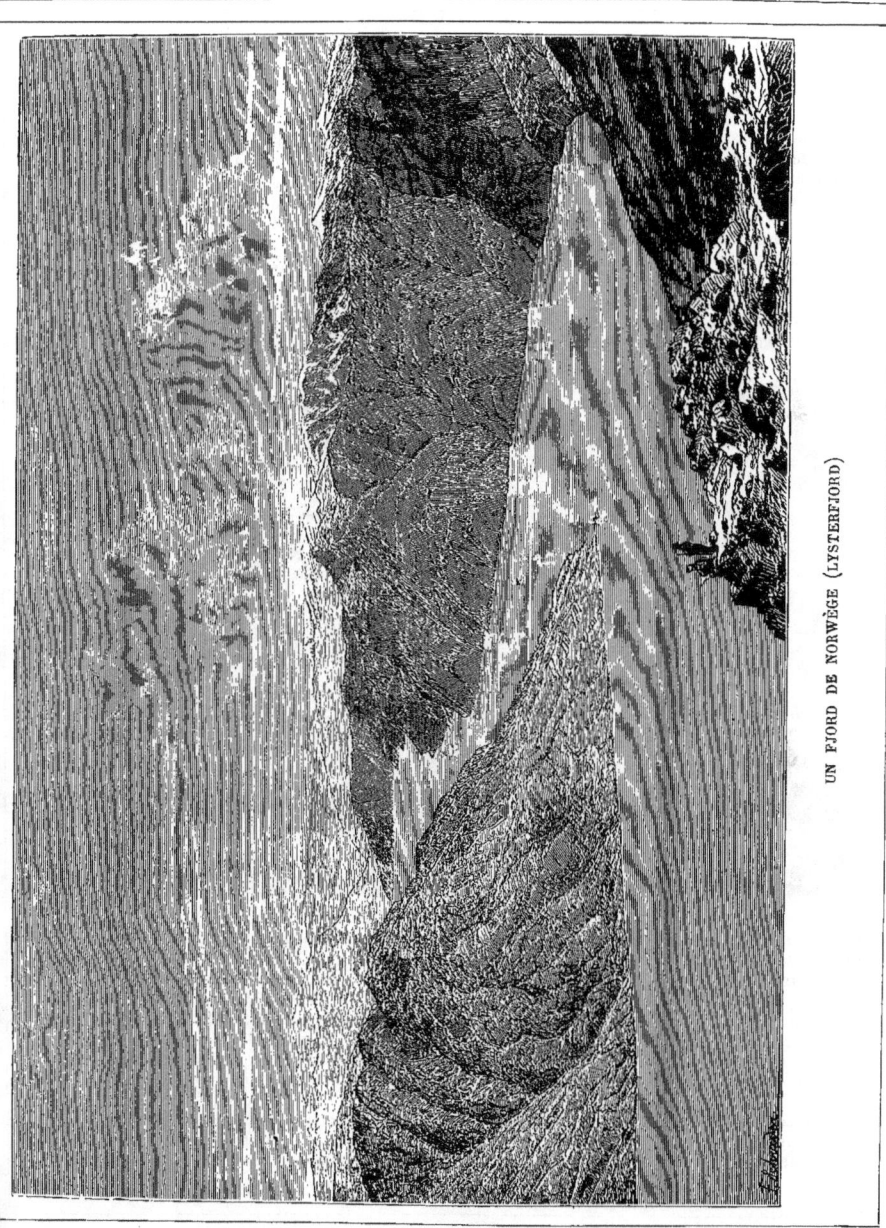

UN FJORD DE NORWÈGE (LYSTERFJORD)

LXXI. — LES RADES

On nomme *rade* une certaine étendue de mer, à peu de distance du rivage, souvent arrondie en forme de baie et plus ou moins abritée, où les navires peuvent venir *mouiller*, c'est-à-dire jeter l'ancre. Un navire vient de la *haute mer*; le voici arrivé à quelque distance du rivage, au lieu où il doit jeter l'ancre; il *entre en rade*, comme disent les marins. Les matelots, en approchant du *mouillage*, ont replié l'une après l'autre les voiles; la vitesse du navire va diminuant à mesure qu'il approche du lieu choisi. L'ancre est tombée; elle a touché le fond, elle s'est couchée sur le côté; sa griffe *mord*, elle s'enfonce profondément dans la vase ou le sable. On a laissé *filer*, à mesure, une certaine longueur du câble ou de la chaîne à laquelle l'ancre est attachée. L'*amarre* se tend, le navire s'arrête. Il est désormais fixé; le vent, les courants de la mer ne peuvent le faire *dériver*, l'entraîner au loin ou le jeter à la côte. Pour qu'une rade soit bonne, que les navires y soient en sûreté, il faut surtout que le fond de mer à cet endroit soit formé de matières telles que la griffe de l'ancre puisse s'y enfoncer, en

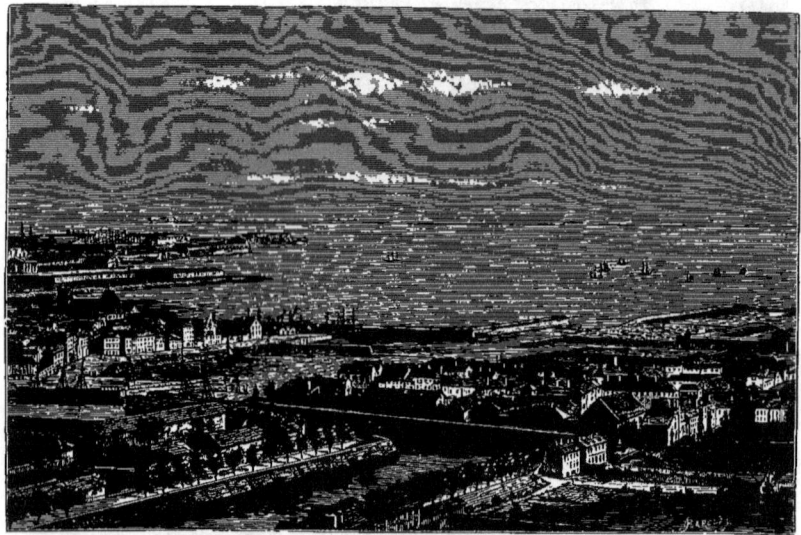

Vue de la rade et du bassin de Cherbourg. — A l'horizon, la digue brise-lames.

même temps qu'elle ne puisse s'arracher facilement: une *vase* épaisse, une argile tenace, ou bien encore un sable lourd et assez résistant. — Le plus souvent la rade n'est qu'un lieu de station momentanée, où les navires s'arrêtent, lorsqu'il est nécessaire, attendant le moment favorable pour entrer dans le port afin de débarquer leurs marchandises ou avant de pénétrer dans l'embouchure d'un fleuve qu'ils veulent remonter; ou bien, tout au contraire, c'est au sortir du port ou du fleuve qu'ils peuvent être obligés d'y stationner à l'ancre, en attendant que le vent, la marée leur permettent de *prendre le large*. Mais en certains endroits la côte n'offre point de port; nul lieu assez sûr, aux eaux assez abritées et assez profondes pour que de grands navires puissent venir toucher au rivage et se ranger le long d'un quai. Le navire demeure à l'ancre, sur la rade, à une certaine distance du rivage; et alors il faut que des bateaux plats, des chalands, allant du navire à la plage et de la plage au navire, emportent ou remportent le lourd chargement divisé en petites fractions. — Les rades où l'on est obligé d'employer ce procédé pénible pour charger et décharger sont ce qu'on appelle des *rades foraines*.

RADE DE THRONDHJEM, SUR LA COTE DE NORWÈGE

LXXII. — LE PORT MARITIME

Une dentelure du rivage s'arrondit en forme d'*anse* ou petite baie, plus ou moins fermée, plus ou moins protégée contre le vent. Là, sous l'abri de la côte, les eaux, moins profondes, sont plus calmes qu'au large, la *houle* moins forte. Point de bancs de sable à fleur d'eau, ni de rochers dangereux ; le fond, suffisamment dressé, de sable ou de vase tenace permet aux ancres des navires, aux grappins des bateaux de s'accrocher fortement. Ici barques et vaisseaux abrités du vent et de la lame peuvent séjourner en sûreté. Ils peuvent s'approcher de terre sans danger d'être brisés contre la rive, et même parfois *accoster*, c'est-à-dire se ranger le long du rivage, le flanc touchant la terre. C'est un *port naturel*. — Mais sur les côtes de nos pays civilisés, surtout aux lieux où beaucoup de navires ou de bateaux de pêche doivent venir s'abriter, charger et décharger les marchandises ou les produits de la pêche, ce simple refuge ne suffirait pas. Il faut que les hommes achèvent ce que la nature a commencé ; le port naturel doit être amélioré par des travaux quelquefois considérables et fort coûteux. La baie est-elle trop largement ouverte, les grandes vagues

Le petit port naturel de Porto-Venere (Italie).

qui viennent de la haute mer, lorsque le vent souffle avec force, agitent-elles trop violemment les eaux dans le port, il convient de le fermer davantage. On construit des *jetées*, des *môles*, sortes de digues qui s'avancent dans la mer, comme des caps artificiels, prolongeant les caps naturels trop courts ou trop écartés, et rétrécissant l'ouverture. D'autres fois on construira à certaine distance, en face du rivage, une digue isolée, laissant passage à ses deux extrémités, et faisant obstacle aux vents et aux vagues : c'est ce qu'on appelle un *brise-lames*. Souvent, au lieu d'une construction de pierre massive, on se contente de rangées de gros pieux, solidement enfoncés, formant une *estacade* contre laquelle les lames viennent se briser. Sur quelque point avancé des môles ou du rivage, il faudra élever un *phare*, un *fanal* allumé la nuit pour indiquer aux navigateurs l'entrée du port. Le long du rivage on construit des *quais*, contre lesquels les navires puissent accoster facilement, sortes de digues, en mur à pic du côté de la mer, et formant vers la terre une large chaussée, sur laquelle on dépose les marchandises que l'on embarque ou débarque.

VUE DU PORT D'ANCONE (ITALIE)

LXXIII. — LE BASSIN

On nomme *bassin* une sorte de port maritime construit par la main des hommes, presque complètement entouré de *digues*, de *quais* et autres ouvrages, et où les navires sont mieux abrités que dans un *port naturel* en forme de simple baie. L'enceinte des quais et des digues figure, en effet, comme le contour d'un bassin, où l'eau de la mer s'étale paisible. Seulement une ou deux ouvertures plus ou moins larges permettent aux navires d'entrer et de sortir. On visite avec intérêt les *quais*, semblables à ceux d'un port ordinaire de mer ou de rivière, mais plus larges, parce qu'il y a plus de marchandises à y déposer; de vastes *entrepôts*, magasins ou hangars sont construits pour abriter les marchandises. Souvent l'entrée est protégée par des *jetées*, sortes de digues qui s'avancent dans la mer, et laissent entre elles comme une sorte de canal ou de détroit; une digue avancée en forme de cap, ordinairement terminée par un petit phare ou fanal allumé la nuit, est ce qu'on nomme un *môle*. — Un bassin est surtout utile sur les rivages où la mer a de fortes *marées*; comme sur les rivages de l'Océan et de la Manche. Dans ces *parages*, lorsque la mer est *haute*, elle remplit toutes

Le bassin à flot de Saint-Nazaire, à l'embouchure de la Loire.

les petites anses des rivages; les barques et les navires peuvent entrer dans les ports et s'approcher des quais. Mais quelques heures après la mer baisse; les eaux se retirent, le port reste à sec : les barques et les navires *échouent* sur le sable, jusqu'à ce que la mer, en remontant à la marée suivante, vienne les soulever. Un port ainsi successivement rempli, puis laissé à sec par la mer s'appelle un *port de marée*. Or c'est un très grand inconvénient que les navires — surtout les grands navires — soient ainsi tantôt *échoués* sur le fond, tantôt flottants. Pour éviter ces difficultés, on a construit de vastes *bassins à flot*, toujours remplis. Ces bassins ne communiquent avec la mer que par des *écluses*, sortes de canaux munis d'énormes portes que l'on peut ouvrir ou fermer à volonté. Lorsque la mer est haute, on ouvre les portes de manière à permettre aux navires d'entrer ou de sortir; puis, lorsqu'elle baisse, les portes sont fermées : l'eau est retenue dans le bassin, et les navires qui sont rangés le long des *quais* restent *à flot*. En France on remarque le beau bassin à flot du Havre, toujours rempli de nombreux et grands navires, ceux de Cherbourg, et de Saint-Nazaire; mais les bassins de Cette, de Toulon et de Marseille n'ont pas d'écluses, parce que, la Méditerranée ayant très peu de marée, ils ne peuvent jamais rester à sec.

LE BASSIN DU HAVRE A L'EMBOUCHURE DE LA SEINE

LXXIV. — ILES ET ARCHIPELS

La surface des mers, surtout aux environs des continents, est souvent semée d'îles, les unes très vastes, les autres de moindre étendue; il en est beaucoup de petites, de simples *îlots*. Et de même que les îles fluviales et lacustres, ces îles des mers sont de plusieurs sortes, et ont des origines différentes. Il y a des *îles basses*, des îles d'*alluvion*, formées de sable, de limons, apportés, entassés jadis par les courants de la mer; ces îles se rencontrent surtout dans les mers peu profondes, près des côtes qui sont elles-mêmes basses et plates, et vers l'embouchure des grands fleuves. Mais il est aussi certaines îles basses qui sont des lambeaux de terre faisant autrefois partie du continent, et que la mer a détachées en submergeant les terrains autour d'elles : telles sont les îles qui environnent les *côtes basses* de la Hollande. Il y a des îles rocheuses souvent très escarpées, et celles-ci sont surtout semées aux environs des rivages eux-mêmes escarpés et rocheux. Ces îles, souvent disposées par groupes nombreux, formant ce qu'on appelle des *archipels*, sont ordinairement des restes d'anciennes terres que la mer a peu à peu rongées. Au bout de milliers et de milliers d'années, les vagues sans cesse battant le rivage, creusant la roche, ont fini par s'ouvrir des passages; elles ont séparé du continent des parties de terrain plus résistantes qui sont devenues des îles... Ainsi se sont formées la plupart des îles rocheuses qui se groupent en face des caps et des pointes des continents. —

L'île Ouen vue de la mer (Nouvelle-Calédonie, Océanie).

Parmi les îles rocheuses les unes sont de véritables montagnes dont les sommets se dressent au-dessus de la mer, tandis que les eaux recouvrent leurs pentes; d'autres, les plus vastes, sont de véritables *plateaux*, dépassant la surface des eaux. Imaginez-vous, par exemple, que la mer, élevant tout à coup son niveau de 600 ou 800 mètres, vienne à submerger la France; les pays de plaines et même de collines seront cachés sous la mer, dont ils formeront le lit, le fond plus ou moins inégal. Mais les Pyrénées et les Alpes ne seraient pas recouvertes; elles formeraient deux grandes *îles-montagnes*, de forme allongée; autour, quelques cimes, détachées de la chaîne, deviendraient des îlots séparés : au centre de la France les hautes terres de l'Auvergne deviendraient une grande *île-plateau*, avec ses caps et ses golfes. Eh bien, un semblable phénomène s'est passé plus d'une fois, à la surface de la terre. Les savants pensent que les îles innombrables de l'Océanie, grandes et petites, ne sont pas autre chose que les restes d'un ancien continent, qui s'est peu à peu abaissé, enfoncé sous les flots. Les plaines immenses, les vallées ont été submergées; les hauts plateaux et les cimes des montagnes sont restés isolés, dépassant le niveau des vagues. Vous pourrez vous-mêmes remarquer en effet sur la carte que la plupart de ces îles forment des groupes de forme allongée, figurant la série des sommets de chaînes de montagnes, dont les versants et le pied seraient cachés sous les eaux.

ILE DE CAPRI, PRÈS DE NAPLES (ITALIE)

LXXV. — LES ILES DE CORAIL

Parmi les *habitants de la mer* il est de petits êtres, presque imperceptibles, qui accomplissent d'immenses travaux. Ce sont des *constructeurs* qui bâtissent au milieu des océans des récifs, des îlots, des îles même et des archipels entiers. Ces animaux étranges sont les *coraux* et les *madrépores*; ils appartiennent à la classe des Zoophytes, ainsi nommés d'un mot grec qui signifie *animaux-plantes*; et en effet ils ressemblent plus au premier coup d'œil à des plantes qu'à des animaux. Chacun de ces petits individus a la forme d'une fleur; autour de sa bouche plusieurs végétaux petits bras figurent les pétales de la fleur. Ils vivent groupés par millions et milliards; leurs groupes figurent des arbrisseaux tortueux, des plantes à grandes feuilles, des champignons... L'espèce d'arbrisseau sur lequel les zoophytes sont groupés comme des fleurs sur une plante, ce sont eux-mêmes qui le produisent; une matière dure, pierreuse, à peu près semblable à celle qui forme la coquille épaisse des huîtres et autres *mollusques* marins, s'amasse autour de chacun d'eux, fait au corps délicat de l'animal comme une petite logette. L'ensemble de toutes ces logettes accolées, fortement cimentées, forme cet *arbre de corail*, aussi appelé *polypier* parce que ces petits êtres sont souvent désignés par le nom de *polypes*. Or dans certaines mers tièdes, dans la mer des Indes, dans l'océan Pa-

Ile de coraux, dans l'archipel des *Iles Basses* (Océanie).

cifique, aux environs de l'équateur, ces polypes vivent par myriades. Leurs polypiers croissent enracinés sur le rocher, en des endroits où l'eau est peu profonde. Ils sont tellement nombreux que les débris de ces polypiers, accumulés pendant des siècles et des siècles, entassés, puis roulés par la mer, forment des amas parfois très étendus, qui dépassent un peu la surface de l'eau : c'est une *île basse*, une *île de corail*. Sur ce sol nouveau un peu de terre végétale se forme avec le temps; des graines apportées par la mer et jetées sur le rivage y germent : l'île est comme un bouquet de fraîche verdure au milieu de l'Océan. La plupart de ces *îles de corail* ont la forme d'un *anneau*; au milieu il reste une lagune, un lac salé, admirablement transparent; et tandis qu'alentour la grande mer est agitée et roule de grosses vagues, la petite mer intérieure reste calme et bleue. Des arbres de toute sorte, des *palmiers cocotiers* croissent en forêts touffues; l'île, souvent assez vaste, est presque toujours habitée par une peuplade de pêcheurs. Les îles de coraux sont nombreuses dans l'océan Pacifique et la mer des Indes; elles s'y groupent souvent en vastes archipels que l'on nomme des *atols*. — Parfois aussi les coraux entassés forment seulement une sorte de ceinture d'écueils dangereux autour d'îles plus élevées et plus vastes; ou bien ils s'étendent le long des côtes en une sorte de barrière, ouverte seulement de brèches étroites, et que les navires ont peine à franchir.

ILE DE CORAUX AVEC LAGUNE CENTRALE DANS L'ARCHIPEL DES ILES BASSES (OCÉANIE)

LXXVI. — PRESQU'ILES ET ISTHMES

Voyez ce petit massif de rochers qui se dresse à faible distance du rivage, portant quelques maisons et quelques arbres à peine; puis cette étroite bande de terre plus basse qui le rejoint à la terre ferme. D'un côté se creuse une petite *anse* presque fermée et bien abritée, un *port naturel* où les barques et les navires trouvent un sûr refuge; de l'autre la courbe du rivage se développant plus largement forme une baie très ouverte, une *rade* où les navires viennent jeter l'ancre. On n'eût pu rien imaginer de mieux pour offrir en petit et de façon à pouvoir être saisi d'un coup d'œil, un exemple de *presqu'île* avec son *isthme*.

C'est exactement de même qu'une vaste presqu'île s'avançant au loin dans la mer et rattachée au rivage par une sorte de *cou* plus ou moins étroit et allongé, — c'est, en grec, la signification du mot *isthme*, — forme, avec les côtes de la partie élargie du continent, des golfes plus ou moins étendus, plus ou moins fermés. On donne encore le nom de presqu'île ou de *péninsule* à de vastes contrées baignées de trois côtés par la mer, telles que l'Italie, la Suède, ou même l'Espagne, quoiqu'elles tiennent au continent par de larges espaces auxquels le nom d'isthmes ne convient en aucune façon. Et de même on donne le nom

Vue de l'isthme de Corinthe (Grèce). — A gauche, le golfe de Corinthe ; à droite, la mer Egée.

d'isthme à des bandes étroites de terrains rattachant d'immenses étendues de continent : je veux parler de l'*isthme de Suez*, par où l'Afrique, immense péninsule de l'ancien continent, tient à l'Asie; et de l'*isthme de Panama* qui rattache l'une à l'autre les deux parties du nouveau monde : l'un de ces isthmes est coupé par un *canal* pour le passage des navires, et l'autre va l'être bientôt.

Une presqu'île, de même qu'une île, peut être constituée d'une étendue plus ou moins grande de terrains plats et bas, meubles et peu résistants; ou bien, au contraire, d'un plateau rocheux, haut élevé au-dessus du niveau de la mer. Tantôt la mer elle-même a étendu, entre une île et la terre ferme, des bancs de sable et de limons, qui, s'exhaussant peu à peu et dépassant le niveau des eaux, ont élevé, entre cette terre autrefois isolée et le continent, une *flèche*, une langue de terre basse, sorte de digue naturelle qui ouvre un passage et fait de l'île une presqu'île : tandis qu'ailleurs on voit les vagues et les courants ronger peu à peu, et enfin couper un isthme pour creuser à la place un *détroit* : et c'est ainsi que la grande terre de Ceylan est devenue une île ; à la place de l'isthme étroit qui la rattachait à l'extrême pointe de l'Inde, il n'existe plus qu'une série d'îlots et de récifs, rongés par les vagues, et qui forment ce qu'on appelle encore le *pont de Rama*.

PETITE PRESQU'ILE, PORT ET RADE DE SAINT-YVES EN CORNOUAILLES (ANGLETERRE)

LXXVII. — LES DÉTROITS

Un bras de mer resserré entre deux étendues de terre forme ce qu'on nomme un détroit ; selon les contrées, on donne encore à ces sortes de couloirs les noms de *pas* — exemple, le pas de Calais — de *passage*. On dit le *phare* de Messine pour désigner le détroit qui sépare la Sicile de l'Italie ; le *Bosphore* (c'est-à-dire le *passage du bœuf*) est le couloir qui sépare l'Europe de l'Asie en face de Constantinople ; le mot allemand de *Sund* (passage) sert à désigner plusieurs détroits. — Un détroit est tout le contraire d'un *isthme*, de même qu'un lac est l'opposé d'une île. L'isthme réunit deux étendues de continent, ou bien un continent et ce qui serait, sans lui, une île ; il offre un passage par terre, de l'un à l'autre. Le détroit, tout au contraire, sépare, il coupe la voie. Mais si le détroit sépare, il réunit aussi ; il réunit et fait communiquer deux mers (ou une mer et un grand lac). Il offre un chemin aux navires, et leur permet de passer de l'une à l'autre. Et en cela il rend souvent plus de services à la communication des pays entre eux que ne le ferait le passage de terre. — Comparez, par exemple, la Méditerranée et la mer Caspienne. La première, par son détroit de Gibraltar, communique avec tous les océans, et les habitants de tous ses rivages peuvent recevoir, par le moyen des navires, des marchandises venant des plus lointains pays, et y

Un détroit.

envoyer leurs produits. La mer Caspienne, faute d'un détroit, est un lac isolé, une *mer fermée*, et les habitants de ses rivages n'ont aucune communication, par mer, avec le reste du monde. Examinez encore l'Amérique : par le grand *isthme* qui réunit ses deux parties, elle barre la route entre les deux océans, et les navires qui veulent traverser de l'un dans l'autre sont obligés de faire un détour immense pour passer au delà de la pointe extrême de l'Amérique du Sud. Si à la place de cet isthme il y avait un détroit, quel avantage ce serait pour le commerce ! — Eh bien, voilà qu'il est maintenant question de couper cet isthme qui fait obstacle, en faisant un canal, véritable *détroit artificiel*, à la place du détroit naturel qui n'existe pas... C'est ainsi qu'on a créé un passage entre la Méditerranée et la mer Rouge, en coupant par un canal l'isthme qui joignait l'Afrique à l'Asie. Le passage de terre n'est pas interrompu pour cela : c'est l'affaire d'un pont... Mais les navires qui veulent passer de la Méditerranée dans la mer des Indes ne sont plus obligés de faire le tour de l'immense Afrique. — Tout au contraire, nous trouvons que le pas de Calais nous sépare trop de notre voisine l'Angleterre... Et voilà qu'on est en train de creuser *sous la mer* un immense *tunnel*, un passage *sous-marin*, pour aller à pied sec, malgré le détroit, de France en Angleterre : ce qui ne barrera pas la route aux navires, comme l'eût fait un *isthme* naturel.

UN DÉTROIT (DÉTROIT DE TIOUISA, AMÉRIQUE MÉRIDIONALE)

LXXVIII. — LES PHARES

La nuit s'étend, immense, sur la mer; une nuit noire sous les nuées, épaisse, sans étoiles. La mer bat les rochers du rivage; on l'entend, on ne la voit pas. Au large passe le navire, lui-même invisible « comme un petit point perdu dans la grande ombre. » — Le navire, sous la nuit la plus noire, au milieu des océans, continuait son chemin sans danger. Par ses *observations* et ses calculs le capitaine sait toujours à quelques *milles* près où est son navire; il sait quelle direction il doit suivre. Cela suffisait; la mer était large et libre devant lui. Mais, lorsqu'on approche des côtes, cela ne suffit plus. La mer est semée d'écueils; la terre elle-même est un écueil, contre lequel on peut aller se briser dans l'ombre. Le navire fait route pourtant, mais avec précaution; on veille. A l'avant, la *vigie* ouvre l'œil, tâchant de percer les ténèbres: la côte ne doit pas être loin. Enfin on a vu apparaître là-bas comme une petite étoile à la lueur faible et jaunâtre, qui semble briller au ras de l'eau. Elle s'est montrée un instant et s'est évanouie; la voilà qui reparaît; puis elle s'éteint encore... « Un feu! » crie la vigie. — Cette « étoile de la terre », cette petite étincelle dans la nuit, c'est l'espoir du marin, c'est sa sécurité et sa vie. Dès qu'il l'a vue, dès qu'il l'a reconnue, il sait au juste où il est, quelle direction il lui faut prendre, où est l'écueil qu'il faut éviter; et, se dirigeant sur ce point brillant qui lui montre la route, il va trouver l'entrée du port, aussi facilement, aussi sûrement qu'en plein jour. Le *phare* où brille le *feu* est une haute tourelle, construite sur un promontoire élevé, ou à l'entrée d'un port, parfois sur un écueil isolé au milieu de la mer. Au haut de la tourelle est la *lanterne*, sorte de cage de verre à l'intérieur de laquelle est allumée une grosse lampe; un gardien veille sans cesse la flamme. Pour empêcher les rayons de se perdre dans l'espace dans toutes les directions, des *miroirs* de métal poli, ou des *glaces* de cristal taillées et ajustées avec art, les recueillent tous et les renvoient vers la mer, dans la direction qu'ils doivent éclairer. Ainsi réunis en un *faisceau*, les rayons de lumière sont plus pénétrants et ont plus de *portée*, c'est-à-dire atteignent plus loin. Il y a des phares de différente portée. Un feu de premier ordre se voit jusqu'à dix lieues par une nuit claire; un feu de second ordre se voit de six lieues; il en est de portée moindre. Mais il importait qu'en apercevant de loin le *phare* comme un simple point brillant, on pût le reconnaître à coup sûr, ne pas le confondre avec un autre. C'est pour cela qu'outre les *feux blancs* on a des *feux rouges* et des *feux verts*. Dans les *feux à éclipses* un ingénieux mécanisme fait apparaître et disparaître la lumière par intervalles réguliers; et ces *éclats* suivis d'*éclipses* les font distinguer des *feux fixes* à la lueur tranquille.

Le phare d'Eddystone sur un écueil (vu de jour).

LE PHARE D'EDDYSTONE VU DE NUIT, PAR UNE TEMPÊTE

LXXIX. — LES VOLCANS

Pendant des millions et des millions d'années la terre que nous habitons a été une boule de feu, une sphère de matières ardentes tenue en fusion par une chaleur intense. Lentement elle s'est refroidie; et alors une croûte solide s'est formée à sa surface; croûte mince d'abord, puis de plus en plus épaisse, comme une couche de glace qui se forme sur un étang à l'hiver. Cette croûte figée, qui des milliers de fois, avant de se consolider, s'est rompue, disloquée, fendillée en tous sens, puis ressoudée, c'est le sol qui nous porte. Maintenant la surface de la croûte terrestre est assez refroidie pour pouvoir porter des plantes, des animaux et des hommes, servir de lit aux mers; mais dans ses profondeurs elle est brûlante encore. Tout l'intérieur de l'énorme boule est-il à l'état de fusion ardente, comme est la fonte qui ruisselle, éblouissante, d'un haut fourneau embrasé? Peut-être... Du moins il est certain qu'il y a encore sous la terre d'immenses masses de roches brûlantes et fondues, de véritables mers de feu. Imaginez qu'en un certain lieu la croûte solide du sol se fende; que, par la fissure produite, le liquide ardent du lac de feu souterrain surgisse et s'épan-

Le volcan le Fussi-Yama, au Japon.

che : vous avez un volcan. Mais d'ordinaire les choses ne se passent pas d'une manière si simple; et, pour faire un volcan, les eaux travaillent avec le feu. Les eaux, pénétrant par les fissures du sol, arrivent au contact des roches brûlantes et même fondues; là, elles se transforment en vapeur; et cette vapeur comprimée, faisant un effroyable effort de pression pour s'étendre, travaille à s'ouvrir un passage : l'éruption d'un volcan est comparable à l'explosion d'une chaudière qui éclate, par la pression de la vapeur... L'explosion terrible a lieu; par la fissure ouverte les vapeurs embrasées s'échappent, les roches broyées, réduites en blocs, en fragments, ou même en fine poussière, sont lancées vers le ciel, puis retombent autour de l'ouverture; enfin les matières en fusion, les laves ardentes débordent et se répandent. Avec tous ces matériaux sortis du sein de la terre en masses énormes, et qui s'entassent autour de l'ouverture, il se bâtit une montagne au sommet de laquelle s'ouvre, comme un effrayant entonnoir, le *cratère*, qui est la gueule du *puits*, l'orifice de la *cheminée*, dont le fond communique avec les *foyers* souterrains.

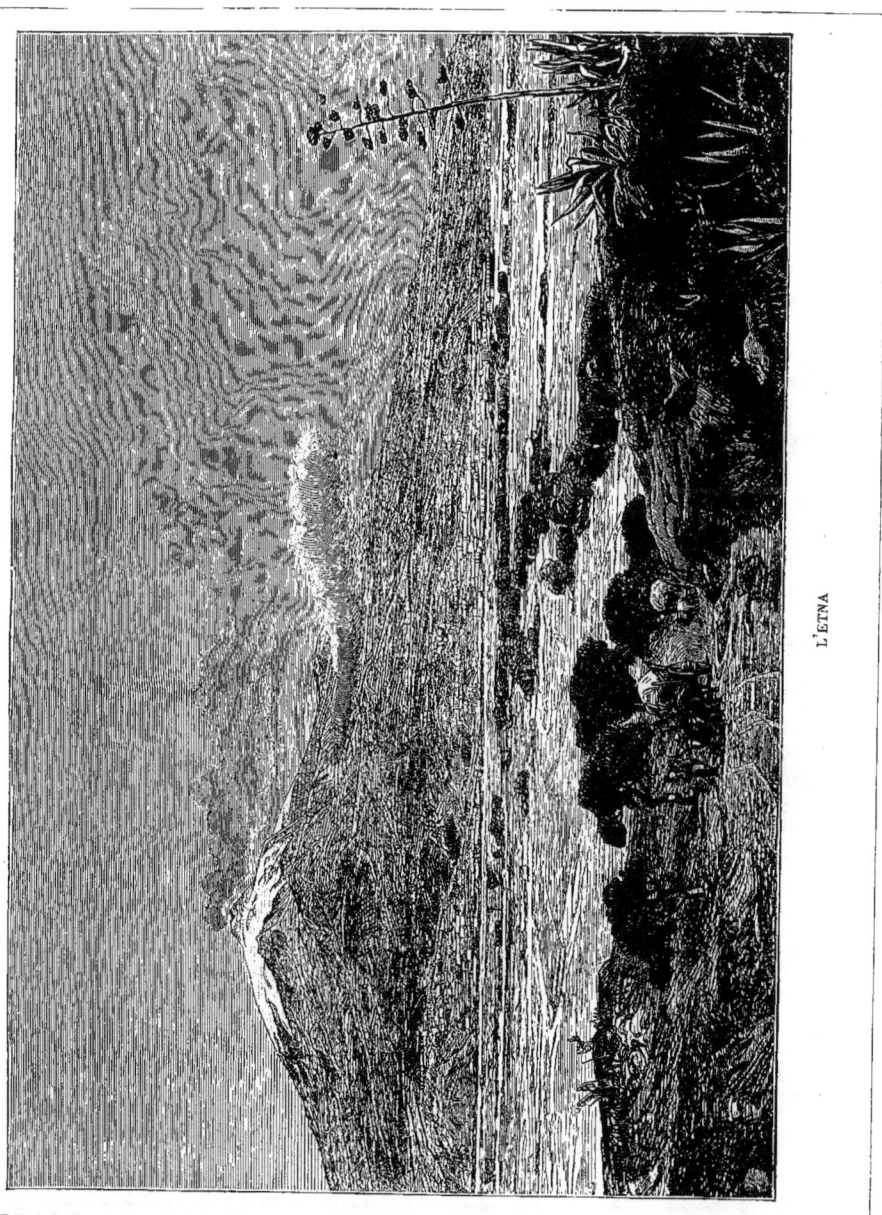
L'ETNA

LXXX. — L'ÉRUPTION D'UN VOLCAN

Depuis quelque temps la montagne semblait agitée, comme travaillée à l'intérieur par l'effort des feux souterrains et des vapeurs comprimées. Des grondements sourds s'entendaient, qui paraissaient venir des profondeurs de la terre ; le sol, à chaque instant, frémissait ; puis de violentes secousses ont été ressenties. C'est une *éruption* qui se prépare. Enfin le volcan *crève* avec un fracas épouvantable ; vers le sommet de la montagne, à peu près à l'endroit de l'ancien cratère, une énorme trouée s'ouvre, une masse énorme de roches et de cendres est lancée dans les airs par la violence de l'explosion : les conduits intérieurs, la *cheminée* des foyers souterrains es rouverte. Un jet formidable de vapeurs ardentes s'élance vers le ciel ; la fournaise vomit des pierres toutes rouges de feu, des blocs énormes de rochers qui retombent au loin tout brûlants ; tandis qu'un nuage noir formé de roche broyée en fine poussière s'étend dans l'air et obscurcit le ciel. Les tourbillons de vapeurs se condensent au-dessus de la montagne en une nuée épaisse, toute pleine d'orages, où les éclairs brillent, où la foudre éclate coup sur coup ; le roulement du tonnerre se mêle

Éruption du Vésuve (vue de jour).

au fracas de l'éruption. La nuit ces nuées de vapeurs et de cendres, éclairées en dessous par le reflet rouge de la gueule embrasée, semblent elles-mêmes en feu ; les blocs de pierre ardents lancés et retombants forment comme la gerbe d'un feu d'artifice ; le ciel est éclairé des lueurs de l'immense incendie. — Les blocs de pierre, lancés de la *bouche* enflammée et retombés auprès, s'entassant en talus, construisent autour du gouffre une sorte de rempart arrondi, formant à l'intérieur un large entonnoir, au fond duquel s'ouvre le puits de l'abîme, la *cheminée* du volcan. C'est le *cratère*, que le volcan vient de créer ou de réparer. Enfin le flot de *lave* incandescente, soulevé par la *poussée* énorme des foyers souterrains, s'élève par le puits, arrive jusqu'à la gueule du volcan, remplissant le cratère. Une large brèche se fait au bord de l'entonnoir ; par cette déchirure la lave déborde et se déverse. C'est un fleuve éblouissant de roche fondue qui ruisselle sur les flancs de la montagne, submergeant de ses flots de feu de vastes étendues, détruisant tout sur son passage ; tandis que la chute des pierres broyées (*lapilli*), des *scories*, des *cendres*, recouvre au loin le sol d'une couche épaisse, ensevelissant parfois les cultures, les villes même et les villages trop rapprochés de la terrible montagne.

ÉRUPTION DE L'ETNA

LXXXI. — CRATÈRES ET COULÉES DE LAVES

Quand l'éruption a pris fin, que la fureur du volcan s'est apaisée, quand le cratère ne lance plus de gerbes de feu, ne verse plus de lave incandescente, avant même que toute *activité volcanique* ait cessé, les savants s'empressent d'aller visiter la gueule mal refroidie du monstre, le *cratère*, puis les *coulées* de lave à peine figées sur les flancs de la montagne. — Peut-être vous figurez-vous qu'en se penchant au bord du cratère, leurs regards doivent plonger au fond d'un gouffre, comme un entonnoir immense pénétrant jusqu'aux entrailles de la terre, encore rouge dans ses profondeurs insondables... mais non! L'abîme s'est refermé. — Les bords du cratère, formés de cendres, de blocs croûlants, se sont éboulés et ont recomblé la *cheminée*; ou bien les laves refroidies s'y sont figées. Le *cratère* n'offre plus qu'une vaste cavité arrondie en forme de *cirque*, à fond plat, ou légèrement creusé en fond de chaudron... Il mérite alors son nom de *cratère*, qui signifie *coupe* en grec. L'éruption a-t-elle consisté seulement en cendres et blocs ardents, lancés, retombant, s'entassant en talus autour de l'*orifice d'éruption*, le cratère peut offrir un contour circulaire complet et merveilleusement régulier; au contraire, lorsque la lave a débordé en se déversant par-dessus la crête, elle a toujours fait une large brèche en emportant tout un côté de la paroi, pour se précipiter sur les pentes; le cratère est ébréché, ou, comme on dit, *égueulé*. Les roches rougies, les cendres calcinées portent les traces du feu, comme la *cuve* d'un four qu'on vient d'éteindre; par les fissures du sol s'élancent encore des jets de vapeurs blanchâtres qui forment un nuage léger, flottant au-dessus de la chaudière; — ailleurs s'exhalent des gaz à l'odeur suffocante de soufre brûlé. Les coulées de lave épaisse se refroidissent très lentement. Ces coulées ont l'aspect de longues traînées, tantôt larges, tantôt étroites, s'étalant en nappe sur le sol en pente douce, ou comblant quelque sillon creusé dans le terrain. Leur surface rude, inégale, semble un entassement de pierres écroulées. Sous cette croûte solide, plus ou moins épaisse, la lave, protégée du refroidissement reste longtemps brûlante, rouge et même fluide. On peut parcourir sans danger, peu de temps après l'éruption, ces sortes de chemins rudement empierrés; tandis qu'au bout de longues années souvent il s'en exhale encore des jets de vapeur qu'on appelle *fumerolles*.

Coulée de laves dans une fissure sur les flancs de l'Etna.

LE CRATÈRE DE L'HEKLA (ISLANDE) VUE INTÉRIEURE

LE CRATÈRE DE L'ORIZABA (AMÉRIQUE) VUE EXTÉRIEURE

LXXXII. — LES VOLCANS SOUS-MARINS

Un volcan *sous la mer!* Le feu sortant des eaux! — Des vapeurs embrasées, des jets de flammes, des poussières ardentes et des rochers lancés vers le ciel; puis des flots de lave coulante, toute blanche de chaleur, surgissant du fond de la mer; une île enfin, une île nouvelle, bâtie au milieu de l'eau avec des blocs entassés de roche brûlante... ah! n'est-ce pas, ce doit être un merveilleux et effrayant spectacle! — Les *éruptions* sous-marines ne sont pas chose très rare. Vous comprenez que la force du feu souterrain puisse fendre le sol et faire sa *trouée* aussi bien au fond du lit d'une mer que partout ailleurs. — Mais voilà que les roches brûlantes qui en sortent, au contact de l'eau, se refroidissent rapidement; au-dessus la mer bouillonne et gronde comme l'eau dans laquelle on plonge un fer rouge. Les blocs de roches refroidis s'entassent autour de la trouée en une montagne *sous-marine* qui va grandissant. — Enfin le sommet de la montagne arrive au niveau de la surface des eaux; et, à partir de ce moment, si elle continue à croître, elle forme une île qui s'élève au-dessus de la mer. Alors la *bouche d'éruption*, c'est-à-dire l'ouverture au sommet de la montagne, par laquelle sortent les vapeurs et les roches ardentes, n'étant plus sous l'eau, ses flammes ne s'éteignent plus; elles s'élancent vers le ciel, accompagnées de tourbillons de vapeurs et de cendres brûlantes, de blocs de roches; les laves coulent d'un *cratère*, ruissellent en flots de feu sur les pentes du *cône volcanique* devenu tout semblable à un volcan ordinaire, mais qui se dresse isolé au milieu des eaux. Si la masse de cette montagne est surtout formée de laves refroidies et de blocs de roches, elle résiste au choc des vagues : telle est l'île de *Stromboli*, petit volcan toujours en éruption, au milieu de la mer de Sicile, entre le Vésuve et l'Etna.

Les îles volcaniques formées de cette manière sont très nombreuses en certaines régions, surtout dans l'Océanie, aux environs du Japon, jusque dans l'océan Glacial du nord. On cite encore de préférence l'île de *Santorin*, dans l'Archipel de la Grèce, et l'île *Julia*, qui apparut tout à coup, il y a quelques années, au milieu de la mer Méditerranée, entre la Sicile et l'Afrique. — Un jour des marins qui naviguaient dans ces parages aperçurent de loin un immense jet d'eau de plus de cent pieds de hauteur qui s'élançait vers le ciel, puis retombait avec un bruit de tonnerre. Un nuage de vapeurs entourait la colonne jaillissante. Puis on vit s'élever une épaisse fumée; et quand vint la nuit, cette nuée sombre parut rouge et comme embrasée. Un volcan se dressa au milieu des flots : des jets de vapeurs, des cendres ardentes, des pierres étaient lancés de son cratère. La nuit, surtout, le spectacle était terrible : on eût cru voir un immense incendie. Lorsque l'éruption eut cessé, on aborda pour visiter le cratère : il était rempli d'eau, et quelques jets de vapeurs s'en élançaient encore. Mais la masse de l'île n'était formée que de cendres et de *scories légères et meubles*; la mer la rongeait très vite, et un an après elle avait complètement disparu.

Vue intérieure du cratère de l'île Julia après l'éruption.

VUE DE L'ILE JULIA PENDANT L'ÉRUPTION

LXXXIII. — LES VOLCANS ÉTEINTS

Il y a sur la terre plus de deux cent cinquante *volcans actifs*, qui tantôt se reposent, comme si le feu de leur *cheminée* était assoupi sous la cendre, tantôt se raniment pour jeter des flammes, des vapeurs brûlantes, des blocs de pierre rougis, et verser des laves ardentes. Mais il en est des milliers et des milliers qui brûlèrent autrefois, et qui sont maintenant *éteints*. Depuis des siècles et des siècles, ils ne font plus éruption. Leurs *coulées* de laves depuis longtemps sont figées ; les conduits intérieurs, par où surgissaient les roches fondues, se sont obstrués. Les masses de cendres, de blocs, de graviers qui formaient les bords du cratère se sont écroulés au dedans, et ont comblé à demi les profondeurs de l'abîme. Pendant longtemps des vapeurs brûlantes s'échappèrent encore par les fissures du sol, au fond du cratère ; puis, lentement, tout s'est refroidi. Peu à peu de la terre végétale s'est formée ; des buissons, des arbres y ont pris enfin racine, et ce qui était autrefois la gueule enflammée du volcan est devenu une prairie, ou une forêt. Parfois les eaux des pluies ont rempli la cavité du cratère, et à la place d'une fournaise de feu, il y a un lac froid, et paisible ; le cratère de certains volcans très élevés est toujours rempli de neige.

Le pays des volcans éteints, en France, c'est

Les monts Dômes et leurs *cheires* (Auvergne).

l'Auvergne. Sur le grand *plateau* rocheux qu'on nomme le Plateau Central de la France, on voit plus de 200 de ces volcans, grands et petits. — Voyez ce paysage rude, sauvage : au loin, ces montagnes qu'on dirait à demi écroulées. Au premier coup d'œil reconnaissez-vous leur origine ? Observez leur forme de *cônes*, leurs vastes cratères, les uns parfaitement arrondis, les autres *égueulés*, ouverts d'un côté par une brèche énorme. Si vous gravissiez leurs pentes, vous trouveriez sous vos pieds un sol formé de pierres calcinées, croulantes ; seulement ces débris sont recouverts presque partout d'herbes ou de mousses. Par la brèche du cratère se sont *déversées* d'immenses quantités de laves, qui se sont étendues, toutes brûlantes, en longues et larges *coulées*. Aujourd'hui ces coulées refroidies sont encore très faciles à reconnaître : elles forment des étendues rocheuses que les gens du pays nomment *cheires*, et dont la surface inégale, âpre, stérile, est impossible à cultiver, très difficile même à parcourir. Autour de ces volcans d'immenses étendues de pays sont recouvertes de blocs rocheux, de cendres, de cailloux et de laves broyées qu'ils ont autrefois lancés. Des villages, des villes entières même sont bâties avec les laves, qui ont l'aspect de pierres brunes, noires ou rougeâtres et comme rouillées, dures et difficiles à tailler. — Parmi les volcans éteints d'Auvergne on cite surtout le groupe des monts Dômes et celui des monts Dores.

LES VOLCANS ÉTEINTS DE L'AUVERGNE

LXXXIV. — COLONNADES ET GROTTES BASALTIQUES

Certaines espèces de laves de couleur rougeâtre, brune ou noire, compactes et dures, en épaisses coulées, vomies par d'anciens volcans depuis longtemps éteints, et appelées *basaltes*, offrent de curieux phénomènes. En se refroidissant et se solidifiant, ces laves se sont *contractées*, (c'est-à-dire retirées), et fissurées comme fait un sol d'argile boueuse qui se fendille en se desséchant au soleil. Seulement les fissures du basalte, extrêmement longues et profondes, croisées en tous sens, ont souvent divisé la masse énorme en un nombre immense de blocs minces très allongés, taillés à joints ordinairement verticaux et serrés les uns contre les autres. S'il arrive ensuite que les eaux courantes ou les vagues de la mer rongent, entament la masse rocheuse, alors la structure intérieure apparaît, mise à nu. Lorsque les eaux ont dérasé la roche et dressé plus ou moins sa surface, les *têtes* seules de ces blocs apparaissent, comme autant de pavés; mieux encore, la surface rayée par les fissures croisées ressemble à un carrelage de briques : c'est ce qu'on appelle, en faisant allusion aux anciennes légendes, les *pavés* ou *chaussées des Géants*. Mais lorsque les eaux, entamant la masse, ont fait ébouler les parois et taillé la roche en forme de hautes murailles, alors on aperçoit suivant leur longueur les blocs rangés, le plus souvent verticaux, parfois d'une régularité merveilleuse, qui semblent autant de longues et grêles colonnettes, dressées en rangs serrés ou réunies en faisceaux, pareils aux colonnes élancées des édifices gothiques, ou bien encore aux tuyaux d'un grand orgue. Ce sont les *colonnades*, les *orgues basaltiques*. Des îlots de basalte, taillés par les vagues en falaises inaccessibles, et qui se dressent comme des faisceaux de tours à demi écroulées au milieu de la mer de Sicile, ont reçu le nom de *forteresses des Cyclopes*. Mais les îles basaltiques de la mer du Nord, aux environs de l'Écosse et de l'Irlande, sont plus belles encore. Au pied de leurs hautes falaises sombres battues par la mer sont creusées des grottes profondes, d'une structure étonnamment régulière et majestueuse. La plus célèbre est la grotte dite « de Fingal ». Le voyageur qui la visite croit entrer dans une vaste et sombre nef gothique, dont la voûte est supportée par des milliers de grêles colonnettes. L'ouverture forme une belle arcade arrondie. La mer pénètre jusqu'au fond de la grotte, et les têtes des colonnettes *dérasées* par les flots, entrevues à travers l'eau transparente, figurent le *dallage* de cet édifice naturel.

Grotte de Fingal dans l'île de Staffa (Hébrides). Vue intérieure.

FALAISES BASALTIQUES DANS L'ILE DE STAFFA (HÉBRIDES)

LXXXV. — LES TREMBLEMENTS DE TERRE

Vous est-il arrivé, lorsqu'un lourd tombereau chargé de pierres passait dans la rue, roulant avec de durs cahots sur le pavé inégal, de ressentir dans la maison une secousse, une vibration, une sorte de trépidation qui ébranlait même des objets suspendus contre les murs? Ceci suffit à vous prouver qu'un choc, une secousse même assez faible peut ébranler le sol et faire ressauter les édifices jusqu'à une certaine distance du point ébranlé. Imaginez au lieu de cela qu'un pan de montagne s'écroule subitement, ou seulement qu'un gros bloc de rocher se détache et s'abatte ; il en résultera une *commotion* plus violente, et qui s'étendra plus loin. Beaucoup de causes diverses peuvent donc produire un *tremblement de terre*. — Ou bien c'est un écroulement de montagne; ou, dans les profondeurs du sol même, l'éboulement de quelque caverne, dont la voûte, minée peu à peu, s'affaisse tout à coup. Mais le plus souvent la cause des tremblements de terre est la même que celle des éruptions volcaniques; ce sont les forces souterraines qui agitent, ébranlent le sol jusque dans ses fondements, fendent les rochers, les font écrouler. Et la preuve, c'est que les tremblements de terre sont beaucoup plus fréquents et plus terribles dans les régions *volcaniques*, et qu'on les ressent très souvent avant ou pendant les éruptions des volcans.

Quelle qu'en soit la cause, l'effet de trépidation, d'ébranlement, se propage de la même façon tout autour du point où se produit la secousse, et jusqu'à une distance plus ou moins grande; l'*oscillation* du sol s'étend à peu près comme l'agitation de la surface de l'eau quand une pierre a été jetée dans un étang. Les tremblements de terre ne sont pas très communs dans nos pays; il est au contraire des régions où on en ressent

Fentes du sol produites par un tremblement de terre en Calabre.

plusieurs chaque année. Mais l'*intensité*, l'énergie de ces secousses est aussi très diverse suivant les cas. Souvent le mouvement d'oscillation est à peine sensible, et beaucoup de personnes ne s'en aperçoivent aucunement. On a même imaginé de petits instruments très délicats, qui révèlent les plus légères vibrations du sol; et ainsi nous savons que de petits tremblements de terre, imperceptibles pour nous, ont lieu à chaque instant. Lorsque la commotion est plus vive, elle produit sur tous les êtres vivants une impression profonde. Un grondement sourd s'entend, parfois un fracas formidable ou de fortes détonations souterraines comme des coups de canon; les meubles dansent, les objets suspendus aux murs résonnent, les vitres se brisent ; parfois même les murailles se fendent et s'écroulent. Imaginez un degré de violence de plus, et les effets vont être terribles. Ainsi se sont produits d'immenses désastres. Sur le sol ébranlé les édifices s'écroulaient; des villes entières, parfois, en quelques secondes ont été rasées, et des milliers d'habitants écrasés sous les ruines. Le sol lui-même quelquefois s'est fendu, et il s'est ouvert de larges crevasses d'une profondeur effrayante. Les tremblements de terre ont ainsi à certaines époques ravagé des provinces entières. On cite comme une des catastrophes les plus effroyables la secousse qui détruisit Lisbonne en 1755. La mer, agitée comme la terre, se souleva; une vague immense se forma, roula, se précipita sur le rivage et engloutit une partie de la ville. Des désastres semblables ont eu lieu en Calabre (Italie) et en Sicile, c'est-à-dire dans le voisinage du Vésuve et de l'Etna; au Pérou et au Mexique, où il y a de terribles volcans. En certaines parties du Chili surtout les tremblements de terre sont fréquents et très violents.

TREMBLEMENT DE TERRE DE LISBONNE EN 1755

LXXXVI. — SOURCES MINÉRALES ET SOURCES THERMALES

Les eaux des pluies qui, au lieu de ruisseler à la surface pour aller trouver par le chemin le plus court le lit du ruisseau ou de la rivière, ont pénétré dans le sol, s'infiltrant par les mille fissures des roches, font souvent un long trajet souterrain avant de reparaître au jour sous forme de sources. Ces *eaux de sources*, si claires et si fraîches, naturellement filtrées, sont pourtant toujours moins pures alors que lorsqu'elles sont tombées des nuages. Dans leur parcours à travers les canaux étroits et tortueux, souvent descendant à de grandes profondeurs, elles ont dissous certaines matières *solubles* qu'elles ont rencontrées sur leur passage, et qui font partie des roches elles-mêmes. Lorsque l'eau revient ainsi chargée de certaines substances *minérales* dissoutes, qui lui donnent certaines qualités particulières, on a ce qu'on appelle une *eau minérale*. Imaginez, par exemple, qu'un filet d'eau, filtrant par les fentes des roches, vienne à rencontrer dans sa route une masse de *sel* profondément enfouie dans la terre : chose extrêmement commune. Elle va dissoudre du sel au passage ; cette eau tout à l'heure si pure, la voilà passée à l'état de saumure... Et, si elle revient à la surface, elle formera une *source salée*. Ces sources salées sont très abondantes dans beaucoup de pays ; on les utilise pour en extraire le sel destiné à nos usages. — Les roches traver-

Vue de l'établissement des eaux thermales de Gurniguel (Suisse).

sées étaient-elles imprégnées de fer, les eaux qui en sortiront seront des *eaux ferrugineuses*, au goût d'encre désagréable, et déposant des limons de couleur rouillée.

Le sol qui nous porte, refroidi à la surface, est brûlant dans les profondeurs — dans ces régions souterraines inconnues d'où viennent les *laves* ardentes des volcans. Si des eaux, s'infiltrant à travers les fissures, arrivent jusqu'à ces profondeurs où les roches sont brûlantes, elles-mêmes s'échauffent : et, revenant à la surface, elles jaillissent tièdes ou chaudes, parfois toutes bouillantes, accompagnées de jets de vapeur : elles forment ce qu'on appelle des *sources thermales*. Les sources thermales sont très communes en certains pays, surtout dans les pays de montagnes, où le terrain bouleversé est fracturé de fissures profondes, et plus encore dans les régions volcaniques, là où le sol, traversé par des courants de laves ardentes, n'est pas encore refroidi. Souvent c'est un simple filet d'eau chaude sourdant par une fente de la pierre ; ailleurs c'est un torrent bouillonnant qui jaillit d'une énorme trouée, avec des tourbillons de vapeurs. Le plus souvent les sources thermales sont en même temps des sources *minérales*, parce que l'eau chaude dissout plus facilement les matières minérales que l'eau froide. Les eaux minérales et les eaux thermales sont utilisées pour le traitement de certaines maladies, soit en boisson, soit en bains ; auprès des sources on construit souvent de vastes *établissements* pour les malades qui viennent y *prendre les eaux*.

SOURCES THERMALES DE PFAEFFERS DANS LE RAVIN DE LA TAMINA (SUISSE)

LXXXVII. — LES GEYSERS D'ISLANDE

On a donné le nom de *geysers* à d'énormes sources thermales, aux eaux très chaudes, jaillissantes et *intermittantes*, c'est-à-dire s'élançant par intervalles, comme par éruptions, du sol de certaines contrées volcaniques, particulièrement en Islande, aux environs du volcan l'Hékla. Imaginez, dans cette froide contrée, une vaste plaine aride, nue, rocheuse, couverte de neiges pendant la plus grande partie de l'année. Un grand nombre de trous profonds sont creusés dans le sol, et de toutes parts fument, sifflent et bouillonnent des eaux chaudes, comme en autant de chaudières; le vent emporte au visage du voyageur des bouffées de vapeur chaude. Ces chaudières pleines d'eau presque bouillante, transparente et bleuâtre sont ce qu'on appelle des *laughs* (prononcez *lô*). Au milieu d'elles sont les sources jaillissantes dont la plus belle est le grand Geyser. Figurez-vous, au haut d'une sorte de petit monticule conique, d'une douzaine de mètres de hauteur, un vaste bassin presque régulièrement arrondi comme le bassin d'un jet d'eau, et large de 15 mètres environ : au milieu du bassin, un puits de 4 mètres environ de largeur, et d'une profondeur insondée. Le Geyser était tranquille ; on voyait seulement, dans le bassin, l'eau claire et bleuâtre, qui

Le grand Geyser et le petit Geyser appelé le *Strokr* (la baratte), pendant l'intervalle des éruptions.

poussait légèrement et débordait à peine. Tout à coup on entend des grondements souterrains, le sol tremble : c'est une éruption qui se prépare. La force des vapeurs souterraines soulève les eaux, elles se gonflent, bouillonnent, s'élancent à une dizaine de mètres de hauteur, retombent dans le bassin, et semblent vouloir rentrer au fond des puits. Mais voilà qu'avec un effort terrible l'eau s'élance de nouveau : une gerbe immense, un jet d'eau large de 4 mètres, s'élance à 60 mètres de hauteur, retombe en cascade dans le bassin : des tourbillons de vapeurs enveloppent la gerbe écumante. Le spectacle est merveilleusement beau, et effrayant en même temps ; on peut s'approcher de très près sans danger. L'éruption de la source bouillonnante dure quelques minutes à peine ; les jets diminuent, s'abaissent ; le bouillonnement se calme ; le vent balaye les nuages de vapeurs. Vous vous approchez : l'eau s'étale claire et tranquille, demi-refroidie, dans son beau bassin. Ces éruptions se renouvellent de temps en temps, à quelques heures d'intervalle ; parfois elles se font attendre plusieurs jours. Un petit geyser voisin, appelé *la Baratte* (Strokr), a ceci de curieux qu'il suffit d'y jeter quelques mottes de terre pour provoquer l'éruption.

LE GRAND GEYSER EN ISLANDE.

LXXXVIII. — LES GEYSERS D'AMÉRIQUE

Les merveilleuses sources *thermales* jaillissantes de l'Islande, les *geysers* font l'admiration des voyageurs ; il y a quelques années on en a découvert en Amérique, dans les régions sauvages et peu connues des montagnes Rocheuses, de plus belles encore. Au milieu d'un pays *volcanique*, tout bouleversé par des éruptions anciennes, dont le sol est formé de cendres et de lave comme celui de l'Islande, et encore brûlant dans les profondeurs, dans un climat très froid aussi et dans une région élevée des montagnes, se creuse un ensemble de hautes vallées, larges, irrégulièrement découpées, arrosées de nombreux cours d'eau, dominées de hautes cimes escarpées, et dont les parties profondes sont occupées par de vastes lacs. L'une surtout de ces vallées a un aspect effrayant et sauvage : celle à laquelle on a donné le nom de *Firehole*, c'est-à-dire *Abîme de feu*. Le fond de cette vallée, tout de lave, est percé comme un crible d'une multitude de fentes, de puits, de cavernes ; de ces cavités s'élancent des milliers de jets de vapeur, débordent des sources bouillonnantes

Bassin d'une source chaude dans la vallée de la Firehole (Amérique).

d'eau chaude ; ailleurs s'étalent des lacs étroits et profonds d'eau également fumante qui débordent en cascades ; enfin de nombreux et magnifiques *geysers* lancent tour à tour dans l'air à d'effrayantes hauteurs leurs gerbes d'eau bouillante, enveloppées de nuages. Des moindres fissures du sol sortent des jets de vapeurs. La vallée tout entière en est remplie, et, vue du haut des montagnes, semble une immense chaudière. Les eaux réunies de toutes ces sources forment au fond une rivière d'eau chaude. La plus grande de ces sources intermittentes, appelée par les voyageurs la Géante, jaillit seulement à plusieurs jours d'intervalle. L'orifice de cette source figure un puits de forme irrégulière, où l'on peut apercevoir l'eau fumante à une profondeur d'une trentaine de mètres. Quand l'*éruption* approche, le puits se remplit d'eau bouillante ; puis tout à coup le sol s'ébranle, des grondements souterrains retentissent, des nuages de vapeurs sortent du gouffre. Puis l'eau s'élance en une gerbe immense qui atteint la hauteur effrayante de 150 mètres, et retombe en une sorte de cascade : des nuages de vapeurs enveloppent la gerbe, et, si le soleil luit, ses rayons forment dans ces nuages de merveilleux arcs-en-ciel. L'éruption dure plus d'un quart d'heure. Un autre *geyser* moins puissant, nommé *la grotte*, est d'un aspect curieux ; son *cratère* ressemble en effet à une grotte percée de plusieurs entrées.

LE GEYSER NOMMÉ LA GROTTE DANS LA VALLÉE DE LA FIREHOLE

LXXXIX. — CLIMAT ET PRODUCTION DE LA ZONE ÉQUATORIALE

Non seulement chaque grande zone de la terre, mais chaque région distincte des autres par son climat ou ses autres conditions offre des productions différentes ; chacune a, comme on dit, sa *flore*, c'est-à-dire un ensemble de plantes qui lui est particulier, et sa *faune*, c'est-à-dire un ensemble d'espèces d'animaux auxquels ce pays convient spécialement. — Que faut-il à un végétal ? Outre la terre qui lui donne un point d'appui pour ses racines et surtout lui garde en réserve l'humidité et les sucs nécessaires pour former sa sève, il faut à toute plante — plus ou moins, selon son espèce — l'air et l'eau, chaleur et lumière. L'air est partout... La lumière et la chaleur sont les deux grandes forces qui font vivre la plante. Et voilà que déjà vous concluez — donc c'est dans les régions de l'équateur, dans cette zone torride que le soleil inonde de sa lumière, échauffe de ses plus ardents rayons, que les plantes doivent croître plus nombreuses, plus belles, plus vigoureuses, porter les plus belles fleurs, mûrir les fruits les plus délicieux... — Oui ; mais c'est à une condition : c'est que l'eau ne manque pas. Partout, dans ces chaudes

1, Oranger (Bigaradier) ; — 2, Oranger (Pamplemousse) ; — 3, Oranger (Cédrat) ; — 4, Anonia cherimolia ; — 5, Martineria ; — 6, Plumeria alba (Franchipane) ; — 7, Café (fleurs et fruits).

contrées, où l'eau est abondante et convenablement distribuée, où les pluies, les rivières, arrosent le sol, où les vapeurs humides tempèrent les rayons du soleil et rafraîchissent les plantes, la végétation est merveilleusement vigoureuse et belle. C'est là seulement que vivent ces plantes qui ont besoin de beaucoup de chaleur : les diverses espèces de palmiers, dattiers et cocotiers aux fruits délicieux, les bananiers, les ananas, le caféier — tant d'autres belles et utiles espèces dont il faut renoncer même à nommer les plus précieuses. Les plaines y sont couvertes de merveilleuses prairies, où l'herbe croît si vive et si touffue, si haute qu'un homme y disparaît presque ; ailleurs ce sont d'immenses forêts, épaisses et sombres, aux troncs serrés, dont les arbres se parent de fleurs magnifiques ; les cultures sont d'une richesse extrême, et produisent presque sans travail. — Mais si l'eau fait défaut, alors la chaleur ardente, au lieu d'exciter la vie des plantes, ne fait que les brûler et les dessécher ; les rayons du soleil boivent les dernières traces d'humidité. Le sol, altéré, calciné, est frappé de stérilité. C'est pourquoi la grande zone équatoriale est en même temps la région de la plus magnifique végétation, et celle des plus vastes, des plus effrayants déserts.

PAYSAGE DE L'INDE : LES PALMIERS

XC. — LES FORÊTS VIERGES DE L'ÉQUATEUR

Le trait le plus remarquable de la végétation, dans les chaudes contrées de l'équateur, ce sont les forêts. Dans l'Inde, sur les terres basses arrosées par les grands fleuves, ce sont les *jongles*, vastes forêts au sol humide ; les îles et les îlots de la zone torride, semés au milieu des immensités de l'Océanie, ont comme une chevelure touffue de forêts. L'Afrique a ses forêts de palmiers qui forment les oasis du désert.

Mais les plus merveilleuses forêts sont celles des régions chaudes des deux Amériques, surtout encore celles de l'Amérique du Sud, sur les fonds de l'immense fleuve des Amazones et de ses nombreux affluents. Ce sont là ces célèbres *forêts vierges*, des Guyanes et du Brésil, les forêts sauvages, à peine connues, presque inaccessibles. — Dans nos pays tempérés, les grandes forêts, les plus profondes et les plus sombres, les plus sauvages, sont composées surtout d'un petit nombre d'espèces de grands arbres, aux troncs puissants, aux grosses branches étalées, à la verdure foncée, aux fleurs imperceptibles, ils croissent plus ou moins serrés. Mais chacun, tout en mêlant son feuillage avec ses voisins, se distingue à la vue.

Forêt vierge.

Dans les forêts des régions torrides chaque arbre, quelque grand, quelque puissant qu'il soit, est perdu dans la mêlée, confondu dans un entassement immense de plantes de toutes sortes : c'est un fouillis immense et indiscernable, un chaos de verdure et de fleurs. Au tronc des grands arbres s'élancent des *lianes*, grêles, flexibles comme des cordages, sortes de plantes grimpantes, vigoureuses et touffues, qui se tortillent, s'accrochent, se suspendent aux branches, se jettent d'un arbre à l'autre en formant des guirlandes de feuillage, enlacent et réunissent toutes les cimes dans un lacis inextricable, leurs tiges ici rampent, là se dressent, s'entrelacent de mille manières. Des plantes bizarres aux fleurs éblouissantes croissent dans les creux des troncs demi-pourris, ou s'accrochent aux branches et retombent en longues tresses dénouées. Dans certaines parties, où le sol est marécageux et submergé pendant une partie de l'année on remarque les forêts de *polétuviers*, arbres étrangers qui semblent avoir toutes leurs racines hors de terre et dont les troncs se dressent portés sur ces hautes racines dénudées, comme sur de grandes pattes bizarrement tortueuses.

FORÊT VIERGE AU BRÉSIL

XCI. — CLIMAT ET PRODUCTION DES RÉGIONS TEMPÉRÉES

C'est dans les chauds climats de l'équateur que la végétation est plus puissante ; là les fleurs sont plus brillantes, les fruits plus juteux et plus parfumés ; la terre produit presque sans culture. Dans ces régions la nature est magnifique ; mais dans nos climats tempérés elle est plus douce et meilleure pour l'homme. La chaleur extrême allanguit les habitants de la zone torride, ou bien les rend violents et sauvages ; une température moyenne, changeante sans être excessive, est plus favorable pour le travail, surtout pour le travail des champs.

Abandonnée à elle-même, la terre, dans nos pays, ne produirait guère que des plantes inutiles, des fruits âpres et des racines dures ; mais, cultivée habilement, elle nous donne les meilleures et les plus précieuses plantes, d'excellents fruits, des *fourrages* abondants pour la nourriture de nos bestiaux. Parmi les végétaux les plus précieux de la zone tempérée il faut compter tout d'abord ceux qu'on appelle les *céréales*, c'est-à-dire le blé, l'orge, l'avoine, le seigle, le maïs ; puis le sarrasin qui remplace le blé, la pomme

Paysage des régions tempérées. — Collines boisées sur les bords de la Meuse.

de terre, la betterave, et autres racines semblables, tendres et succulentes ; puis les plantes familières que nous appelons nos légumes, et qu'il serait trop long d'énumérer. Vous vanterai-je les fruits de nos vergers et de nos jardins, les pommes et les poires, les prunes, les pêches, les abricots, les cerises, les figues, les oranges qui mûrissent seulement dans les parties les plus chaudes de la zone ; la vigne avec ses raisins délicieux, et son précieux produit, le vin ? Je vous rappellerai que la zone tempérée a pour richesse les *graminées*, les herbes fines et tendres si nombreuses et si variées des grasses prairies. Puis il faudrait parler des *forêts*, si vastes autrefois, maintenant si clairsemées malheureusement sur notre sol, qui fournissent le bois pour le foyer et pour les constructions ; elles ne sont pas un fouillis impénétrable, un chaos de verdure et de fleurs comme celles de la zone torride ; mais elles sont profondes et belles avec leurs grands arbres majestueux. — Les pays tempérés sont les pays par excellence pour la vie civilisée, active, laborieuse ; la terre n'y donne rien pour rien : mais elle donne tout à qui la travaille.

PAYSAGE D'ANGLETERRE : BOIS ET PRAIRIES

XCII. — CLIMAT ET PRODUCTIONS DES TERRES FROIDES

A mesure qu'on avance des régions tempérées vers les pôles, on trouve, avec moins de chaleur, des plantes moins nombreuses et moins variées d'espèces, un moindre nombre d'animaux. Dans la zone déjà froide du Nord, qui comprend le nord de l'Angleterre et l'Ecosse, le Danemark, la Suède et la Norwège, certaines parties moyennes de la Russie d'Europe et de la Russie d'Asie, enfin les parties de l'Amérique situées sous la même latitude, les hivers sont plus ou moins rigoureux suivant les régions, mais toujours très prolongés, les étés courts. Les jours, en hiver — j'entends les heures où l'on jouit de la lumière — sont extrêmement brefs et sombres ; mais à l'été, en compensation, les rayons obliques du soleil éclairent la terre pendant de longues heures, en sorte que son rayonnement, plus faible, s'accumule pendant un certain temps. La chaleur et la lumière, nécessaires aux plantes, ont alors plus de temps pour agir sur elles ; cela compense en partie le moindre degré de température. Les plantes semblent se hâter de germer, de croître et de fleurir pendant cet été rapide, les arbres de se couvrir de leur verdure. Le nord de l'Angleterre et de l'Irlande, l'Écosse sont des pays assez doux, mais pluvieux. Le ciel y est pendant la plus grande partie de l'année voilé de brouillards ; « le soleil, disait plaisamment un voyageur, y ressemble à un pain à cacheter rouge collé sur une feuille de papier gris... » Mais certaines plantes

Paysage des régions froides de l'Amérique du Nord (Canada).

s'arrangent fort bien de cette humidité constante. Ces pays ont de belles et grasses prairies, vertes et touffues, des marécages et des tourbières verdoyantes. L'Angleterre a ses belles forêts de chênes. En Suède et en Norwège, où la température est plus froide, les arbres sont plus rares ; les forêts, surtout dans les régions montagneuses, sont composées d'arbres vigoureux, habitués à porter le poids des neiges : des pins, des sapins, des mélèzes ; on y voit aussi des bouleaux et des saules à l'aspect triste et frileux. La plupart de nos fruits ne mûrissent point dans ces régions ; les plantes à belles et grandes fleurs de couleurs vives et brillantes y sont peu nombreuses : pour les fleurs il faut du soleil. Dans le nord de la Suède on ne cultive plus le blé, qui a besoin d'un certain degré de chaleur ; mais l'orge et l'avoine, qui résistent mieux aux froids, y remplacent notre plante nourricière. — Dans la partie de la zone froide qui touche à nos régions tempérées les animaux sont à peu près les mêmes que dans nos pays : mais dans les parties les plus rapprochées du pôle, telles que la Laponie, l'Islande, le nord de l'Amérique, ils sont moins nombreux. On cite comme les plus remarquables les ours bruns, gris et blancs, des renards blancs, des lièvres blancs, des hermines au pelage blanc aussi ; une petite espèce de bœufs, et surtout les rennes, gibier et bétail à la fois, bêtes de somme et bêtes de trait pour les habitants.

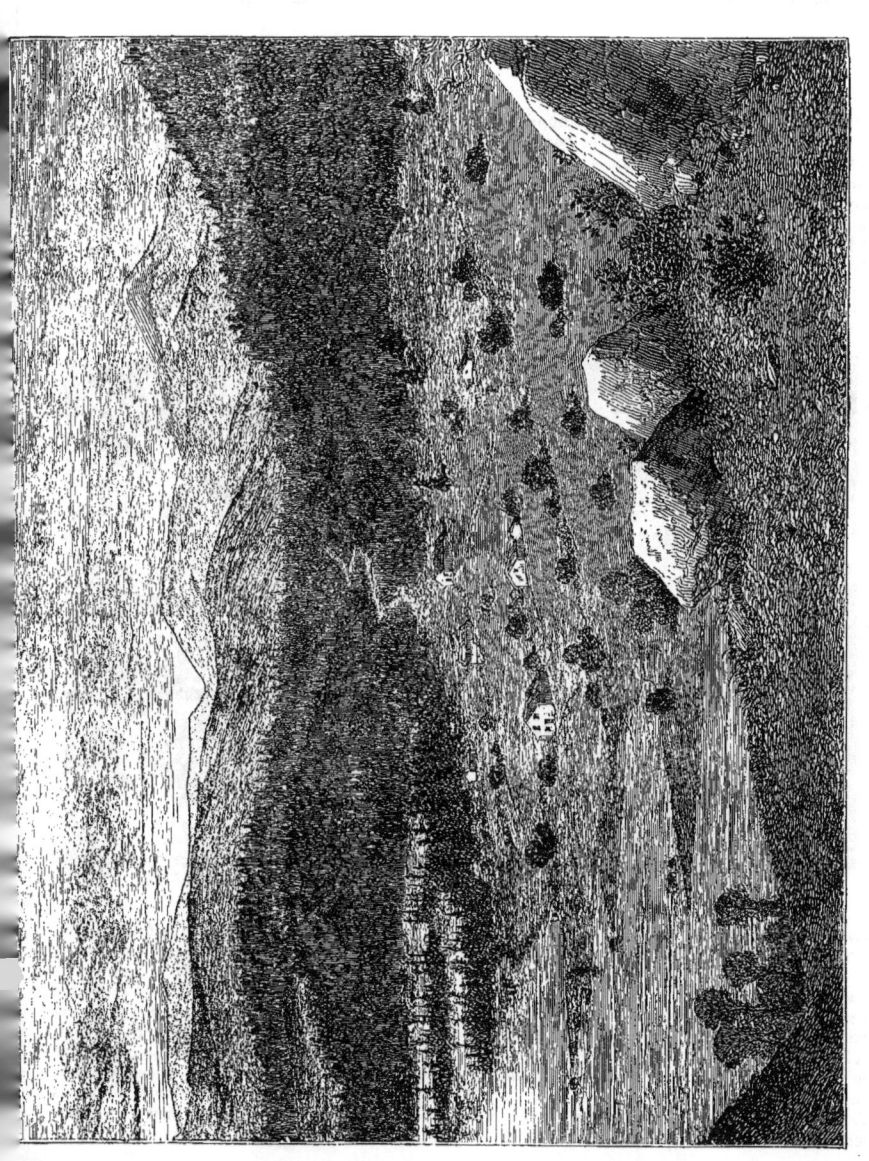

PAYSAGE DE LA NORWÈGE SEPTENTRIONALE, A L'ÉTÉ

XCIII. — GLACIERS ET BANQUISES POLAIRES

Depuis un demi-siècle un grand nombre de savants et héroïques voyageurs se sont donné pour tâche de visiter ces affreuses « régions du froid » qui font comme une large ceinture autour de chacun des deux pôles, afin d'y reconnaître la forme des terres, les passages des mers. Ils les ont traversées ; ils y ont passé la saison terrible du froid mortel et de la nuit. Dans ces tristes contrées la terre est presque toute l'année couverte de neiges et de glaces : dans les parties les plus basses seulement et les mieux abritées, elles fondent et débarrassent pour quelques semaines le sol âpre et rocailleux, où vont croître quelques maigres buissons rampants, des mousses vertes, et d'épais lichens gris et rudes. Après ce triste été, plus pâle que nos hivers, le froid revient et ensevelit tout sous ses neiges et ses glaces. Le sol de ces régions est ordinairement accidenté et montagneux ; les côtes sont dentelées de pointes découpées en baies et en *fiords* profonds. Les amas de glaces et de neiges accumulés, siècle après siècle, sur ces montagnes, et que l'été n'arrive

Un glacier des régions polaires, vu de la mer (glacier de Sermitsialik) (Groënland).

pas à fondre, glissent peu à peu sur les pentes, comblent les ravins et les vallées, forment d'immenses glaciers, devant lesquels les plus vastes glaciers des Alpes ne sont rien, et qui descendent jusqu'à la mer en larges coulées. Lorsque le froid glacial saisit la mer, on voit d'abord les vagues s'effacer, sa surface calmée se couvre d'aiguilles de glace entrelacées, qui se soudent rapidement, forment une couche continue, qui va augmentant d'épaisseur. Imaginez-vous une mer glacée... un continent de glace, qui flotte sur un océan ! — C'est ce que les navigateurs appellent la *banquise*. En certaines parties la banquise offre une surface unie comme celle d'un immense lac glacé ; mais le plus souvent la croûte glacée à demi formée est brisée par les vagues ; puis les blocs détachés se heurtent, se dressent, s'entassent, enfin se ressoudent. Avec les angles aigus de ses glaçons accumulés en désordre, la banquise présente alors un aspect inégal, rude, comme montueux : on dirait que la mer, subitement congelée au milieu d'une tempête, s'est figée avec toutes ses vagues.

BANQUISE DE GLACES AU GROENLAND

XCIV. — LES GLACES FLOTTANTES

A l'été, lorsque les *glaciers* et les *banquises*, les énormes entassements de glace qui couvrent la terre et encombrent la mer des régions polaires commencent à fondre, se fendent, se disloquent, d'énormes blocs de glace s'en détachent. Ces blocs, plus légers que l'eau salée, flottent : la plus grande partie de leur masse reste cachée sous l'eau, leur crête s'élève au-dessus des flots. Les courants de la mer entraînent ces masses flottantes, et les font *dériver* vers des régions moins froides. Elles fondent de plus en plus vite, et les moindres fragments ont bientôt disparu ; mais les plus grandes masses résistent plus longtemps et sont entraînées fort loin. — Dans l'océan Glacial du Nord, les blocs immenses, détachés des glaciers du Groënland, dérivent le long des côtes d'Amérique jusque vers l'île de Terre-Neuve, et plus loin encore. Les navigateurs anglais qui parcourent ces mers ont donné à ces blocs le nom d'*ice-berg*, qui signifie *montagnes de glace*. Et ce sont de véritables montagnes flottantes, en effet. Leur sommet se dresse parfois à cent mètres et même davantage au-dessus des flots ; on en a vu qui avaient plus d'une lieue de

Un *ice-berg* ou montagne de glace flottante dans les mers du Groënland.

tour. Mais ces montagnes fondent, et, en fondant, elles se brisent, elles se déchirent, des lambeaux s'en détachent, s'écroulent. Leurs sommets s'amincissent, leurs bases sont comme rongées par l'eau plus tiède, ce qui leur donne des formes déchiquetées et bizarres. A travers la brume qui souvent les entoure, on croirait voir des tours croulantes, des dômes arrondis, des arcades, des clochers aigus. Mais si la brume se dissipe, si le soleil les frappe obliquement de ses rayons, ces étonnants édifices apparaissent tout resplendissants et merveilleusement beaux. La masse demi-transparente, bleue ou verdâtre, semble un bloc de cristal ; les sommets sont d'une blancheur de neige, les parties saillantes des contours paraissent bordées d'un trait de vive lumière, réfléchie par la glace polie et humide. Mais ces belles choses ne se contemplent de loin, car les ice-berg sont pour les navigateurs les plus dangereux écueils : des écueils mouvants, qui viennent vers vous... Imaginez qu'une de ces montagnes flottantes vienne heurter un navire, ou que le navire lui-même vienne s'y heurter : par la nuit et la brume, on ne l'avait pas aperçue à temps... le choc est terrible, et parfois le navire brisé, écrasé, s'enfonce, disparaît en un instant.

BANQUISE DE GLACES SE DISLOQUANT AU PRINTEMPS (GROENLAND)

XCV. — JOURS ET NUITS POLAIRES

La différence entre les longs jours et les courtes nuits de l'été, les jours brefs et les nuits prolongées de l'hiver, va croissant à mesure qu'on s'éloigne de l'équateur, en se rapprochant des pôles. Dans les régions glacées du pôle, chaque été il est des jours qui se rejoignent et forment un jour de plusieurs mois ; chaque hiver, des nuits qui se suivent sans interruption formant une seule nuit, immense, interminable. — Pendant des semaines et des semaines, les heures passent après les heures sans amener la nuit. On compte les jours comme à l'ordinaire ; seulement le soleil ne se couche pas. Il fait le tour du ciel continuellement sans disparaître sous l'horizon. On le voit qui s'abaisse lentement, très obliquement ; puis il semble raser l'horizon de la terre ou de la mer ; on croirait qu'il va s'enfoncer... Au contraire, il se relève et remonte obliquement dans le ciel. C'est du moins ce qu'il paraît, car tous ces effets sont dus, comme vous le savez, aux mouvements de la terre. — L'horloge dit minuit : le soleil brille juste au point du nord, tout près de l'horizon. Il lance des rayons clairs et perçants, rasant la terre, bordant de reflets brillants les blocs de glace

Le soleil de minuit.

déchiquetés, qui achèvent de fondre ; les ombres des objets, allongées, font de grandes traînées sur le sol. C'est le spectacle fantastique du *soleil de minuit*. — Mais comment dire la grande nuit, la nuit immense de deux mois ou de trois mois, la nuit d'hiver, sinistre et mortelle, quand la mer elle-même est glacée...? Les régions très rapprochées du pôle où les nuits ont une telle longueur et les froids une intensité si terrible sont véritablement inhabitables ; des hommes un peu civilisés ne peuvent passer leur vie dans de telles conditions. Mais souvent des navigateurs, surpris par l'hiver, entourés par les glaces, ont été obligés d'*hiverner* dans ces parages, et ont raconté leurs impressions et leurs souffrances. Imaginez-vous, si vous le pouvez, la triste position de ces hommes enveloppés dans ces ténèbres sans fin. Quelle impression lugubre, à laquelle on ne s'accoutume pas ! être deux ou trois mois sans voir le soleil ! Pendant la moitié au moins des heures l'obscurité est complète, impénétrable. Puis la lune se lève ; elle éclaire d'une lueur pâle le paysage immobile et mort, blanc, tout de neige et de glace. Imaginez aussi quels cris de joie quand, à la fin de la longue nuit, pour la première fois le bord du disque apparaît au-dessus de l'horizon ! Il replonge aussitôt ; mais il reviendra dans quelques heures, et les jours désormais croîtront avec une rapidité extrême.

LE RETOUR DU SOLEIL

XCVI. — VENTS ET TEMPÊTES

Imaginez une chambre fortement échauffée par un poêle, communiquant par une porte entr'ouverte avec une autre chambre, très froide, à l'hiver. L'air s'échauffe autour du poêle, il se dilate, devient plus léger ; il s'élève vers le plafond ; l'air froid, plus lourd, rampe contre le plancher. Entre les deux chambres il se produit un double courant d'air ; l'air chaud passe de la chambre chauffée à la chambre froide par le haut de la porte ; l'air froid revient en sens contraire par le bas de la porte, près du seuil. Eh bien, le vent n'est pas autre chose qu'un courant d'air qui se produit, absolument de la même façon, entre les diverses contrées de la terre, les unes échauffées, les autres froides. Quelle est, en somme, la partie chaude de la terre ? ce sont les régions de l'équateur. C'est la chambre chauffée. Les pôles sont les parties froides, la chambre à air froid. Entre ces régions se produisent de vastes courants d'air. L'air échauffé, à l'équateur, s'élève dans les hauteurs de l'atmosphère, et de là se répand vers les pôles, tandis que l'air froid des pôles, rasant le sol, revient vers l'équateur. Telle est la grande cause des vents, sur la terre. Mais plusieurs raisons empêchent que ce courant

Expérience sur les causes des vents. — La direction de la flamme des bougies indique la marche des courants d'air.

d'air ne soit parfaitement constant et régulier. Il y a, par exemple, la succession du jour et de la nuit ; par suite des mouvements de la terre, les lieux qui ont le jour étant échauffés par le soleil, tandis que les lieux qui ont la nuit se rafraîchissent. Il y a la succession des saisons : chacun des deux *hémisphères* de notre globe à son tour a les longs jours et les grandes chaleurs, puis les jours courts et froids. La cause, qui est la chaleur, variant sans cesse, il est naturel que l'effet, qui est le vent, soit variable aussi. Enfin sur les continents les hautes chaînes de montagnes forment comme des barrières qui dérangent le courant d'air de sa marche, l'obligent à se détourner, et forment des remous : aussi le vent est-il moins irrégulier et plus constant sur la mer. Sur les océans, des deux côtés de l'équateur, entre les tropiques et les zones tempérées, il y a d'immenses étendues où le vent souffle toujours du même côté : dans l'hémisphère nord toujours le vent souffle du nord-est, et dans l'hémisphère opposé, toujours du sud-est. Ces vents *réguliers* sont ce que les marins appellent les vents *alizés* : c'est justement le courant d'air froid qui revient des pôles vers l'équateur en rasant la terre. Entre ces deux étendues il y a, aux environs de l'équateur même, une zone d'une certaine largeur dans laquelle ne souffle aucun vent régulier : c'est ce qu'on appelle la *zone équatoriale des calmes*. Enfin dans nos pays tempérés les vents sont extrêmement variables de force et de direction. La force du vent dépend de la vitesse du courant d'air. Il est rare que l'air soit absolument calme. Lorsque le vent fait voltiger un léger duvet flottant dans l'air avec une vitesse de 1 mètre par seconde, c'est un souffle à peine sensible ; avec 2 ou 3 mètres de vitesse par seconde, vous avez une brise légère qui agite doucement le feuillage. Avec une vitesse de 5 mètres, c'est une brise fraîche qui fait balancer les rameaux et fait tourner rondement les ailes des moulins ; c'est un grand vent quand la vitesse est de 10 mètres, un vent qui secoue rudement les arbres ; et si elle atteint 20 mètres par seconde, c'est la tempête. Dans certaines tempêtes très violentes, et très désastreuses appelées *ouragans*, le vent atteint parfois des vitesses de 40 ou 50 mètres : alors rien ne résiste à sa fureur, les arbres sont déracinés, et sur la mer bouleversée les navires sont en danger.

LA TEMPÊTE SUR LA MER

XCVII. — TROMBES ET CYCLONES

Les plus remarquables et les plus terribles des tempêtes sont celles qu'on appelle *tempêtes tournantes*. — Avez-vous observé quelquefois, au coin des rues, quand deux courants d'air de direction diverse arrivent par les deux rues et se croisent à l'angle, avez-vous remarqué, dis-je, de petits tourbillons qui se forment dans l'air, soulèvent la poussière et les feuilles sèches, s'avancent, un peu inclinés, puis se brisent et disparaissent, laissant retomber la poussière et les feuilles? Quand dans les hauteurs de l'atmosphère deux courants d'air, deux vents de direction différente se rencontrent et se choquent, il se produit de la même façon des tournoiements d'air, des tourbillons, souvent peu intenses, d'autres fois assez forts et assez larges, parfois aussi d'une étendue immense et d'une violence extrême. — Un tourbillon rapide, mais de peu d'étendue, quelques centaines de mètres par exemple, donne souvent lieu à ce qu'on appelle une *trombe*. On voit alors de gros nuages, entraînés au centre du tourbillon, descendre en pointe vers la terre comme par un entonnoir ; la trombe avance lentement tout en tournoyant avec violence. Si la pointe de la trombe arrive jusqu'au sol, les objets terrestres sont entraînés dans son tourbillon. Parfois les arbres sont brisés ou même arrachés, les maisons renversées. En même temps dans le nuage som-

Trombe de terre.

bre et orageux qui forme la trombe, les éclairs brillent, le tonnerre roule ; la pluie violente, parfois la grêle se précipite. Les orages, les grêles, les coups de vents qui accompagnent d'ordinaire les *trombes terrestres* causent souvent de grands dégâts. Lorsque la trombe se produit au-dessus de la mer ou d'un lac, si la pointe du tourbillon vient toucher les vagues, l'eau s'agite, écume et tournoie ; et il semble qu'elle soit soulevée par la trombe et monte à l'intérieur de son vaste entonnoir. — Maintenant imaginez un tourbillon d'une extrême violence, et d'une largeur de 100 lieues ou même davantage : vous avez ces effrayantes tempêtes tournantes qu'on nomme des *cyclones*, et qu'on observe surtout en certaines régions des océans. Au milieu de l'immense tourbillon est un espace parfaitement calme qu'on appelle le *calme central*. En même temps qu'il tournoie, le cyclone avance en suivant une longue ligne courbe. Un vent furieux, qui change sans cesse de direction, soulève la mer en vagues immenses, dont le choc terrible désempare et submerge les navires. — Ces effrayants tourbillons ont causé des milliers de naufrages ; mais depuis que les savants ont découvert les *lois des tempêtes*, c'est-à-dire leur mode de formation et leur parcours, ils ont donné aux navigateurs les instructions nécessaires pour éviter le danger.

TROMBE MARINE

XCXVIII. — LES PLUIES

« L'eau est le sang de la terre, » a-t-on dit au figuré, pour exprimer que, comme le sang circulant dans nos veines arrose et nourrit toutes les parties de notre corps et y entretient la vie, ainsi l'eau circulant à la surface de la terre et imbibant les terrains nourrit les plantes et les animaux, et entretient la vie de tous les êtres sur la terre. Nul végétal, nul animal ne peut vivre absolument privé d'eau. Or les sources, les ruisseaux, les rivières et les fleuves qui arrosent, comme nous disons, nos pays, n'apportent pas de l'eau à la terre ; ils remportent, au contraire, vers la mer l'eau des continents ; ils peuvent seulement la transporter d'un lieu à un autre et la distribuer. Tous les cours d'eau sont formés par les eaux *pluviales* ; les sources elles-mêmes ne font que rendre les pluies qui ont pénétré dans le sol par les fissures des roches. Les pluies seules donc, en fin de compte, arrosent le sol ; seules elles répandent la vie sur la terre. Là où manquent les pluies, c'est le désert. La pluie vient des nuages ; et les nuages sont des amas de vapeurs *condensées*. Ces vapeurs aériennes proviennent de l'évaporation des eaux qui imbibent les terres humides, qui forment les cours d'eau, les lacs, ou s'élèvent de l'immense surface des océans. La pluie, en somme, c'est l'eau des mers, traversant l'air et revenant arroser la terre pour s'en retourner ensuite aux mers ; une autre partie de l'eau des nuages retombe directement en pluie dans la mer. La quantité de pluie qui tombe varie suivant les saisons et les années : elle est aussi très différente suivant les lieux. Il y a sur la terre de vastes régions à peu près sans pluies : une partie de la côte du Chili et du Pérou en Amérique, l'immense Sahara en Afrique, en Asie une partie de l'Arabie, de la Perse, de la Mongolie au nord de la Chine : et toutes ces régions sont des déserts. Il y a, au contraire, des pays très pluvieux, trop pluvieux même. Les régions des montagnes sont ordinairement très pluvieuses ; il tombe, en général, deux fois plus de pluie sur la montagne que dans la plaine. Les nuages, poussés par le vent, viennent se réunir contre les montagnes qui leur font obstacle, et y versent leurs eaux, soit en pluie, soit en neige ; dans les Alpes, par exemple, dans les Cévennes, il tombe de formidables averses. Les montagnes reçoivent les pluies et les neiges, même pendant la saison sèche, et les rendent aux plaines par les torrents et les rivières : ce sont les réservoirs naturels des eaux pour arroser les continents. — La quantité d'eau tombée dans chaque lieu pendant un certain temps, peut être facilement mesurée en la recevant dans un vase muni d'un entonnoir, et convenablement disposé pour que l'eau recueillie ne s'évapore pas ; c'est ce qu'on nomme un *pluviomètre*. Par ce moyen on a pu savoir, par exemple, que si toute la pluie tombée sur la France pendant une année restait sur le sol sans s'écouler ni s'évaporer, elle couvrirait la terre d'une couche d'eau de 0^m,75 d'épaisseur.

Pluviomètre de l'Observatoire de Paris. (L'ouverture de l'entonnoir est sur le toit.)

AVERSE TORRENTIELLE ET COUP DE VENT DANS LA MONTAGNE

XCIX. — LES ORAGES

Un orage est un ensemble de phénomènes, de *mouvements* violents et tumultueux produits par cette *force* merveilleuse qu'on appelle l'*électricité*. Les effets de cette *cause de mouvements* sont extrêmement variés; ainsi l'électricité peut déplacer des masses plus ou moins lourdes, solides ou liquides, des masses d'air; elle peut percer, déchirer, rompre les matières les plus résistantes, ébranler l'air par des secousses excessivement rapides, des vibrations qui produisent des sons. Suivant les occasions l'électricité peut produire une vive lumière et une chaleur intense; elle peut échauffer les métaux, et cela jusqu'à les faire rougir, les faire même disparaître en fumée; transformer l'eau en vapeur, roussir, brûler, décomposer toutes sortes de matières, enflammer celles qui sont combustibles; elle peut faire périr les végétaux ou au contraire exciter la végétation; faire éprouver aux animaux et aux hommes des secousses plus ou moins violentes; elle peut tuer, elle peut guérir. Eh bien, tous ces effets que les savants peuvent faire produire, en petit, à l'électricité mise en jeu au moyen d'ingénieux appareils, sont justement ceux qui accompagnent les orages et qu'il est inutile de vous décrire. L'orage, c'est l'électricité opérant sans nous, et en grand... L'électricité existe toujours en certaine quantité dans l'atmosphère; mais les nuages, surtout ceux que nous appelons

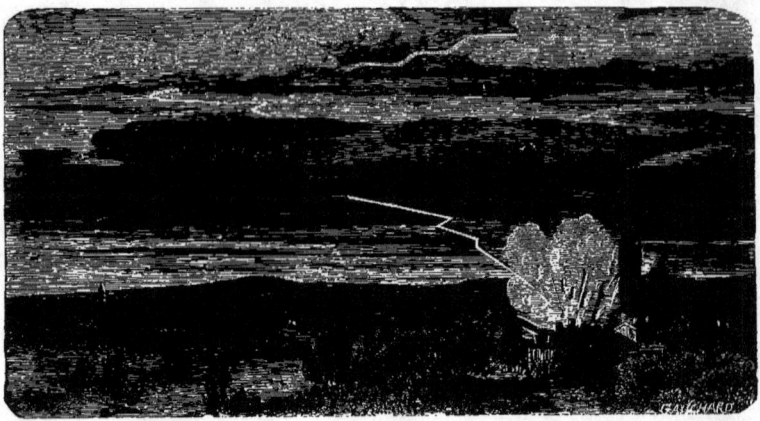

Diverses formes des éclairs. Chute de la foudre.

nuages orageux, en sont *chargés* souvent d'une effrayante manière. Et lorsque cette électricité accumulée se *décharge*, se met en mouvement, vous la reconnaissez à ses brillants effets : l'éclair éblouissant, le trait de feu, les majestueux grondements du tonnerre, parfois des accidents terribles que cause la foudre lorsqu'elle *tombe*, se dirige contre la terre. Les nuages déchirés par les éclairs crèvent, versant une bienfaisante averse qui rafraîchit l'air et abreuve les champs altérés, parfois au contraire une grêle dévastatrice. Les orages sont plus ou moins fréquents suivant les lieux et les saisons; dans nos pays c'est presque toujours en été et en automne qu'ils éclatent. Ils sont très fréquents et très violents dans les régions de l'équateur, moins terribles dans nos pays tempérés, rares dans les pays du nord, presque inconnus dans les régions polaires. Toutes les causes qui peuvent entasser les vapeurs chargées d'électricité excitent les orages; ils sont plus fréquents dans les montagnes que dans la plaine, parce que la chaîne de montagnes barre le passage aux nuées chassées par le vent, qui s'accumulent, épaisses et sombres, devant cette sorte de muraille. Les plus violents sont causés par des *mouvements tournants* de l'air, sortes de tourbillons de vent qui ont pour effet de *condenser* les vapeurs et de réunir les nuages orageux.

ORAGE ÉCLATANT SUR LE CERVIN.

C. — LES AURORES POLAIRES

Durant les longues nuits des froides contrées du Nord, on observe souvent un merveilleux phénomène : des gerbes de lumière flottantes jaillissent dans le ciel, dissipent les ténèbres et semblent vouloir remplacer le soleil absent et la lune qui ne brille que pendant une partie des nuits.

Ce beau *météore* a été désigné par les voyageurs sous le nom d'*aurore boréale*, pour exprimer que ces lueurs, qui apparaissent à une grande hauteur dans l'atmosphère, ressemblent aux clartés roses qui précèdent le lever du soleil dans les beaux jours, et qu'elles se montrent dans la partie du ciel qui environne le pôle *boréal*, c'est-à-dire vers le nord, tandis que l'aurore véritable se montre, tout naturellement, du côté où le soleil se lève, c'est-à-dire du côté de l'est. Mais comme le même phénomène se voit aussi dans les régions des mers du Sud, vers l'autre pôle de la terre, et qu'il y a aussi des *aurores australes*, il vaut mieux employer le nom plus exact d'*aurore polaire*.

La nuit était sombre; les étoiles brillaient faiblement à travers une brume légère. A l'horizon, du côté du nord, la brume s'amasse et forme un nuage noir, tandis qu'au-dessus le ciel s'éclaircit. Puis voilà qu'autour du nuage se répand une lumière pâle qui va s'étendant, s'efface, puis se ranime, semble agitée et vacillante, comme une flamme légère chassée par le vent. C'est comme une frange de clarté bordant les contours du nuage. Puis des jets de lumière plus vive, des gerbes serrées de minces traits de feu s'en élancent, tantôt jaunâtres, tantôt rouges, grandissant et diminuant tour à tour. Les jets deviennent de plus en plus nombreux et brillants; la moitié du ciel paraît en feu. L'ensemble des lueurs s'arrondit en forme d'arc immense, dont le dos est tourné vers le haut du ciel; d'autres fois ce sont comme d'immenses draperies lumineuses déployées dans les airs, se déroulant en vastes plis flottants. Alors le spectacle est vraiment magique. Les grandes draperies frangées ondulent et s'agitent, comme si une main de géant les secouait à travers l'étendue; des jets brillants s'en élancent de toutes parts et montent jusqu'au haut du ciel. L'espace est tout illuminé ; la terre éclairée comme par un doux clair de lune; la mer reflète des lueurs vacillantes. Pendant des heures ces flammes silencieuses et légères flottent et se jouent, se cherchent et se combattent; mais ce mot de flamme exprime mal l'apparence des rayonnements lumineux, transparents, à travers lesquels on voit encore briller les étoiles les plus belles. Vers minuit elles se calment, s'étendent et s'élèvent; les jets rayonnants se rejoignent au haut du ciel et forment comme une voûte, un dôme ou plutôt un *dais* de lumière : c'est ce qu'on appelle la *couronne*; c'est le *bouquet* du feu d'artifice naturel. Mais bientôt les lueurs pâlissent, les jets, l'un après l'autre, s'amoindrissent, des rougeurs éparses persistent encore quelque temps, puis disparaissent; tout s'efface, tout s'évanouit. La nuit est revenue, noire, effrayante; la grande nuit du pôle qui semble plus profonde encore et plus triste quand les fantastiques clartés sont éteintes.

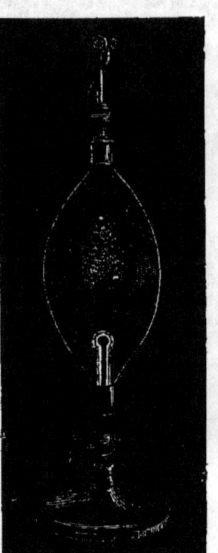
Lueurs électriques imitant l'aurore boréale.

La fée qui produit toutes ces merveilles, — c'est l'*électricité*; la même cause qui fait la foudre et les orages. L'aurore polaire, c'est pour ainsi dire une foudre lente et tranquille; sa lueur, c'est un *éclair prolongé*... Imaginez qu'au lieu d'éclater violemment en un trait éblouissant et rapide, la même lumière dispersée, étalée par le ciel, se dépense lentement en clartés paisibles. — Les *physiciens*, vous le savez, avec leurs *machines électriques*, imitent ou plutôt reproduisent, en petit, la foudre du ciel; ils font leurs petits *éclairs* — qu'on appelle *étincelles électriques*, — accompagnés d'un petit tonnerre, à proportion ! Eh bien, avec leurs appareils, ils font aussi de petites *aurores électriques*, dans des bouteilles... des miniatures d'*aurores*, charmantes par leurs douces lueurs, de couleurs variées. Et pour cela il a fallu préparer dans ces flacons de cristal dont je vous parlais, et où ils font jaillir la flamme électrique, un air *rare*, c'est-à-dire très peu pressé, léger, très peu résistant, enfin le plus possible semblable à l'air des hautes régions de l'atmosphère où se produisent les aurores polaires.

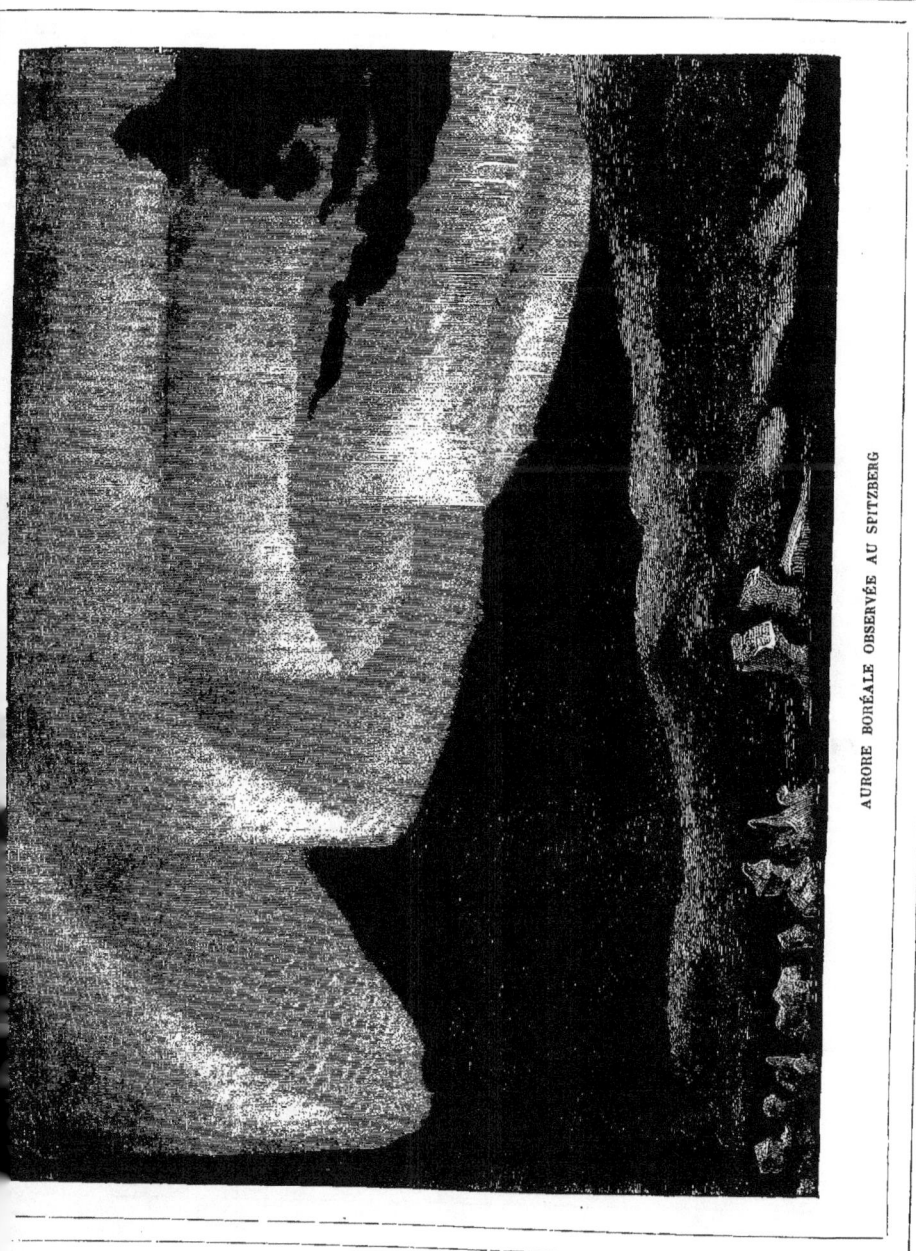

AURORE BORÉALE OBSERVÉE AU SPITZBERG

www.ingramcontent.com/pod-product-compliance
Lightning Source LLC
Chambersburg PA
CBHW070655170426
43200CB00010B/2244